MINERVA
はじめて学ぶ
保育

5

名須川知子／大方美香
[監修]

保育内容総論
乳幼児の生活文化

鈴木裕子
[編著]

ミネルヴァ書房

監修者のことば

　本シリーズは、保育者を志す人たちが保育を学ぶときにはじめて手に取ることを想定したテキストになります。保育や幼児教育、その関連領域に関わる新進気鋭の研究者や実践者の参画を得て、このテキストはつくられました。

　2015年に「子ども・子育て支援新制度」がスタートし、今春には新しい「保育所保育指針」「幼稚園教育要領」「幼保連携型認定こども園教育・保育要領」が施行されました。新「保育所保育指針」においては0〜2歳児の保育の充実や、保育所における幼児教育の重要性が提示され、新「幼稚園教育要領」では、3歳児からの教育の充実、新「幼保連携型認定こども園教育・保育要領」では、0歳児からの3つの視点と、3歳児からの5つの領域の連続性が示されています。また、指針・要領共通で、小学校からの学びの基盤としての「幼児期の終わりまでに育ってほしい姿」が10項目の形で提示されました。

　つまり、これから保育者を目指す人たちは、今後は保育所・幼稚園・認定こども園が共通の枠組みで、高い専門性をもって、子どもの健やかな育ちや豊かな学びを支えていく時代となる、ということを理解しておかなくてはなりません。

　また、新指針・要領においては、保育における全体的な計画の作成や評価のあり方、また、小学校への接続についても充実を図る必要性が示されました。保育者は、乳幼児の自発的な遊びのなかでの学びをとらえ、一人ひとりの子どもの成長発達に合わせて、小学校へつなぎ支えていく役割であることが、ますます求められています。

　保育をめぐる現在の動向は日々変化しており、まさに激動の時期といえます。最新の動向を常に学ぼうという姿勢が、これからの保育者にはますます必要となるでしょう。そこで本シリーズでは、保育者が知っておくべき最新の動向については豊富に、これから学ぼうとする人にもわかりやすく解説しています。一方で、昔から変わらず重要とされている基礎的な事項についても押さえられるように配慮してあります。また、テキストを読んだあとで、さらに学習を進めたい人のための参考図書も掲載しています。

　みなさんが卒業し、実際に保育者になってからも、迷いがあったときや学びの振り返りとして、このテキストを手元において読まれることを期待しています。

2018年9月

名須川知子

大方　美香

はじめに

　乳幼児期は、人格形成の基礎として、生涯にわたる学びの基礎づくりとして重要な時期です。乳幼児期をどのように生きるのかは、一人ひとりの子どもの人生に大きな影響を及ぼします。そして、この時期の子どもたちとともに生きる保育者は、どのような保育内容や保育方法がふさわしいのかを考え、求め続けています。それらを国として示したものが、「保育所保育指針」「幼稚園教育要領」「幼保連携型認定こども園教育・保育要領」です。

　少子高齢化、高度な情報化、国際化が進み、子どもたちを取り巻く社会状況は目まぐるしく変化しています。どのような保育内容や保育方法が大事になるのかは、時代とともに変化します。そのような状況のなか、2017（平成 29）年、上記 3 法令が同時に改定（訂）されました。幼稚園、保育所、幼保連携型認定こども園すべてが日本の大切な幼児教育施設と位置づけられ、「育みたい資質・能力」「幼児期の終わりまでに育ってほしい姿」を意識して保育内容や保育方法を考えることが、共通して求められるようになりました。つまり、幼児教育の重要性が高まり、大切な時期における教育機関として期待されるようになってきたのです。これから保育に向き合おうとしている皆さんには、乳幼児へのていねいな関わりの重要性を専門家として理解し、よりよい保育内容や保育方法とは何かを考え続ける姿勢を身につけてほしいと願います。

　「MINERVA はじめて学ぶ保育」シリーズの第 5 巻である本書は、乳幼児期の教育・保育の内容について、基礎的な理解から具体的な援助までが理解できるように、各章では理論と実践を融合させた保育内容論が展開されています。

　第 1 章では、保育の基本的な考え方と 3 法令それぞれに示されている内容を関連づけて、保育内容の全体像を理解できるように進められています。第 2 章では、保育内容の歴史的変遷とともに、乳幼児のための教材という視点から、保育内容の広がりや総合性を確認します。第 3 章では、発達と保育内容 5 領域の関連と同時に、保育における観察・記録・省察・評価の意義を学びます。子ども理解と保育内容の関連を理解しましょう。第 4 章は、保育内容の展開の実際にふれます。生活や発達の連続性、環境をとおした保育、遊びから学びへ、ESD、家庭・地域・小学校との連携という切り口から保育内容を理解することによって、皆さんの保育観や子ども観を形にするお手伝いをします。第 5 章は、今、まさに多様化するニーズのもとに展開する保育内容が網羅されています。3 歳未満児の保育、長時間保育、特別な支援を必要とする子どもの保育、そして多文化共生まで、今日的な問題がたっぷりと語られています。

　保育者を志す皆さんの「保育への情熱」が喚起されることを願っています。

2018年 9 月

鈴木　裕子

目次

はじめに

第1章　保育の基本と保育内容

レッスン1　保育内容とは……………………………………………… 2
①保育と教育…2　②保育内容を構成するための基本的な保育観や子ども観…3
③領域と教科…10　④社会状況の変化に対応する保育内容…12　⑤保育内容と
保育者の専門性…14

レッスン2　「幼稚園教育要領」「保育所保育指針」等と保育内容…………… 18
①「幼稚園教育要領」における保育内容…18　②「保育所保育指針」における保育
内容…26　③「幼保連携型認定こども園教育・保育要領」における保育内容…32
④就学前教育・保育を貫く基礎事項…33

第2章　保育内容の歴史的変遷

レッスン3　保育内容の歴史的変遷と社会的背景…………………………… 38
①19世紀ごろのヨーロッパにおける保育内容…38　②明治時代の保育内容…40
③大正時代から戦前の保育内容…43　④戦後の保育内容…44

レッスン4　教材文化としての保育内容……………………………………… 52
①保育における教材…52　②構成遊びに関わる教材…53　③機能遊びに関わる
教材…54　④受容遊びに関わる教材…55　⑤想像遊びに関わる教材…56　⑥音
楽的表現に関わる教材…57　⑦集団で遊ぶ教材…57　⑧基本的生活習慣を身に
つける教材…59　⑨乳幼児のためのICT教材…60

第3章　保育内容と子ども理解

レッスン5　子どもの発達特性と保育内容5領域の総合性…………………… 64
①保育における発達観…64　②発達のとらえ方…66　③発達と領域をつむぐ…
69　④乳幼児期の発達特性を踏まえた保育実践…71

レッスン6　保育における観察・記録・省察・評価と子ども理解…………… 77
①子ども理解の観点…77　②保育を物語るための方法…80　③保育における観
察：誰が何を見るのか…81　④保育における記録：誰が何をどのように書くの
か…83　⑤省察と評価：誰が何を省察し評価するのか…86　⑥カリキュラム・
マネジメントの重要性…89　⑦諸外国における観察、記録、省察、評価…90

第4章　保育内容の展開

レッスン7　生活や発達の連続性と保育内容………………………………… 96
①生活や発達の連続性…96　②就学前から小学校への連続性…103　③連続性を
どうとらえるか…107

レッスン8　環境をとおした保育…………………………………………… 111
①環境をとおした保育とは…111　②遊びをとおしての総合的な指導…118

レッスン 9	遊びから学びへ：教材研究と保育内容の実際 · · · · · · · · · · · · · · · · · · · 124
	①子どもにとって生活とは…124　②地域を題材とした教材開発の事例：カッチンくんと二上りリズム…126
レッスン10	保育内容横断としてのESD · 140
	①保育におけるESDとは…140　②保育内容の展開とESD …143　③領域の視点からとらえたESDと保育内容総論…148
レッスン11	家庭・地域・小学校との連携 · 150
	①家庭との連携 …150　②地域との連携…152　③小学校との連携…154

第5章　保育の多様な展開

レッスン12	乳児の発達と保育内容 · 162
	①現代における乳児保育 …162　②発達過程と保育内容…163　③乳児保育を支える連携 …169
レッスン13	長時間保育のあり方と保育内容 · 175
	①少子化対策から子育て支援への転換…175　②保育サービスの充実…177　③「長時間保育」における配慮…182
レッスン14	特別な支援を必要とする子どもの保育内容 · · · · · · · · · · · · · · · · · · · 188
	①特別な支援を行う必要性…188　②特別な支援を必要とする子どもとは…189　③特別な支援を必要とする子どもの保育…192　④個別の指導計画の作成と活用…196　⑤特別な支援を必要とする子どもの保護者に対する支援…197
レッスン15	多文化共生としての保育内容 · 200
	①多文化共生の保育を考える…200　②日本の保育に取り入れられた多文化…204　③多文化共生保育を目指した取り組み…206　④幼児期における異文化交流の事例…210

さくいん…218

●この科目の学習目標●

「指定保育士養成施設の指定及び運営の基準について」（平成15年12月9日付け雇児発第1209001号、最新改正子発0427号第3号）において4つの目標が明示されている。①保育所保育指針における「保育の目標」「育みたい資質・能力」「幼児期の終わりまでに育ってほしい姿」と「保育の内容」の関連を理解する。②保育所保育指針の各章のつながりを読み取り、保育の全体的な構造を理解する。③子どもの発達や生活を取り巻く社会的背景及び保育の内容の歴史的変遷等を踏まえ、保育の内容の基本的な考え方を、子どもの発達や実態に即した具体的な保育の過程（計画・実践・記録・省察・評価・改善）につなげて理解する。④保育の多様な展開について具体的に理解する。本書も、これらの目標を達成するように、内容を考えている。

●教職課程コアカリキュラムへの対応●

また、本書は2017（平成29）年11月17日に発表された教職課程コアカリキュラムにも準拠している。

第1章

保育の基本と保育内容

本章では、保育内容とは何か、ということについて学んでいきます。保育とはどのようないとなみのことをいうのか、また保育の内容とはどのような内容であるかについて理解していきましょう。また、保育内容がこれまでどのような歴史的変遷をたどってきたのかについても学習しましょう。

レッスン1　保育内容とは

レッスン2　「幼稚園教育要領」「保育所保育指針」等と保育内容

レッスン **1**

保育内容とは

このレッスンでは、幼稚園、保育所、幼保連携型認定こども園の保育内容について学びます。子どもを取り巻く生活環境は大きく変化しています。未来を生きる子どもたちには、今、どのような経験が必要なのでしょうか。保育内容の基本的な視点を学びましょう。

1. 保育と教育

「保育内容」とは何かを考える前に、「保育」という語の成り立ちと概念について、簡単にふれておきます。

榎沢は、「保育所保育指針」が、**「保育」とは、養護および教育を一体的に行うこと**と規定していることをあげ、「保育」が「教育」とは同一でないという考え方があるようにもみえることを指摘しています[†1]。しかし現状では、幼稚園教育においても「保育」という語が使われ、幼稚園教諭と保育所保育士の両者を表す語として「保育者」が使われています。なぜでしょうか。

「保育」という語は、明治時代の幼稚園草創期、東京女子師範学校附属幼稚園設立の際の「幼稚園規則」(1876年)において、幼稚園における**教育方法**として最初に使用されました。幼稚園教育と同義に用いられ、その後の幼稚園の普及とともに一般に浸透していきました。**小学校施設を利用した簡易幼稚園**の出現後は、小学校教育とは異なる幼稚園の教育が「保育」として認識されるようになりました。幼稚園令(1926年)においても、法令上、「保育」という語が用いられました。

戦後、さまざまな経緯をたどり、行政上、**幼稚園は「教育」、保育所は「保育」**の語を用いることが慣例化しますが、実際には「保育」の語は、**幼児期の教育の特質を示すもの**として広く用いられています。保育実践という語も、幼稚園、保育所に共通して使われています。

ただし、「幼保連携型認定こども園教育・保育要領」では、「教育及び保育」「教育・保育」と併記されています。このように法令上の用い方として、教育か保育かという違いを便宜的に区別しなくてはならない状況もまだ残っています。

一方、「保育」という概念については、わが国の幼稚園教育を主導し

▶ **出典**

†1 榎沢良彦『保育学講座4 保育者を生きる──専門性と養成』東京大学出版会、2016年

✚ **補足**

小学校施設を利用した簡易幼稚園

1882年、文部卿は各府県に、文部省直轄の幼稚園は規模が大きすぎるため都会でないと設置しにくいので、もっと簡易な編成の幼稚園を新設し、父母がその養育を顧みる暇のない子どもを入れるようにすべきであるとして、簡易幼稚園を奨励した。さらに文部省は1884年、学齢未満の幼児を小学校に就学させることを禁止し、簡易な幼稚園の施設を奨励した。

た倉橋惣三*が、「保育」は、「幼児の心身一如という存在特性に即した教育のあり方である」とし、心と体が2つで1つである幼児期に、教育だけでなく「養護と教育を一体に行う」ことを意識させるため、幼稚園教育に「保育」という語を意図に用いたとしています。倉橋は保育者と子どもの関わりについても論じており、保育者は、教育方法を駆使することよりも、自分の心情を子どもに感じさせ、子どもの心情を感じ取ることが重要であるという**「保育」という語**の解釈を示しています。

また、このような**「保育」という語**が市民権を得るようになった背景には、日本人の伝統的な幼児教育観としての「子育てにおける植物栽培モデル」があったと湯川は説いています[†2]。江戸時代、盆栽づくりをモデルに、植物の栽培と子育てに共通点が見出されました。子ども自身（植物）の自然に**成長する力**が重視され、それに沿って子ども（植物）を育てるべきだという子育てについての一思想が背景にあるとしています。

以上のような歴史的な経緯や思想などをもとに、「保育」は「乳幼児の特性や心情に寄り添い、子どもという存在を単なる要素に還元することなく、心と体を全体的に育てようとする教育のあり方であり、かつ子どもと保育者の関係のあり方までも含んだ概念」だと榎沢は述べています。本書においての「保育内容」は、このような「保育」の概念に基づき、幼稚園、保育所、幼保連携型認定こども園に共通して用いられる語として扱っていきます。

2. 保育内容を構成するための基本的な保育観や子ども観

「保育所保育指針」では「保育の内容」、「幼稚園教育要領」「幼保連携型認定こども園教育・保育要領」では「内容」と称されていますが、これらを共通して、「保育内容」と称することにします。では、「保育内容」とは何かを考えてみましょう。

「保育内容」とは、幼稚園、保育所、幼保連携型認定こども園の生活のなかで、**子どもたちが出会い体験することのすべて**だといえます。つまり、ごっこ遊び、砂遊び、遊具遊びなどの「遊び」、お当番、飼育、栽培などの「生活活動」、さらには運動会、誕生日会などの「行事」を含みます。保育内容とは、「保育の目標」を達成するために展開される子どもたちのさまざまないとなみです。

また、先に述べた「保育」の概念に沿えば、子どもたちのいとなみだ

人物

倉橋惣三
1882～1955年
幼児教育の研究実践家。子どもの自発性と心情を重視する自然主義的児童観によって自由遊びを重んじた。子どもの生活とルールに根ざした自己充実を目指し、誘導を保育の真諦とした。
→レッスン3

補足

「保育」という語の成立過程
保育という語の成立過程についての理解を深めるためには、湯川嘉津美『日本幼稚園成立史の研究』（風間書房、2001年）、「保育という語の成立と展開」『保育学講座5　保育学とは――問いと成り立ち』（東京大学出版会、2016年）を参照するとよい。

出典

†2　湯川嘉津美『日本幼稚園成立史の研究』風間書房、2001年

けではなく、保育の計画、環境構成、保育の方法や技術などの保育者のいとなみも含まれることが理解できます。ここでいう「いとなみ」とは行為や行動を意味します。以降では、このような保育内容を構成するための基本的な保育観や子ども観を説明します。

1 子どもの安全な生活を保障する

　保育といういとなみの大前提には、幼稚園、保育所、幼保連携型認定こども園を問わず、まず**子どもの生命を守ること、心身の健康を確保すること**があげられます。

　教育学者のランゲフェルド[*]は、「子どもは大人に依存せざるを得ない存在」だと述べています。保育の理念は「子ども自身の成長する力を尊重すること」ですが、実際には、子どもたちは大人の手助けなしに生きていけません。特に乳児期は顕著です。赤ちゃんは自分一人では歩くことも食べることもできない非常に未熟な状態です。スイスの動物学者**ポルトマン**[*]は人間の出産を、本来の出産時期よりも1年ほど早く生まれているという意味で「**生理的早産**」としました。生理的早産によって生まれる新生児は「**子宮外の胎児**」ともよばれるほど未熟です。最低限の感覚や運動機能を獲得するまでに、どんなに短くても1年間はかかります。さらに、高度な文明社会において、子どもが自立するためには約20年の歳月が必要だと考えられています。

　大人の保護なしには生きられない子どもを、慈しむ心をもって守るいとなみは、大人の使命であり、保育内容構成の理念の基本です。さらに保育内容としては、健康や安全への配慮にとどまらず、食事、排泄、保健衛生、睡眠など、基本的な生活習慣を形成していくいとなみも含みます。

2 子どもの最善の利益を目指す

　1989（平成元）年に国際連合総会で採択され、1994（平成6）年にわが国でも批准された「児童の権利に関する条約（子どもの権利条約）」には、「子どもの最善の利益」を目指す政策が要請されています。子ども自身が最も幸せに思えることは何かと考えることが、保育内容を構成する考え方の一つになりますが、抽象的な表現であり、どのように具現化したらよいのかは、なかなか理解しにくいともいわれています。

　少なくとも、「子どもの最善の利益」とは、一人ひとりの子どもにとって、**あるがままの自分でいることを認められる関わり**がなされることであり、**最善であること**が求められます。最善とは、「最良で最上」であ

人物

マルティヌス・ヤン・ランゲフェルド
（Langeveld, M. J.）
1905〜1989年
オランダの教育学者。現象学的な教育学を提唱した。主要論考を編集した日本オリジナルの教育論集『教育の人間学的考察（増補改訂版）』（和田修二訳、未来社、2013年）がある。

アドルフ・ポルトマン
（Portmann, A.）
1897〜1982年
スイスの動物学者。生物学を基礎とした人間論、芸術論、教育論を展開した。著書『人間はどこまで動物か──新しい人間像のために』（高木正孝訳、岩波書店、1961年）のなかで、哺乳類と人間の行動比較から、人間の特殊性を指摘した。ゲーテの研究家としても有名。

ることです。「比較的よい」ということではありません。経済的な社会において、手早い効果を求めるときには、最良で最上を目指さず、比較的よいことを考えることが近道とされることがあります。しかし、教育や保育においては、小さな**最良で最上を繰り返し積み重ねていくこと**が大事なのです。

　一方、近年、保育を取り巻く社会状況の変化から、保育所、幼保連携型認定こども園にとどまらず幼稚園を含めて、子どもだけでなく、親も利用する施設として位置づけられています。そこでは、子どもの立場に立った子どもの権利が、ともすれば「子どものための利益」のふりをした「大人の利益」へとすり替わってしまう危険であふれています。子どもの人権思想が発展してきた現在、**子どもと大人とは、人権に関して同等**であるとされています。一人の人間として子どもを認め、子どもの利益を最優先に考えることが求められます。

　「子どもの最善の利益」は、保育に関わるすべての事柄に対して考慮されなければならず、それにのっとった保育内容を提供していくことに、保育者は自覚的にならなければならないのです。

3　人格形成の基礎を培う

　幼稚園、保育所、幼保連携型認定こども園で生活する時期は、**生涯にわたる人格形成の基礎が培われる大切な時間**です。この時期には、信頼できる大人との関係が築かれることが必要です。

　「アタッチメント（attachment）」については、すでに保育の心理学などのほかの科目で学んだでしょうか。アタッチメントという語には、もともと、「くっつき」という意味があります。**ボウルビィ***は、生後間もない生物個体が、不安や恐れといったネガティブな情動に陥った際に、他個体への「くっつき行動」をはかろうとする傾向を、その語で言い表したとされます。しかし、わが国では、attachmentを**「愛着」**と訳しました。そのため、アタッチメントの概念が、一般的に愛情や思い入れといったポジティブな感情によるくっつきを意味するものとして理解されています。近年では、愛着を「愛情に基づく情緒的な絆（愛着）」と表すこともあります。このような概念理解については、近年、原義に忠実に捉え直すべきとする見解もみられますが、ここでは、愛情や特別な思い入れのようなポジティブな愛着行動をイメージしてください。

　子どもは、発達段階に応じてさまざまな愛着行動をとり、**特別の関係性を養育者との間に形成**していきます。近年では、養育者は、母親でなくとも、その子どもに対して、生活するうえで一貫性をもって持続的に

☑ 法令チェック

「児童の権利に関する条約」第1部第3条

1　児童に関するすべての措置をとるに当たっては、公的若しくは私的な社会福祉施設、裁判所、行政当局又は立法機関のいずれによって行われるものであっても、児童の最善の利益が主として考慮されるものとする。

2　締約国は、児童の父母、法定保護者又は児童について法的に責任を有する他の者の権利及び義務を考慮に入れて、児童の福祉に必要な保護及び養護を確保することを約束し、このため、すべての適当な立法上及び行政上の措置をとる。

3　締約国は、児童の養護又は保護のための施設、役務の提供及び設備が、特に安全及び健康の分野に関し並びにこれらの職員の数及び適格性並びに適正な監督に関し権限のある当局の設定した基準に適合することを確保する。

👤人物

ジョン・ボウルビィ
（Bowlby, J.）
1907～1990年
イギリスの精神分析学者。愛着理論をはじめとする早期母子関係理論を提唱した。

第1章　保育の基本と保育内容

✳用語解説
3歳児神話
子どもが3歳になるまでは、母親は育児に専念し、自分の手で育てなければ、その子どもの発達などに悪影響を与えるという考え方。「三つ子の魂百まで」の意味が歪曲され、「3歳児神話」となったともいわれる。

身体的・心理的な養護を行い、情緒豊かに関わることができる存在なら、保育者をはじめとした大人も対象になりうるとされています。これは**3歳児神話**✳に対する批判の根拠ともなっています。

幼稚園、保育所、幼保連携型認定こども園の生活のなかで、保育者が前述のような関わりを保障すれば、子どもは、保育者を安心できる存在として認め、周囲への探索活動をしたり、社会のなかでのコミュニケーション活動を広げることができます。さらには、養育者が信頼できる存在としての役割を適切に果たせれば、子どもは、**養育者から健全な形で自立することができる**とされています。このプロセスが人格形成に大きく関わります。保育内容は、それらの経験の積み重ねとなるべきものでなければなりません。それが、一人ひとりの子どもにとっての人間形成の土壌となり、栄養となるからです。

4　環境を通して行う

今日、「環境を通して行う」は、保育内容を構成する理念として定着しています。「幼稚園教育要領」「保育所保育指針」「幼保連携型認定こども園教育・保育要領」には、以下のように明文化されています（下線は筆者）。

▶出典
†3　「幼稚園教育要領」
第1章第1「幼稚園教育の基本」

> 幼児期の教育は、生涯にわたる人格形成の基礎を培う重要なものであり、幼稚園教育は、学校教育法に規定する目的及び目標を達成するため、幼児期の特性を踏まえ、<u>環境を通して行うものであることを基本とする</u>†3。

▶出典
†4　「保育所保育指針」
第1章1（4）「保育の環境」

> <u>保育の環境には、保育士等や子どもなどの人的環境、施設や遊具などの物的環境、更には自然や社会の事象</u>などがある。保育所は、こうした人、物、場などの<u>環境が相互に関連し合い</u>、子どもの生活が豊かなものとなるよう、次の事項に留意しつつ、<u>計画的に環境を構成し、工夫して保育</u>しなければならない†4。

> 乳幼児期の教育及び保育は、子どもの健全な心身の発達を図りつつ生涯にわたる人格形成の基礎を培う重要なものであり、幼保連携型認定こども園における教育及び保育は、就学前の子どもに関する教育、保育等の総合的な提供の推進に関する法律

（平成18年法律第77号。）第2条第7項に規定する目的及び第9条に掲げる目標を達成するため、乳幼児期全体を通して、その特性及び保護者や地域の実態を踏まえ、環境を通して行うものであることを基本とし、家庭や地域での生活を含めた園児の生活全体が豊かなものとなるように努めなければならない[5]。

倉橋は著書のなかで、幼稚園教育のあり方を「**生活を、生活で、生活へ**」と述べています[6]。呪文のようですが、保育のなかで子どもの生活を重要視し、子どもの現在の生活を、子ども自身の生活を通して、よりよい生活へ導いていこうという考え方です。子どもの今の生活はそのまま大事に見守り、そこに教育の目的を導入していくことが本来の幼稚園教育の姿だとも説いています。「生活をさながらにする」とは、保育や教育を「生活」的にするのではなく、生活そのものに教育的価値を見いだすことなのです。また倉橋は、子どもとは自ら育つ力を持っている有能な存在である、という考えのもと、子どもが環境に主体的に関わることで必要な経験をし、環境との相互作用により発達していくことを説いています。そのために保育者は、子どもに経験してほしいねらいや内容を織り込んだ環境を構成することが求められるのです。このように、子どもが生きている生活という環境のなかで、その子どもが主体的にさまざまな体験をすることが、環境を通した保育に通じる考え方です。

そして、この考え方を具現化する内容が「遊び」であり、方法として、「総合的」であることが求められています。「総合的」とは何かについての詳細は、このあとのレッスン5でふれます。

このように考えてみると、「保育内容」は、絵画、製作、遊戯、歌唱などのように、誰がみてもわかる活動や、名前のつく活動ばかりではないことがわかります。それらを保育者が一方的に与えることでもありません。「環境を通したいとなみ」を機能させるためには、保育者は、常に子どもの体験の質に最大の関心をもたなくてはならないのです。

▶ 出典

[5] 「幼保連携型認定こども園教育・保育要領」第1章第1 1「幼保連携型認定こども園における教育及び保育の基本」

[6] 倉橋惣三『幼稚園真締』フレーベル館、2008年

5 子どもの主体性を尊重する

幼稚園、保育所、幼保連携型認定こども園の理念や保育目標をみてみると、「子どもの主体性を尊重する」「主体的に行動できる子ども」など、「主体性」「主体的」という言葉や考え方を目にすることが多いでしょう。

では、どのような状態が「主体的」なのでしょうか。「自主性」とは、やるべきことを他者に言われなくともみずから率先して行動する態度や

性質といえます。それに対して「主体性」とは、何をやるかが決まっていない状況で、自分で考えて判断し行動するという態度や性質といえます。また、「主体性」には、**「自分らしく行動する」**という側面と、**「周囲とつながるために自分で考えて判断する」**という側面があり、それらのバランスがとれた状態こそが主体的な状態だといえます。たとえば、遊びのなかで、自分のしたいことだけをするのではなく、友だちと一緒にするために我慢したり、折り合いをつけたりしつつ、意欲をもって自己発揮する状態なども主体的な状態といえます。

　では、主体性はどのような環境のなかで育まれるものなのでしょうか。子どもは、何より**安心できる環境**のなかで自分を発揮します。まずは保育者が子どもの存在そのものを認めます。その安心感によって、やってみたいという意欲が喚起されます。やってみることで、子どもは自分のことを認め、自分を大事にする気持ちをもつことができます。さらに自分のことを認めるためには、友だちとのさまざまな関わりも必要です。そのなかで、いろいろな場面に向き合い、自分で決めて解決しようとする機会をもつことが大事なのです。それらの経験の積み重ねができる環境こそが、子どもたちの主体性を育みます。

　しかし、主体性を育む場面として「造形展に向けて何をつくりたいのかを子どもたちで話し合って主体的にできるように環境を整えた」というような場面を思い浮かべることも多いのではないでしょうか。この場面は、保育者が子どもたちの主体性をどのように計画しているのかという観点で「主体性」が語られています。また主体性を育むことが、皆で一つの大きな課題に向かって活動をするというものになり、ともすれば小学校の内容を先取りした準備教育のような形式になってしまいます。保育の場では、あくまでも「遊び」という環境を通した場面でとらえ、育んでいきたいものです。

　ある5歳児クラスを例にします。一人の男児が「おばけみたいな生き物がつくりたい」といいました。そこに興味をもった子どもたちが集まり、アイデアを積み重ねていくうちに、それぞれの役割を担いました。そんなことを繰り返し、やがておばけ屋敷ごっこに発展しました。

　この男児は、いつもアイデアが豊富で、次々にアイデアを出します。それに対して、他児が置いていかれてしまう場面がしばしばみられました。そのため、保育者は、この遊びはきっとごっこ遊びに発展すると予想しましたが、保育者からお化け屋敷ごっこの環境を提案するのではなく、個々の子どもが自分なりのイメージで発案するまで待とうと思いました。

レッスン1　保育内容とは

　まずは製作に熱中できる環境を整えました。子どもたちがおばけづくりに満足してきたころ、誰ともなく「お化け屋敷作りたい」という声が出てきました。そして、お化け屋敷に行ったことがある子どもの話を聞いたりするなどして、みんなでアイデアを出しあうなかで、お互いに認め合って遊びを広げていました。子どもたちは、この遊びをとおして、お互いの得意なことを認めながら自分で考え、自分なりに工夫するという主体性を培うことができました。

　子どもの主体性を尊重するとは、保育者にとって、主体性の見方が大人主導になっていないかと振り返ることでもあります。あくまでも子ども一人ひとりが主体になってこその主体性です。

6　個と集団の発達を踏まえる

　幼稚園、保育所、幼保連携型認定こども園は、子どもにとって集団での生活の場です。保育者は、クラスという集団を担当しつつも、個を育てていかなくてはなりません。しかしながら、子どもは一人ひとり違います。成育環境、経験、発達の違い、そこから生まれる興味関心、意欲、心情の違いなど、さまざまな違いがあります。さらには、それらの違いは複雑に絡み合っていて、因果関係も単純ではありません。個性といえば個性ですが、中身は単一ではありません。

　保育者には、一人ひとりのありようを、集団のなかでの「差」でとらえず、**「違い」で受け止める意識**が求められます。「差」は、画一的な価値観に基づく優劣であり、相対的な見方です。けれども「違い」は、絶対的な評価に近いものです。

　ある女子サッカー選手のコメントです。「日本とアメリカとの間にあるのは、差ではなく違いだという発想が大事です。フィジカル面（肉体面）の差ととらえてしまうと、アメリカのようにフィジカルの強いチームを目指さなければならない。それでは、いつまでたってもアメリカの上にいくことはできません。私たちに合ったサッカーを考え実現させていけば、結果はもちろん内容でもアメリカに勝利できる日が必ずくると確信しています。違いこそ大事なのです」。

　このコメントを保育になぞらえてみます。「差」としてみるとは、**一本のものさし**を使って、「この子どもは、その子どもよりも上手だけど、あの子どもよりはうまくない」ととらえることです。「違い」としてみるとは、ものさしは複数本、**ものさしの形はいろいろ**、そこに書かれた数値もバラバラ、いえ数値がないものもあるかもしれません。「この子どもはこんなところが素敵、あの子どもはあんなところが楽しい」と考

9

えることです。「こんなところ」「あんなところ」のように具体的に叙述的にとらえることによって、「違い」がよりはっきりします。このように考えると、保育者が子ども一人ひとりに沿うことは、難しくはないのかもしれませんが、とても奥が深いと感じられます。

また、実習を終えた学生が、「子どもに対して、個別の対応に必死になって、クラス全体をみる余裕がなかった」、としばしば語ります。「あの先生はよい保育をする」と評するとき、「クラス運営がうまい」と同義に用いられている場面をみかけます。保育者にとって、クラス集団の運営も大切な保育内容です。しかし、忘れてはならないのは、集団のために個があるのではなく、**個のために集団がある**という意識です。一人ひとりの「違い」が生かされてこそ、集団に文化が息づくのです。子どもにとって、集団に属するとは、そこに固有の文化を身につけるということでもあります。

以上のように、保育者にとって、子ども一人ひとりに添い、個と集団の発達を見直すことが、**質の高い保育内容を構成する重要な要因**となります。

3. 領域と教科

「幼稚園教育要領」「保育所保育指針」「幼保連携型認定こども園教育・保育要領」において、共通に考えられていることは、子どもの生活や遊びを総合的に行うことです。「総合」を実践させる考え方が「領域」です。「領域」は**「健康」「人間関係」「環境」「言葉」「表現」**の5つで構成されています。では小学校以上の学びの特徴である「教科」とは何が違うのでしょうか。各領域の内容については、レッスン2以降で詳しく取り上げますが、ここでは、考え方の違いを押さえておきましょう。

ここで「食育」を例に領域について考えてみましょう。「食育」の内容が主に示されているのは「健康」の領域です。しかし、食育は「健康」という一つの領域に限った保育内容ではありません。

実際の子どもの姿をイメージしてください。今日の献立の食材の名称を知ることは「言葉」の領域といえますし、一緒に食べる友だちと会話する、食事のマナーを身につける、食事をする環境を整えるなどは「人間関係」や「環境」の領域といってもよいでしょう。こうしたさまざまなねらいをもち、食育一つにも**複数の領域の要素**が含まれています。ですから、保育者は健康領域に限って指導計画を立案し、特定の活動とし

て指導したりするわけではありません。それぞれが独立した授業として展開する小学校以上の学校文化を特徴とする教科とはずいぶん違うことがわかります。

再びはじめに戻り、「学校教育法」をみてみましょう（図表1-1）。ここにも、その違いが端的に表れています（下線は筆者）。

図表 1-1 「学校教育法」から見た幼稚園と小学校の目的の比較[7]

幼稚園	小学校
幼稚園は、義務教育及びその後の教育の基礎を培うものとして、幼児を保育し、幼児の健やかな成長のために適当な環境を与えて、その心身の発達を助長することを目的とする。	小学校は、心身の発達に応じて、義務教育として行われる普通教育のうち基礎的なものを施すことを目的とする。

▶出典
[7] 「学校教育法」第22条、第29条

「学校教育法」における幼稚園の目的は、「適当な環境を与えて、その心身の発達を助長する」とされています。この目的は、保育所、幼保連携型認定こども園も同様と考えましょう。それに対して、小学校では「心身の発達に応じて、義務教育として行われる普通教育のうち基礎的なものを施す」とされています。幼児教育では、**活動を過程としてとらえ、過程が幼児の発達を熟成させる場**であるとしています。「領域」は、発達的に未分化な幼児が経験して獲得してほしい内容であり、それらをバラバラに指導するのではなく、さまざまな体験を積み重ねるなかで、互いを関連させながら、徐々に育むことが求められます。そこでの「ねらい」は、**方向性**を示します。対して、小学校では、習得すべきものはより的確な方法で導くことを目的としています。習得すべきものは知識や技能として示され、教科として系統的に枠組みが整えられています。

「運動遊び」を例にあげてみましょう。『保育用語辞典』では、以下のように説明されています。

「走・投・跳など活発な身体活動を含む遊びで、**動くことそのものを楽しみおもしろさを感じる**。体育遊びと呼ばれて体力向上が目的と思われた時期もあったが、幼児の体力はおとなと比較して**未分化**な状態にある。そのため身体を活発に動かす**遊び**を通し、結果的に運動技能が獲得されるという理解が重要である[8]」。

野球やサッカーを楽しむ幼児の様子を見ていると、スポーツという文化や技術を習得するためではなく、プロ野球ごっこ、Jリーガーごっこなどの「ごっこ遊び」の一環として楽しんでいることがわかります。まさにこうした「ごっこ遊び」などを通して、園庭には遊びの文化が息づいているのです。ここから、保育における運動遊びは、小学校の教科と

▶出典
[8] 森上史朗・柏女霊峰編『保育用語辞典（第8版）』ミネルヴァ書房、2015年

第1章　保育の基本と保育内容

しての体育とは**本質的に異なる**ことがわかります。

---

4. 社会状況の変化に対応する保育内容

　子どもの健全な発達にとってどのような保育内容が大切なのかは、時代によって変わります。そのため、保育に関わる国の基準は一定期間を経て検討され、改定（訂）されてきました。2017（平成29）年には、「幼稚園教育要領」が文部科学省、「保育所保育指針」が厚生労働省、「幼保連携型認定こども園教育・保育要領」が内閣府・文部科学省・厚生労働省の告示文として公示され、2018（平成30）年4月から実施されています。

　なお、「保育所保育指針」は、2008（平成20）年に局長通知から厚生労働大臣の告示文となり、文部科学大臣の告示文としての「幼稚園教育要領」と同等になっています。「幼保連携型認定こども園教育・保育要領」は、2014（平成26）年に内閣府・文部科学省・厚生労働省の告示文として公示され、その歴史が始まりました。

　2017（平成29）年改訂の「幼稚園教育要領」「保育所保育指針」「幼保連携型認定こども園教育・保育要領」においては、**「幼児期の終わりまでに育ってほしい姿」**として、以下の10の姿があげられています。

【幼児期の終わりまでに育ってほしい姿（10の姿）】
　①健康な心と体
　②自立心
　③協同性
　④道徳性・規範意識の芽生え
　⑤社会生活との関わり
　⑥思考力の芽生え
　⑦自然との関わり・生命尊重
　⑧数量や図形、標識や文字などへの関心・感覚
　⑨言葉による伝え合い
　⑩豊かな感性と表現

✳ 用語解説
小1プロブレム
入学したばかりの小学校1年生が、集団行動がとれない、授業中に座っていられない、先生の話を聞かないなど、学校生活を送るうえでなじめない状態が続くこと。

　これらは、**小1プロブレム***に代表されるように、幼児期の教育と小学校教育との円滑な接続が、大きな課題になっていることを背景として

います。ただし、10の姿の育成は、小学校教育の前倒しではありません。5領域の内容などを踏まえ、特に5歳児の後半にねらいを達成するために、保育者が指導し幼児が身につけていくことが望まれるものが抽出され、具体的な姿として整理されたものです。10の姿はそれぞれの項目を個別に取り出して指導するものではありません。幼児期の豊富な体験によって身につけた学びの基礎が、ゆるやかに小学校の各教科へとつながるという考え方です。

さかのぼって、2008（平成20）年の改訂の際には、生活リズムの確立、健康的な食育、規範意識、協同、言葉による伝え合い、体験の広がりと深まりの保障などが、社会的な背景をもとに強調され、その内容は、2017年の改定（訂）にも引き継がれています。

たとえば、生活リズムの確立、健康的な食育は、一日の生活において睡眠・食事・運動を規則正しく健康的に整えられていないという点が、子どもたちの抱える問題となっていました。それらは、従来、家庭に基本が置かれる問題としてとらえられてきました。しかしながら、子どもたちが夜型の生活を送ることや、それに伴って朝食をとらない状況が増加している背景には、生活リズムの観点から考えれば長時間保育なども原因の一端と考えられなくはないのではないか、という意見も聞かれるようになってきました。そのような状況を鑑みて、家庭の責任として保護者にだけ改善を押しつけずに、園での生活をとおして、家庭と連携しながら個々の子どもの発達の実情などに配慮して、基本的生活習慣が身につけられる改善方法を工夫していこうという方向性が示されたわけです。

また、「言葉による伝え合い」という姿が示された背景には、幼児教育と小学校教育のねらいや内容のとらえ方のずれを解消するという背景もみられます。つまり、小学校以降の学習で求められる言語能力を、幼児教育でどのようにとらえ育むのかという問題です。小学校以降の学習にできるだけ早くなじませるために、読む、書くということだけを先取りさせることは、幼児教育が小学校教育の単なる準備期間でしかなくなります。幼児期は、身体表現による伝え合いから言語表現による伝え合いへと変化していく時期にあたります。10の姿では、遊びをとおして、話すこと、聞くことを中心に友だちと伝え合う姿を育むことが、小学校教育における学びの基礎を培うことになるという考え方を、小学校のみならず社会全体に示そうとしています。

以上のように、保育内容は、変わらずにいることが大切なものもありますが、子どもを取り巻く社会状況の変化に対応していかなければなら

ないものもあります。そして、それを保育実践としてどのように実現していくのかを考え続けるのが、保育者の専門性の一端であり、保育者の使命なのです。

5. 保育内容と保育者の専門性

1 保育内容総論で学ぶこと

ここで、「保育内容総論」とは何を学ぶ科目なのかを確認しておきましょう。総論とは、ある大枠があって、その枠すべてに当てはまる共通事項や一般的なことを述べるものです。

では、保育士養成課程において、「保育内容総論」とはどのような位置づけなのでしょうか。保育士養成課程は、以下の系統で構成されています（「総合演習」を含める場合もあります）。**「保育の本質・目的に関する科目」「保育の対象の理解に関する科目」「保育の内容・方法に関する科目」「保育実習に関する科目」**です。「保育内容総論」という科目は、保育課程論、保育内容演習、乳児保育、障害児保育、社会的養護内容、保育相談支援などの科目とともに、「保育の内容・方法に関する科目」の系統に位置づけられています。

幼稚園教諭の養成においては、2017年、幼稚園教諭養成課程の質の保証という観点から、すべての大学の教職課程で共通的に修得すべき資質能力を明確化した教職課程コアカリキュラムが作成されました。そこでは、全科目が「領域及び保育内容の指導法に関する科目」「教育の基礎的理解に関する科目」「道徳、総合的な学習の時間等の指導法及び生徒指導、教育相談等に関する科目」「教育実践に関する科目」「大学が独自に設定する科目」の5つに区分されています。保育内容総論は、「領域及び保育内容の指導法に関する科目」として位置づけられています。この科目では、園生活全体を視野に入れ、5領域を総合的に指導するという幼稚園教育における指導の考え方や指導計画の考え方を学ぶ科目とされています。幼児の発達に即して、主体的・対話的で深い学びが実現する過程を踏まえ、具体的な指導場面を想定して保育を構想する力を身につけることが求められています。

以上のように、「保育内容総論」は、**保育の理論と実践の橋渡し**をする視点を学ぶ科目といえます。原理的な科目で展開される保育観や子ども観を踏まえ、心理、保健などで学ぶ発達過程などの乳幼児理解に基づき、保育内容をどのように構成し展開させ、保育者としてどのように子

レッスン1 保育内容とは

どもを支援していくのかを考える方法を身につけます。本レッスンの2では、「保育内容を構成するための基本的な保育観や子ども観」を紹介しました。それらは、保育原理、歴史、子どもの心理学などの理論を基礎にし、保育実践とさまざまに関連していることが確認できるでしょう。

また同時に、養成課程では、「保育内容」に関する科目として、5領域「健康」「人間関係」「環境」「言葉」「表現」や、養護についての教科をそれぞれ専門的に学びます。しかし実際の保育では、大人として学んだ専門的な内容を分断してそのまま、あるいは子ども向けにかみ砕くように教えればよいというわけではありません。子どもは大人の縮小版ではないからです。たとえば、サッカーコートを狭くして小さなボールでパスの練習を繰り返しても、子どもたちは楽しめません。子どもたちはサッカーというスポーツではなく、「サッカーごっこ」を楽しんでいるからです。子どもは、子どもとして今を生きています。保育は、今の子どもの姿を大切にして育むことが求められます。「保育内容総論」は、保育実践を想定して、子どもとの生活を構造的、総合的にとらえ、具体的に展開するための考え方を学ぶ科目といえます。

2 保育者の専門性

あなたが保育者を目指したとき、保育者の仕事にどのようなイメージをもちましたか。保育者養成校で学ぶことになったとき、保育者養成校で学ぶ内容を、どのようにイメージしましたか。

保育に関わる仕事は、社会において子育て経験者なら誰でもできると考えている人が少なくありませんし、専門職としての高度化がなかなか進まないしくみもみられます。原因の一つには、保育の内容や方法が、きわめて日常的な生活を対象にしているからとも考えられます。看護師のように、疾病そのものが複雑で、それにともなって医療技術が発達し、必然的に高度化されたニーズが存在する職業とも違うといわれています。けれども、保育に関わる仕事の実態は**対人援助職であり、大変高度な技術を必要とする専門職**であることは間違いないのです。保育を学ぶことで専門性を確認し、学ぶべき方向を自覚してほしいと願っています。

では、この科目を学ぶことは、保育者のどのような専門性に関わるのでしょうか。本レッスン「3.領域と教科」で、愛着関係は、母親との間でなくても築かれることがあると述べました。保育者との間に愛着関係が築かれるとしたら、保育者が子どもの発達や養育に関する専門家であるため、保育の質の高さが担保されているからだと考えられます。

では、「質」とは何でしょうか。さまざまな考え方がありますが、「保

15

第1章　保育の基本と保育内容

育所保育指針」第1章「総則」1（1）に規定されている保育士の専門性をみてみると、以下のように記されています（下線は筆者）。

> エ　保育所における保育士は、児童福祉法第18条の4の規定を踏まえ、保育所の役割及び機能が適切に発揮されるように、倫理観に裏付けられた<u>専門的知識、技術及び判断</u>をもって、子どもを保育するとともに、子どもの保護者に対する保育に関する指導を行うものであり、その職責を遂行するための<u>専門性の向上</u>に絶えず努めなければならない[†9]。

▶**出典**
†9 「保育所保育指針」第1章1（1）「保育所の役割」

　保育者の専門性としての知識、技術とは、子どもの発達に関する専門的知識をもとにした**成長・発達を援助する技術**、保育所内外の空間や物的環境、自然環境、人的環境を生かして**保育の環境を構成していく技術**、子どもの経験や興味・関心を踏まえて**遊びを豊かに展開していくための知識・技術**、子どもどうしの関わりや子どもと保護者の関わりなどを見守り、その気持ちに寄り添いながら必要な援助をしていく**関係構築の知識・技術**、**保護者などへの相談・助言に関する知識・技術**などです。

　知っていてわかっていても、何かを実現させるためには、技術が必要です。技術を駆使するためには、**状況に応じた判断**も求められます。つまり、保育内容と保育方法は切り離して考えられないことがわかります。また、保育方法は、保育実践だけでなく、**計画を立てること**と、**実践後の省察**までを含む一連のいとなみでもあります。

　子どもが今を生きているように、保育者も今を生きています。保育者となったあとも、実践と学びを繰り返し、それぞれの保育者が**子ども観と保育観を確立**していくことで、専門性が定着していきます。その基礎を築くための学びとして、保育内容への理解を深めてください。

┌─────────────┐
│ 演 習 課 題 │
└─────────────┘

①保育内容としての「領域」と、小学校の「教科」の違いについて、自分の考えをまとめ、まわりの人と話し合ってみましょう。
②あなた自身がかつて通ったことのある（もしくは訪問したことのある）幼稚園、保育所、幼保連携型認定こども園を思い浮かべ、そこで見たことが、子どもにとってどのような意味をもっていたのかを考えてみましょう。

③保育者の専門性について、あなたが現時点でイメージできることを書き出し、これから学ぶべきことや学びたいことを、まわりの人と話し合ってみましょう。

········· レッスン **2** ·········

「幼稚園教育要領」「保育所保育指針」等と保育内容

このレッスンでは、「幼稚園教育要領」「保育所保育指針」「幼保連携型認定こども
園教育・保育要領」に示されている保育内容について学びます。これらは、より
上位の法律に規定されており、その関係を知るとともに、保育指針と2つの要領
の違いも理解しましょう。

1. 「幼稚園教育要領」における保育内容

1 「幼稚園教育要領」とは

　「幼稚園教育要領」は、学校のひとつである幼稚園の保育について具
体的に定めた法律です。幼稚園が学校であるということは、「学校教育
法」第1条で定められています。さらに、第22条に幼稚園の目的が端
的に書かれており、幼稚園教育の真髄がわかります。第22条には幼稚
園の目的として、「義務教育及びその後の教育の基礎を培うものとして」
と書かれていますが、このように幼稚園を位置付けたのは、「学校教育
法」より上位の法律である「教育基本法」です。

　「教育基本法」は、第2次世界大戦後すぐの1947（昭和22）年に制定
され60年間改正されずにいましたが、2006（平成18）年に全面的に改
正されました。その際、第11条において幼児期が「生涯にわたる人格
形成の基礎を培う重要なものである」と新しく定められました。また、
第13条では、学校、家庭及び地域住民等の関係者は、教育におけるそ
れぞれの役割と責任を自覚するとともに、相互の連携及び協力に努め
ることと定められました。これらは、戦後60年の間に、**家庭のあり方、
社会状況が変化**したため、幼稚園や学校、地域や家庭などの役割が変化
したからです。

　このように、現在は幼児期が教育上大切な時期であることが広く認知
され、幼児教育が注目されています。では、幼稚園では、どのようなこ
とを教育しているのでしょうか。それは、「学校教育法」第23条に5つ
の目標として定められています。

✦ 補足
「幼稚園教育要領」
2018年4月施行の「幼稚園教育要領」に基づく。

☑ 法令チェック
「学校教育法」第1条
この法律で、学校とは、幼稚園、小学校、中学校、義務教育学校、高等学校、中等教育学校、特別支援学校、大学及び高等専門学校とする。

「学校教育法」第22条
幼稚園は、義務教育及びその後の教育の基礎を培うものとして、幼児を保育し、幼児の健やかな成長のために適当な環境を与えて、その心身の発達を助長することを目的とする。

「教育基本法」第11条
幼児期の教育は、生涯にわたる人格形成の基礎を培う重要なものであることにかんがみ、国及び地方公共団体は、幼児の健やかな成長に資する良好な環境の整備その他適当な方法によって、その振興に努めなければならない。

レッスン 2 「幼稚園教育要領」「保育所保育指針」等と保育内容

> 一　健康、安全で幸福な生活のために必要な基本的な習慣を養い、身体諸機能の調和的発達を図ること。
> 二　集団生活を通じて、喜んでこれに参加する態度を養うとともに家族や身近な人への信頼感を深め、自主、自律および協同の精神並びに規範意識の芽生えを養うこと。
> 三　身近な社会生活、生命及び自然に対する興味を養い、それらに対する正しい理解と態度及び思考力の芽生えを養うこと。
> 四　日常の会話や、絵本、童話等に親しむことを通じて、言葉の使い方を正しく導くとともに、相手の話を理解しようとする態度を養うこと。
> 五　音楽、身体による表現、造形等に親しむことを通じて、豊かな感性と表現力の芽生えを養うこと。

➕ 補足

家庭・社会状況の変化

家庭・社会状況の変化には、以下のような要因が関係している。
・核家族化
・生活様式の変化
・経済成長
・地域の教育力低下

続いて「学校教育法」第24条では、さきほどの「教育基本法」第13条を反映して、第22条の目的を実現するための教育のほかに、幼児期の教育に関して、保護者や地域住民その他関係者からの相談に応じるなど、地域への教育支援に関して述べられています。「学校教育法」第22～第24条を具体的に定めたものが、「幼稚園教育要領」となります。

2 「幼稚園教育要領」の構造

「幼稚園教育要領」は、前文、第1章「総則」、第2章「ねらい及び内容」、第3章「教育課程に係る教育時間の終了後等に行う教育活動などの留意事項」からなります。前文は、わが国の教育目標を示し、幼稚園を学校教育の始まりとして位置づけ、その役割を説明しています。第1章は「学校教育法」第22条を具体化して、幼稚園教育の基本、幼稚園教育において育みたい資質・能力及び「幼児期の終わりまでに育ってほしい姿」、教育課程の役割と編成等、指導計画の作成と幼児理解に基づいた評価、特別な配慮を必要とする幼児への指導、幼稚園運営上の留意事項などについて規定しています。第2章は「学校教育法」第23条を具体化して、5つの目標を5領域としてそれぞれの内容と取扱いを規定しています。第3章は「学校教育法」第24条を具体化して、いわゆる預かり保育の教育課程の留意事項を規定しています。

第1章「総則」において、第1「幼稚園教育の基本」とされていることは、幼児期にふさわしい生活が展開されるようにすること、遊びを通

☑ 法令チェック

「幼稚園教育要領」第1章第1「幼稚園教育の基本」

1　幼児は安定した情緒の下で自己を十分に発揮することにより発達に必要な体験を得ていくものであることを考慮して、幼児の主体的な活動を促し、幼児期にふさわしい生活が展開されるようにすること。

2　幼児の自発的な活動としての遊びは、心身の調和のとれた発達の基礎を培う重要な学習であることを考慮して、遊びを通しての指導を中心として第2章に示すねらいが総合的に達成されるようにすること。

3　幼児の発達は、心身の諸側面が相互に関連し合い、多様な経過をたどって成し遂げられていくものであること、また、幼児の生活経験がそれぞれ異なることなどを考慮して、幼児一人一人の特性に応じ、発達の課題に即した指導を行うようにすること。

19

第1章　保育の基本と保育内容

しての指導を中心として5領域のねらいが総合的に達成されるように
すること、幼児一人ひとりの特性に応じ、発達の課題に即した指導を行
うようにすることです。これらについて、保育者が保育室や園庭の環境
を整え、またみずからが人的環境として幼児に対して必要な役割を果た
すなど、**環境を通して指導することが幼児教育**です。幼児が主体的に活
動することが最も重要であり、児童・生徒が知識を理解し技能を習得す
る小学校以降の学校とは、学習方法がまったく異なります。

　第1章第3「教育課程の役割と編成等」には、教育週数が39週を下っ
てはならないこと、1日の教育課程に係る教育時間は4時間を標準とす
ることなどが規定されています。

3　幼児教育において育みたい資質・能力

　幼児教育において育みたい資質・能力について、小学校以降の教育と
のつながりが理解しやすいように、3分野の基礎が示されています。わ
かったりできるようになったりする「知識及び技能の基礎」、考えたり
表現したりする「思考力、判断力、表現力等の基礎」、心情、意欲、態
度が育つなかで、よりよい生活を営もうとする「学びに向かう力、人間
性等」の3つです。

【参照】
幼児期の終わりまでに
育ってほしい姿
→レッスン1

　この3つをより具体化したものを、**「幼児期の終わりまでに育ってほ
しい姿」**として10項目で示しています。これらは、内容的には5領域
と同じですが、幼稚園教育の終わりの姿として示しているので、小学校
教育へのつながりがより理解しやすく、見通しをもって教育課程を編成
する目安となるでしょう。

4　5領域の内容

　第2章「ねらい及び内容」に記されている5領域について、学んで
いくことにしましょう。まず、幼児期から大学に至るまで一貫して日本
の学校教育で育てることを期待されているのは、**「生きる力」**であるこ
とを知っておきましょう。そこで幼児期に求められるのは、「生きる力」
の基礎を育むことです。幼稚園では、10項目の姿を目指して、発達の
5つの側面を示す5領域を、環境を通して総合的に織り上げて、日々の
生活が営まれています。これからそれぞれの領域について説明しますが、
5領域の保育内容は単独で保育活動となることはなく、幼児が主体的に
取り組む遊びのなかで、総合的にねらいが達成されるようにすることが
何よりも大切です。

①領域「健康」

　健康な心と体を育て、みずから健康で安全な生活をつくり出す力を養う、という側面から発達をとらえ、生きる力の基礎となる心情、意欲、態度に関して、ねらいが定められています。心情に関しては、「明るく伸び伸びと行動し、充実感を味わう」です。意欲に関しては、「自分の体を十分に動かし、進んで運動しようとする」です。態度に関しては、「健康、安全な生活に必要な習慣や態度を身に付け、見通しをもって行動する」です。

　領域「健康」の保育内容は、**自立を軸にした発達を助長する保育活動**ととらえるとわかりやすいでしょう。運動を通して身体の健康を促進し、自立するための基本的生活習慣として、衣服の着脱、食事、排泄、清潔などを自分でできるようすることが保育内容となります。心の自立では、基礎となる情緒の安定は、先生やほかの子どもたちとのふれあいのなかから生まれ、生活の自立では、幼稚園での生活の仕方を知り、見通しをもって行動したり、自分の安全や健康に進んで気をつけて行動することなどが保育内容です。

　幼児の健康に大きな影響を及ぼす食事に関する保育活動は、近年食育として特に取り上げられることが多くなってきました。幼児期の食育では、楽しく食事をすることをとおして、食べる楽しさを味わうことが大きなねらいとなります。同時に、箸を使って偏りなく食事をする、食前と食後のあいさつなど、文化的な日本固有の食事方法の習得もねらいとなります。具体的な食育の保育内容は、たとえば栄養に関する知識のポスターを保育室内に貼って幼児の食事に対する興味・関心を深めたり、野菜、米、果物などの食材を園内で栽培し調理をして、食べ物に対する興味・関心を深めたりすることがあります（写真2-1）。

写真2-1　幼児期の食育

おしゃべりしながら、自分たちでつくるクッキーは格別おいしい！（大阪市S幼稚園）

☑ 法令チェック

領域「健康」のねらい（3歳以上児）
（1）明るく伸び伸びと行動し、充実感を味わう。
（2）自分の体を十分に動かし、進んで運動しようとする。
（3）健康、安全な生活に必要な習慣や態度を身に付け、見通しをもって行動する。

「食育基本法」第1条抜粋
（目的）
この法律は、近年における国民の食生活をめぐる環境の変化に伴い、国民が生涯にわたって健全な心身を培い、豊かな人間性をはぐくむための食育を推進することが緊要な課題となっていることにかんがみ、食育に関し、基本理念を定め、及び国、地方公共団体等の責務を明らかにするとともに、食育に関する施策の基本となる事項を定めることにより、食育に関する施策を総合的かつ計画的に推進し、もって現在および将来にわたる健康で文化的な国民の生活と豊かで活力ある社会の実現に寄与することを目的とする（平成17年6月制定）。

第1章　保育の基本と保育内容

運動に関しては、幼児の体力低下、運動意欲の低下の現状改善のために、2012（平成24）年、文部科学省により**「幼児期運動指針」**が策定されました。この指針では、幼児期の運動の意義を「遊びを中心とする身体活動を十分に行うことは、多様な動きを身に付けるだけでなく、心肺機能や骨形成にも寄与するなど、生涯にわたって健康を維持したり、何事にも積極的に取り組む意欲を育んだりするなど、豊かな人生を送るための基盤づくり」としています。同時に策定された「幼児期運動指針ガイドブック」では、毎日合計60分以上という時間の目安を示し、運動遊びにさまざまなねらいがあることを示して、保育者が**運動遊びの重要性**を理解できるようにしています。また、保護者にむけて家庭での運動遊びを提案し、家庭教育においても運動遊びを取り入れ、**生涯にわたる健康を維持**するようにすすめています。

②領域「人間関係」

他の人々と親しみ、支え合って生活するために、自立心を育て、人と関わる力を養うという側面から発達をとらえ、生きる力の基礎となる心情、意欲、態度に関して、ねらいが定められています。領域「人間関係」の保育内容は、**個の自立と社会性・道徳性の発達を助長する保育活動**としてとらえるとわかりやすいでしょう。

幼稚園で先生や友だちと楽しく過ごすなかで、自分で考え行動し、自分のことは自分で行い、やり遂げようとする意欲をもつことにより**自己肯定感を深める**ことが保育内容です。1人の活動においても友だちとの活動においても、いろいろな感情を味わいながら何かをやり遂げる達成感は、ぜひ経験させたいことです。

友だちとのやりとりをとおして、相手の思っていることに気づいたり、友だちのよさに気づいて友だちを好きになり、一緒に遊ぶのが待ち遠しくなったりする心情を経験することも保育内容です。友だちと一緒に遊ぶうちにけんかになることは、幼稚園では日常茶飯事です。そのようなけんかをとおして、よいことや悪いことがあることに気づき、友だちの気持ちを思いやることで絆が深まります。また、幼稚園生活は集団生活ですから、たとえば「すべり台は下からのぼってはいけない」など、いくつもの決まりがあります。仲よく遊ぶには、決まりを守ったり、譲ったりすることが必要であると経験することも保育内容となります。

また、**身近な人々に愛情を感じること**も大事な保育内容です。人を大切に思う心は、たとえば、家族へ感謝の贈り物をつくったり、敬老の日に地域の老人ホームを訪れてご老人に親しんだりすることなどをとおして養われます（写真2-2）。幼児は、家族、地域の一員として、愛され

☑ 法令チェック

領域「人間関係」のねらい（3歳以上児）

（1）幼稚園生活を楽しみ、自分の力で行動することの充実感を味わう。

（2）身近な人と親しみ、関わりを深め、工夫したり、協力したりして一緒に活動する楽しさを味わい、愛情や信頼感をもつ。

（3）社会生活における望ましい習慣や態度を身に付ける。

る対象だけでなく、**愛情を与える存在**でもあります。自分の行動が人を喜ばせることを、幼児が意識できるようにしましょう。このような人間への深い愛情、信頼感は、幼児期にしか育てることのできない重要な心情です。目に見えないものであるからこそ大切に育てたいものです。

写真 2-2 老人ホームでの交流

敬老の日には老人ホームに行き、歌を歌いプレゼントを渡して交流する（大阪市S幼稚園）。

③領域「環境」

周囲のさまざまな環境に好奇心や探究心をもって関わり、それらを生活に取り入れていこうとする力を養う、という側面から発達をとらえ、生きる力の基礎となる心情、意欲、態度に関して、ねらいが定められています。領域「環境」の保育内容は、ものとの関わりを通して**科学する心、論理的思考の発達を助長する保育活動**としてとらえるとわかりやすいでしょう。

幼児の身の回りにあるすべてのものと事象が保育内容になります。自然環境ならば、野の草や植物の栽培、動物、鳥、魚、虫の飼育、空や雲、月や星、山や海や川、岩や石や砂、風や雨などです。これらを見たり、

写真 2-3 自然体験

冬の里山活動。五感すべてで、冬の自然を楽しんでいる（大阪市S幼稚園）。

☑ **法令チェック**

領域「環境」のねらい（3歳以上児）
（1）身近な環境に親しみ、自然と触れ合う中で、様々な事象に興味や関心をもつ。
（2）身近な環境に自分から関わり、発見を楽しんだり、考えたりし、それを生活に取り入れようとする。
（3）身近な事象を見たり、考えたり、扱ったりする中で、物の性質や数量、文字などに対する感覚を豊かにする。

触ったり、体験したりするなかで感動して、なぜだろうと考えることが保育内容になります（写真2-3）。この感動がとても大事です。感動が「おもしろい！」につながります。「おもしろい！」が考えるモチベーションとなります。自分で考え続ける習慣が、科学する心を育てることになります。また、**なぜを積み重ねて、考え続ける論理的思考を鍛えます**。

　社会的な事象ならば、近所のお店や街並み、病院、体の不自由な人々のために街にあるいろいろなものやしくみ、交通標識や交通ルール、街や村の音やにおい、季節や地域の行事、国旗や国歌、世界の国々や地球環境、戦争や飢餓で苦しんだり亡くなったりしていく子どもたちへの理解など、身近なことから国際的なことまでが保育内容になります。自然現象は、季節やある現象が起きているときに保育に取り入れると感動が大きくなるように社会的事象についても保育活動に取り入れる時期やタイミングがあります。大人の社会でニュースに取り上げられていることは、幼児も見て知っています。戦争や飢餓、病気など幼児には難しいテーマと思われることも、幼児が興味をもっていたら取り上げてみるのもよいでしょう。幼児なりに考えて、苦しんでいる人々、子どもたちに共感する機会となるでしょう。

　身近な生活のなかで、大きい、小さい、多い、少ない、遠い、近い、重い、軽い、高い、低いなどの言葉を体感し、それらが数量の感覚へと結びつくようにすることも保育内容となります。また、徐々に文字に興味をもつようになれば、ひらがなで書かれた自分の名前などから文字に対する興味を高めることも、保育内容となります。

　動植物の飼育・栽培をとおして命の尊さに気づくことや、自然現象をとおして人間の力の及ばないことへ畏敬の念をもつことなども、領域「環境」に含まれます。科学する心や論理的思考の行き着くところにある、生命を慈しみ大切にする心情や、この世界そのものへの畏敬の念が育つのです。これらを、抽象的な言葉で幼児に伝えることはできません。保育者が、栽培している植物の命の重みを感じて慈しみながら水をやる姿を見て、幼児が感じ取ることです。これも目に見えない保育内容ですが、大事な内容です。

④領域「言葉」

　経験したことや考えたことなどを自分なりの言葉で表現し、相手の話す言葉を聞こうとする意欲や態度を育て、言葉に対する感覚や言葉で表現する力を養う側面から発達をとらえています。領域「言葉」の保育内容は、言葉を使っての**対話能力の発達を助長する保育活動**としてとらえるとわかりやすいでしょう。

☑ **法令チェック**
領域「言葉」のねらい（3歳以上児）
（1）自分の気持ちを言葉で表現する楽しさを味わう。
（2）人の言葉や話などをよく聞き、自分の経験したことや考えたことを話し、伝え合う喜びを味わう。
（3）日常生活に必要な言葉が分かるようになるとともに、絵本や物語などに親しみ、言葉に対する感覚を豊かにし、先生や友達と心を通わせる。

まず、自分の気持ちや考えを自分なりの言葉で表現し、他人に理解してもらう喜びを感じるところから始まります。それから、わからないことを聞く、先生の話を聞く、友だちの話を聞くなど、人との関わりのなかで、言葉を使っての交流の楽しさを十分に味わうことが、人とのコミュニケーション能力を養う保育内容となります。

次に、絵本など言葉によるイメージの世界を楽しむことも保育内容となります。絵本の内容と自分の経験とを結び付けたり、想像したりすることをとおして、イメージのなかで喜んだり悲しんだり、共感できるようになります。また、幼児は言葉を使ったゲームなどをとても楽しみます。しりとり、なぞなぞ、伝言ゲーム、その他たくさんの言葉遊びのゲームや手遊びをとおして、**日本語の感覚を豊かにすること**、日常生活に必要なあいさつなどの言葉を使えるようになることも保育内容となります。

⑤領域「表現」

感じたことや考えたことを自分なりに表現することをとおして、豊かな感性や表現する力を養い、創造性を豊かにする側面から発達をとらえています。領域「表現」の保育内容は、美しいと感じる心を育て、歌や造形や身体を使っての**表現能力の発達を助長する保育活動**としてとらえるとわかりやすいでしょう。

美しいと感じる心は、保育者が美しいと感じたときに、それを幼児に伝えることで徐々に養われます。また、幼児が感動しているときに、保育者がそれを言葉にすることで、幼児が美しいと認識できるようになります。**保育者の美しいと思う気持ちが幼児へ伝達される**わけですが、音楽でも絵画でもミュージカルでも、自然の風景でも、たくさんの美しいものを幼児に教えてあげましょう。

自分なりに表現することに関しては、できる限り多様な表現方法を用意することが望まれます。たとえば、遠足でいちご狩りに行った後、その感動を表現するならば、どんな保育活動が可能でしょうか。遠足の時の絵を描くことは一般的ですが、それだけではないはずです。美味しかったいちごの味を絵に描く。いちごを粘土で造形する。いちごや遠足の歌を歌う。いちごを身体表現する。いちごの物語をつくる。まだまだ幼児が発見する表現方法があるでしょう。**幼児が自分なりの表現を楽しむ**ことが大事です。領域「表現」のねらいには大人の物差しによる評価は必要なく、むしろ、幼児の自分なりの表現を見損なってしまいます。大人の物差しで幼児の活動の結果を評価することは避けましょう。

☑ **法令チェック**

領域「表現」のねらい（3歳以上児）
（1）いろいろなものの美しさなどに対する豊かな感性をもつ。
（2）感じたことや考えたことを自分なりに表現して楽しむ。
（3）生活の中でイメージを豊かにし、様々な表現を楽しむ。

第1章　保育の基本と保育内容

補足
エピソード、インシデント
「エピソード」は、一つの「場面」や「状況」を切り取ったもの。後述の「インシデント」は、そこに「問題」や「課題」が生じているものを指す。

エピソード①　いちご狩りで捕まえたカエルのお話（4歳児）

いちご狩りで捕まえたアマガエル。カエルの好きな男児がカエルを幼稚園に持ってきました。でも、幼稚園では飼えません。しかたなく逃がすことになりました。

保育者「あのカエルはどこに帰ったのかな？」
子ども「お池のお父さんとお母さんの待ってる家に帰ったんだよ」

そこから、子どもたちがカエルのお話をつくりました。最初は池に帰ったカエルがご飯を食べて、寝て、大冒険の夢を見たお話。次は、朝起きて、カエルの幼稚園に行って、お庭で遊んで、担任のメレム先生を落とし穴に落とすいたずらをしたりします。カエルのお弁当は、力のまめ、バッタのピーマン、けむしのキュウリ、ゴキブリサラダ。いたずらなカエルの子どもたちは、地球ぐらい大きなおにぎりをつくってメレム先生に投げて、また叱られます。「ごめんなさい」と謝って、元気いっぱい遊んだ幼稚園から帰ります。このお話をグループに分かれて描きました。

カエルの幼稚園のお庭で、すべり台やブランコで遊んでいます（写真左）。メレム先生に地球ぐらいの大きなおにぎりを投げて叱られ、「ごめんなさい」と謝って、元気に「さようなら！」（写真右）（神戸市K幼稚園）。

2.「保育所保育指針」における保育内容

1 「保育所保育指針」とは

補足
「保育所保育指針」
2018年度4月施行の「保育所保育指針」に基づく。

「保育所保育指針」は、児童福祉施設の一つである保育所の保育について具体的に定めた法令です。保育所については、「児童福祉法」第39条に、「保育所は、保育を必要とする乳児・幼児を日々保護者の下から通わせて保育を行うことを目的とする施設（利用定員が20人以上であるものに限り、幼保連携型認定こども園を除く。）とする」と規定され

レッスン2 「幼稚園教育要領」「保育所保育指針」等と保育内容

ています。そして、「児童福祉施設の設備及び運営に関する基準」第35条に、保育所は養護および教育を一体的に行うところであり、保育内容は指針に示されていることが記載されています。

「保育所保育指針」は、厚生省（当時）により1965（昭和40）年に保育所保育のガイドラインとして制定されました。その後、「幼稚園教育要領」の改訂に合わせて、1990（平成2）年、2000（平成12）年の改定を経て、2008（平成20）年に3度目の改定が行われました。この改定により、「保育所保育指針」は、**厚生労働大臣による告示**となりました。このことにより、法律としての拘束性が強まりました。2018年4月に施行された改定版「保育所保育指針」では、（1）乳児・1歳以上3歳未満児の保育に関する記載の充実、（2）保育所保育における幼児教育の積極的な位置付け、（3）子どもの育ちをめぐる環境の変化を踏まえた健康及び安全の記載の見直し、（4）保護者・家庭及び地域と連携した子育て支援の必要性、（5）職員の資質・専門性の向上を改定の方向性とし、現在の子育て状況、保育・幼児教育の課題に対応しています。

2 「保育所保育指針」の構造

「保育所保育指針」は、第1章「総則」、第2章「保育の内容」、第3章「健康及び安全」、第4章「子育て支援」、第5章「職員の資質向上」という5つの章からなっています。第1章「総則」には、「1　保育所保育に関する基本原則」、「2　養護に関する基本的事項」、「3　保育の計画及び評価」、「4　幼児教育を行う施設として共有すべき事項」が書かれています。

①保育所保育の基本原則

「1　保育所保育に関する基本原則」では、保育所は「保育を必要とする子どもの保育を行い、その健全な心身の発達を図ることを目的とする児童福祉施設であり、入所する子どもの最善の利益を考慮し、その福祉を積極的に増進することに最もふさわしい生活の場でなければならない」とされています。保育の特性は、保育所における**環境を通して養護および教育を一体的に行う**ことです。また、地域の子育て支援を行うことが保育所の役割であり、保育士の仕事は子どもを保育するとともに、子どもの保護者に対する保育に関する指導を行うことです。

保育の方法には、保育に関する留意事項が書かれています。子どもに関しては、子どもを主体として、一人ひとりの発達過程や生活リズム、また家庭状況の違いを十分に配慮して、子どもが自発的に活動できるように、乳幼児期にふさわしい体験を生活や遊びを通して総合的に保育し

☑ **法令チェック**

「児童福祉施設の設備及び運営に関する基準」第35条
保育所における保育は、養護及び教育を一体的に行うことをその特性とし、その内容については、厚生労働大臣が定める指針に従う。

ます。保護者に関しては、一人ひとりの状況や意向を理解して受容し、その家庭生活や親子関係を考慮しながら援助します。子どもの家庭をありのままに受け止め、子どもの最善の利益のために、保護者とともにそのときにできることをしていくのです。

②養護に関する基本的事項

「2　養護に関する基本的事項」では、保育における養護は、「**子どもの生命の保持及び情緒の安定を図るために保育士等が行う援助や関わり**」と定義し、「生命の保持」と「情緒の安定」のためのねらいと内容が示されています。特に乳児（0歳児）保育においては、養護の面でさまざまな配慮が必要となります（写真2-4）。

写真2-4 0歳児の保育室

0歳児の保育室には、沐浴槽、おむつ交換台、個別の着替え入れなどの小部屋と調乳室がある（大阪市S保育園）。

「生命の保持」は、一人ひとりの子どもが健康で安全に快適に生活し、その生理的欲求が十分に満たされ、健康増進が積極的に図られることをねらいとしています。保育内容では、①子どもの健康状態や発育及び発達状態を的確に把握し、異常があるときには迅速に適切に対応すること、②家庭、嘱託医との連携を図り、病気や事故防止に努め、清潔で安全な保育環境を維持すること、③子どもの発達過程に応じた生活リズムを整え、子どもの生理的欲求を満たしていくこと、④子どもが基本的生活習慣を身につけ、適度な運動と休息をとりながら意欲的に生活できるよう援助すること、などとなります。

「情緒の安定」は、一人ひとりの子どもが安定感をもって過ごし、自分の気持ちを安心して表現し、まわりから尊重され、主体として生活するなかで自己肯定感を育み、くつろいで過ごすことで心身の疲れが癒されるようにすることをねらいとしています。保育内容は、①子どもの欲求を適切に満たしながら、応答的なふれあいや言葉がけを行う、②子ど

レッスン2 「幼稚園教育要領」「保育所保育指針」等と保育内容

もの気持ちを受容し共感して、継続的な信頼関係を築くこと③子どもが
主体的に活動し自発性や探索意欲を高めながら自分への自信をもつこと
ができるように適切に働きかけること、④一人ひとりの子どもの生活リ
ズムなどに応じて、活動内容のバランスを図りながら、食事や休息がと
れるようにするなどとなります。

③保育の計画及び評価

「3　保育の計画及び評価」では、これまで保育課程と表記していた
幼稚園教育における教育課程にあたるものを、「全体的な計画」と表記し、
これに基づき、指導計画、保健計画、食育計画などの計画も作成するこ
とを定めています。また、3歳未満児については、個別の指導計画を作
成することとなっています。

④幼児教育を行う施設として共有すべき事項

「4　幼児教育を行う施設として共有すべき事項」は、前節第3項で
学んだ「幼稚園教育要領」の「幼稚園教育において育みたい資質・能力」
及び「幼児期の終わりまでに育ってほしい姿」と共通です。

3　3歳未満児の保育内容

「保育所保育指針」第2章「保育の内容」は、「1　乳児保育に関わる
ねらい及び内容」、「2　1歳以上3歳未満児の保育に関わるねらい及び
内容」、「3　3歳以上児の保育に関するねらい及び内容」と、年齢別に
ねらいと内容が示されています。3歳以上児の保育は、幼稚園教育要領
と同じですから、ここでは、3歳未満児の保育内容について学びましょ
う。

①乳児保育の内容

乳児保育では、この時期の発達の特徴から3つの視点においてねらい
と内容を定めています。「健やかに伸び伸びと育つ」という身体的発達、
「身近な人と気持ちが通じ合う」という社会的発達、「身近なものと関わ
り感性が育つ」という精神的発達で、のちの健康、人間関係、環境の領
域へと発展する視点です。

（1）健やかに伸び伸びと育つ

「健やかに伸び伸びと育つ」という身体的発達の視点においては、
環境に働きかけることで変化をもたらす「主体的な存在としての自
分」という感覚を育むことが基盤となります。それは、一人ひとりの
子どもが快適に生理的欲求を満たし、健康で安全に過ごし、保育者に
よる愛情のこもった応答的な関わりによる心身ともに満たされた生
活を通じて育まれます。授乳や睡眠においても、それぞれの生理的な

☑ **法令チェック**
**「健やかに伸び伸びと
育つ」**
（1）身体感覚が育ち、快
適な環境に心地よさを感じ
る。
（2）伸び伸びと体を動か
し、はう、歩くなどの運動
をしようとする。
（3）食事、睡眠等の生活
のリズムの感覚が芽生える。

29

第1章　保育の基本と保育内容

リズムが尊重されることが大切です。個別の生活リズムを十分に経験したあとに、おおむね同じ時間帯に食事や睡眠をとるようになってきます。離乳食が完了期へと移行する時期ですから、さまざまな食品に慣れ、食べる喜びや楽しさを味わって、進んで食べようとする気持ちが育つようにします。

　特に配慮を必要とすることは、**睡眠時**です。乳児は顔に布がかかっているだけでも窒息します。ベッドの柵に首を挟んだりすることもあります。そこで、0歳児が寝ているときには**5分ごとに、1歳児では10分ごとに様子を確認する**ことが必要となってきます。また、**乳幼児突然死症候群**[*]のリスクがあります。このためにも、頻繁に睡眠中の乳児を見回ります。また、乳児は免疫力が低いので、感染症に対しても常に気を配っていなくてはいけません。哺乳瓶などを消毒することは当然のことですが、保育者はおむつを替えた際には必ず手指をアルコール消毒します。また乳児ははいまわって、何でも口に入れるので、床やおもちゃも消毒します。

（2）身近な人と気持ちが通じ合う

　「身近な人と気持ちが通じ合う」という社会的発達の視点においては、一人ひとりの子どもが安定感をもって過ごし、自分の気持ちを安心して表し自己肯定感が育つようにすること、また子どもの心身の疲れが癒されるようにすることがねらいとなります。子どもは笑ったり泣いたり喃語を話したりすることで、自分の思いや欲求を表現します。それを保育者が受け止め優しい言葉で応答すると、言葉の理解や発語の意欲をもちます。このように、特定の養育者との信頼関係が必要なため、乳児担当の保育士は、0歳児においては、**3人に1人の配置**です。

（3）身近なものと関わり感性が育つ

　「身近なものと関わり感性が育つ」という精神的発達の視点においては、安全で衛生的な環境の下で、乳児がさまざまな事物に興味や関心をもち、感じたことや考えたことを乳児なりに伝えることができるようになることがねらいとなります。乳児ですから、言葉で伝えるのではなく、喃語や笑い声、泣き声、表情や体の動きが乳児なりの表現となります。保育者の役割は、子どもとの信頼関係を基盤に、子どもが体の諸感覚を十分に働かせながら主体的に活発に活動し探索意欲を高めるように、子どもがとらえたものを一緒に受け止め、意味づけをすることです。このようにして、身のまわりの環境に対する子どもの興味や好奇心は、その生活を豊かにするとともに、精神的発達を促

---

[*] 用語解説

乳幼児突然死症候群（SIDS：Sudden Infant Death Syndrome）
元気だった乳児が、睡眠中に突然死する病。日本では6,000～7,000人に1人発症するといわれ、生後2か月から6か月に多い。2014年には全国で146人の乳児がこの病で亡くなっている（厚生労働省平成27年広報）。

☑ 法令チェック
「身近な人と気持ちが通じ合う」
（1）安心できる関係の下で、身近な人と共に過ごす喜びを感じる。
（2）体の動きや表情、発声等により、保育士等と気持ちを通わせようとする。
（3）身近な人と親しみ、関わりを深め、愛情や信頼感が芽生える。

参照
「児童福祉施設の設備及び運営に関する基準」人員配置基準
→レッスン12

☑ 法令チェック
「身近なものと関わり感性が育つ」
（1）身の回りのものに親しみ、様々なものに興味や関心をもつ。
（2）見る、触れる、探索するなど、身近な環境に自分から関わろうとする。
（3）身体の諸感覚による認識が豊かになり、表情や手足、体の動き等で表現する。

します。

② 1 歳以上 3 歳未満児の保育内容

　この時期の発達は、基本的な運動機能が発達し、排泄など基本的生活習慣も徐々に自分でできるようになります。また自分の意思や欲求を言葉で伝えることができるようになってきます。このような発達の特徴を踏まえて、5 領域から保育のねらいと内容を示しています。3 歳以上児と同じ 5 領域ですが、内容は異なります。以下の下線部が異なっていますから、確認してみましょう（下線は筆者）。

健康

（1）明るく伸び伸びと<u>生活し、自分から体を動かすことを楽しむ</u>。

（2）自分の体を十分に動かし、<u>様々な動きをしようとする</u>。

（3）健康、安全な生活に必要な習慣に<u>気付き、自分でしてみようとする気持ちが育つ</u>。

人間関係

（1）保育所での生活を楽しみ、<u>身近な人と関わる心地よさを感じる</u>。

（2）<u>周囲の子ども等への興味や関心が高まり、関わりをもとうとする</u>。

（3）保育所の生活の仕方に慣れ、きまりの大切さに気付く。

環境

（1）身近な環境に親しみ、<u>触れ合う中で、様々なものに興味や関心をもつ</u>。

（2）<u>様々なものに関わる中で</u>、発見を楽しんだり、考えたりしようとする。

（3）<u>見る、聞く、触るなどの経験を通して、感覚の働きを豊かにする</u>。

言葉

（1）<u>言葉遊びや言葉で表現する楽しさを感じる</u>。

（2）人の言葉や話などを聞き、<u>自分でも思ったことを伝えようとする</u>。

（3）絵本や物語等に親しむとともに、言葉のやり取りを通じて身近な人と気持ちを通わせる。

表現
（1）身体の諸感覚の経験を豊かにし、様々な感覚を味わう。
（2）感じたことや考えたことなどを自分なりに表現しようとする。
（3）生活や遊びの様々な体験を通して、イメージや感性が豊かになる。

　1～2歳児に対して、保育士は子どもの生活の安定を図りながら、自分でしようとする気持ちを尊重し、温かく見守り、愛情豊かに応答的に関わることが求められています。1～2歳児は、だんだんと自分でさまざまなことをしようとしますが、なかなかできません。保育士はゆっくりと見守りながら、自分でできることの喜びを味わえるように関わります。1～2歳児では排泄の自立がありますが、段階的にできたことを褒めて自分への自信をもつように関わります。

3. 「幼保連携型認定こども園教育・保育要領」における保育内容

1 「幼保連携型認定こども園教育・保育要領」とは

　幼保連携型認定こども園は、内閣府子ども子育て本部が管轄する就学前の子どもを保育する施設の一つです。「就学前の子どもに関する教育、保育等の総合的な提供の推進に関する法律」に基づいて、**2006年に「認定こども園」制度がスタート**しました。4種類の認定こども園のうち、幼保連携型認定こども園の保育内容などについて、2014年に内閣府・文部科学省・厚生労働省が共同で告示したものが、「幼保連携型認定こども園教育・保育要領」です。

　都市部では多くの待機児童がいる一方で、地方では幼稚園・保育所の定員に満たない状況がみられます。そこで、幼保連携型認定こども園として就学前の教育・保育を一体化して、**都市部においては待機児童の解消を図り、地方においてはさまざまな機能をもつ教育・保育施設に集約する**という施策なのです。

　また、幼保連携型認定こども園は、子育てに関わる多様な保育ニーズに応えるものとして構想されました。人々の生活様式が変化しフルタイ

◆ 補足
認定こども園の種類
認定こども園の種類には、以下の4類型がある。
・幼保連携型
・幼稚園型
・保育所型
・地方裁量型
→レッスン13

ムで働かずに短時間の就労ということもよくみられます。そこで子ども
を預かってもらう時間に融通をきかせてほしいといった要望があります。
また、働いてはいないが、自分も個性を発揮する活動を行いたいので、
子どもを預かってほしいといった要望があります。このような親の要望
に応えるために、幼保連携型認定こども園では、保育に欠ける子どもで
なくても受け入れます。そこで、年齢やどのようなタイプの保育を受け
るかで、1号認定、2号認定、3号認定と区分されています。満3歳以
上の子どもたちのうちで、幼稚園と同じように、4時間の保育を受けて
降園する子どもは**1号認定**[*]、保育所と同じように8時間の保育以上の
保育を受ける子どもは**2号認定**[*]、満3歳未満の子どもは**3号認定**[*]です。

　また、保護者や地域への関わりとして、幼稚園・保育所と同じく、子
育て支援事業を行うセンターの役割を担っています。

2 保育内容と配慮事項

　「幼保連携型認定こども園教育・保育要領」は、「幼稚園教育要領」の
内容と「保育所保育指針」の内容を合わせたうえで、独自に必要な内容
も含んでいます。3歳以上にあっては、「幼稚園教育要領」、「保育所保
育指針」と同じ**5領域を保育内容**としています。0歳から3歳未満児に
ついては、「保育所保育指針」とほぼ同じ内容です。

　しかし、幼保連携型認定こども園は、幼稚園や保育所とは異なり、子
どもたちの降園時間がそれぞれ異なります。そこで、在園時間が異なる
多様な園児の生活が安定して、家庭生活と園生活が連続性をもつように
工夫することが求められています。満3歳未満児においては、全員が同
じ園生活の流れであったものが、満3歳以上児においては、子どもに
よって園生活の流れが異なるので、特に移行期において、園での生活経
験や保育時間の長短などに基づいて、一人ひとりの子どもへの配慮が重
要です。また、「保育所保育指針」より明確に、満3歳以上の子どもた
ちが、満3歳未満の子どもを含む**異年齢集団で活動をする保育の工夫**が
求められています。

4. 就学前教育・保育を貫く基礎事項

　ここまでで3つの就学前教育・保育施設について、その保育内容を学
んできました。3つに共通していたのが、**乳幼児期の教育・保育を貫く
基礎事項**です。

✳ 用語解説

保育（1号）認定子ども
施設型給付の支援を受ける
子どものうち満3歳以上
の小学校就学前の子どもで
あって、2号認定子ども以
外のもの。
→レッスン13

保育（2号）認定子ども
施設型給付の支援を受ける
子どものうち、満3歳以上
の小学校就学前の子どもで
あって、保護者の労働又は
疾病その他の内閣府令で定
める事由により家庭におい
て必要な保育を受けること
が困難であるもの。
→レッスン13

保育（3号）認定子ども
満3歳未満の小学校就学
前の子どもであって、保護
者の労働又は疾病その他の
内閣府令で定める事由によ
り家庭において必要な保育
を受けることが困難であ
るもの。
→レッスン13

☑ 法令チェック

**「認定こども園法」第2
条第7項（「児童福祉法」
第39条の2）**
幼保連携型認定こども園は、
義務教育及びその後の教育
の基礎を培うものとしての
満3歳以上の幼児に対す
る教育（教育基本法（平成
18年法律第120号）第6条
第1項に規定する法律に
定める学校において行われ
る教育をいう。）及び保育
を必要とする乳児・幼児に
対する保育を一体的に行い、
これらの乳児又は幼児の健
やかな成長が図られるよう
適当な環境を与えて、その
心身の発達を助長すること
を目的とする施設とする。

1 養護及び教育が一体的に展開する保育

「保育所保育指針」においては、保育所保育の特性について「環境を通して、養護及び教育を一体的に行う」としています。また、養護とは「子どもの生命の保持及び情緒の安定を図るために保育士等が行う援助や関わり」であるとしています。このような関わりは、保育士だけに求められるものではありません。幼稚園や幼保連携型認定こども園などすべての施設において、養護という視点は必要です。なぜなら、すべての年齢層に対する施設において、常に子どもたちの安全が配慮され、情緒の安定が図られる必要があるからです。また、養護と教育については、民秋が、教育の主語は「子ども」であり、養護のそれは「保育士等」であると述べています[1]。また、その関係を「養護は教育を支えるもの、教育は養護を基にして行われるものといえよう」と述べて、以下のような表を示しています（図表2-1）。養護及び教育が一体的に展開する保育とは、保育者が清潔で安全な保育室の環境や子どもの健康状態や発達段階に適した保育教材を整えたなかで、子どもが自発的に環境に関わって活動し保育者がそれに対して適切な関わりを行う、そのような保育を指しています。

▶**出典**
[1] 民秋言「資料2-4委員提出資料」文部科学省「幼保連携型認定こども園保育要領（仮称）の策定に関する合同の検討会議」2014年

図表 2-1 保育内容と養護・教育との関係

		養護	教育
保育の内容	ねらい	安定した生活を送り、充実した活動ができるように<u>保育士等が行わなければならない</u>事項	<u>子どもが身につけることが望まれる</u>心情、意欲、態度などの事項
	内容	子どもの生活やその状況に応じて<u>保育士等が適切に行う</u>事項	保育士等が援助して<u>子どもが環境に関わって経験する</u>事項
		生命の保持と情緒の安定	5領域：健康・人間関係・環境・言葉・表現

出典：民秋言「資料2-4委員提出資料」文部科学省「幼保連携型認定こども園保育要領（仮称）の策定に関する合同の検討会議」2014年（下線は筆者）

このように、「養護と教育」とは常に一体的に行われるものであり、就学前教育・保育を貫く基礎事項となります。

2 3つの要領・指針のまとめ

「幼稚園教育要領」「保育所保育指針」「幼保連携型認定こども園教育・保育要領」において共通して述べられていることをまとめると、以下のとおりです。

①幼児期が義務教育およびその後の教育の基礎を培う重要な時期である

こと。

②満3歳以上は、どの施設においても教育として取り扱われるようにな
　り、5領域を保育内容としていること。

③満3歳未満の乳児においては、保育所においても幼保連携型認定こど
　も園においても、保育を必要とする子どもを保育し、保育内容や留意
　事項は同じであること。

④子育て支援は、園児の保護者だけでなく、地域の母親や父親も対象と
　して行われるものであること。

演 習 課 題

①3つの施設における子どもたちの生活を、時間の流れに沿ってまとめ
　てみましょう。比較してみて、子どもたちの生活の違いが、保育内容
　の違いになっているか話し合ってみましょう。

②あなたが理想とする子どもの生活を考えてみましょう。それがあなた
　の子ども観の一端です。現代の子どもの家庭生活、社会状況を考える
　と、あなたの理想の生活を実現するためには、幼稚園・保育所・幼保
　連携型認定こども園で、どのようなことを保育内容にすればよいで
　しょうか。

③「教育基本法」と「児童福祉法」の理念の違いをまとめましょう。「就
　学前の子どもに関する教育、保育等の総合的な提供の推進に関する法
　律」が何のためにつくられたか、社会的背景について調べましょう。

参考文献‥‥‥‥‥‥‥‥‥‥‥‥‥‥‥‥‥‥‥‥‥‥‥‥‥‥‥‥‥‥‥‥‥‥
レッスン1
　秋田喜代美監修、山邉昭則・多賀厳太郎編　『あらゆる学問は保育につながる——発
　　達保育実践政策学の挑戦』　東京大学出版会　2016年
　アドルフ・ポルトマン／高木正孝訳　『人間はどこまで動物か』　岩波書店　1961年
　数井みゆき・遠藤利彦編著　『アタッチメント——生涯にわたる絆』　ミネルヴァ書房
　　2005年
　佐伯胖　『幼児教育へのいざない——円熟した保育者になるために（増補改訂版）』
　　東京大学出版会　2014年
　日本保育学会編　『保育者を生きる——専門性と養成（保育学講座4）』　東京大学出
　　版会　2016年
　マルティヌス・J.ランゲフェルド／和田修二監訳　『よるべなき両親——教育と人間の
　　尊厳を求めて』　玉川大学出版部　1980年
　森上史朗・柏女霊峰編　『保育用語辞典（第8版）』　ミネルヴァ書房　2015年

第1章　保育の基本と保育内容

レッスン2

厚生労働省　「保育所保育指針」　2017年

厚生労働省　『保育所保育指針解説』　フレーベル館　2018年

社会保障審議会児童部会保育専門委員会　「保育所保育指針の改定に関する中間とりまとめ」　2016年

内閣府・文部科学省・厚生労働省　「幼保連携型認定こども園教育・保育要領」　フレーベル館　2017年

内閣府・文部科学省・厚生労働省　『幼保連携型認定こども園教育・保育要領解説』　フレーベル館　2018年

日本保育学会　『保育学講座2　保育を支えるしくみ──制度と行政』　東京大学出版会　2016年

文部科学省　「幼稚園教育要領」　2017年

文部科学省　『幼稚園教育要領解説』　フレーベル館　2018年

おすすめの1冊

秋田喜代美　『保育の心もち』　2009年、『保育のおもむき』　2010年、『保育のみらい』2011年、『保育の温もり──続保育の心もち』　2014年、『続 保育のみらい』　2015年　ひかりのくに

保育とは何か、保育者とはどんな仕事なのか、子どもとはどんな存在なのか、などの素朴な問いに端的に答えている。保育現場の場面の一つひとつに対して、温かなまなざしと深い洞察をもとに、それぞれの本質をとらえている。保育に悩んだときにも、何かの答えがみつかる。

第2章

保育内容の歴史的変遷

本章では、保育内容の変遷について学びます。保育内容は時代とともに変化してきました。19世紀ごろからの保育の歴史を振り返っていきましょう。また、教材を通して今日の保育内容についても理解していきましょう。

レッスン3　保育内容の歴史的変遷と社会的背景

レッスン4　教材文化としての保育内容

レッスン**3**
· · · · · · · · · · · · · · · ·
保育内容の歴史的変遷と社会的背景

このレッスンでは、時代とともに変化する保育内容について学びます。19世紀に入ってヨーロッパや日本において、子どものための託児所・幼稚園などがつくられました。それぞれの時代を生き生きと思い浮かべながら、保育内容の変遷を学びましょう。

---

1. 19世紀ごろのヨーロッパにおける保育内容

19世紀ごろのヨーロッパにおける保育内容をみていきましょう。

1 オウエンにおける保育内容

オウエン[*]は、19世紀初めごろにイギリスで工場経営をしていた実業家です。その時代の人々はどのように生活していたでしょうか。上流階級の人々は、走れば時速25kmほどの馬車に乗っていました。普通は商人なども歩いて移動していました。そのころのイギリスは産業革命が起こり激動期でした。それまでの家内工業にとって代わって、工場での大量生産が始まりました。工場では、粗末な食べ物で子どもたちも長時間働いており、貧しさから暴力的で不道徳的でした。

そのような子どもたちをみて、1816年、オウエンはスコットランドのニュー・ラナークにある自分の紡績工場に**「性格形成学院」**を設立しました。**「性格は個人のために形成されるものであって、個人によって形成されるものでない」**と考えていたからです。これは、オウエンの性格形成論といわれています。オウエンは、環境を整えることによって、よい性格、つまり秩序、規則正しさ、節制、勤勉の習慣を形成できると考えました。そのため、1歳からの教育を考えていましたが、実際には3歳から6歳までの「幼児学校」、6歳から10歳までの「昼間学校」、青年と成人の「夜間学校」を、工場の真ん中につくりました。幼児学校には200人ほどの幼児が在籍した記録が残っています。

では、保育内容についてみましょう。建物の1階に幼児室がありました。健康な体づくりのため、晴れた日には、柵で囲まれた運動場で遊ぶこととされていました。また、規律訓練の場としての運動場でもありました。室内では、ダンス、唱歌、身近な事物の観察と会話による実物教

👤人物

ロバート・オウエン
（Owen, R.）
1771〜1858年
世界で最初に就学前教育を行ったイギリスの実業家。

➕補足

性格形成学院に通う子どもの年齢
3歳未満の子どもの在籍の記録はない。

レッスン3　保育内容の歴史的変遷と社会的背景

育が行われていました。オウエンは、教師として子ども好きの工場の職人を選び、幼児に対して決して体罰をせず、脅さず、笑顔で話すようにと命じました。また、年長の子どもが年少の子どもを世話するという異年齢集団の関わりで、よい性格を形成するようにしました。オウエンは、**環境を整えるという教育方法を行った先駆者**です。

2　フレーベルにおける保育内容

フレーベル*は、ドイツの教育実践家です。オウエンより少しあとの1837年に、幼児が遊びながら世界のしくみを理解できるように「恩物」という教材を発明しました。そして、それを実際に使うため幼児を集めた場所をつくろうと思い立ち、1840年にその場所を Kinder Garten（キンダーガルテン）と名づけました。これが幼稚園の始まりです。

フレーベルはなぜ恩物を考えたのでしょうか。少し話は戻りますが、フレーベルは1805年に、友だちのすすめで教師の道に入りますが、彼らは**ペスタロッチ***の弟子であったので、フレーベルは早速ペスタロッチから学びました。その後、教師をしながら自身の教育思想を深め、1817年カイルハウに学園を開校して理想の教育実践を行いましたが、人々の理解を得られず1824年ごろから学園は衰退していきました。

そこで、フレーベルは1826年に『人間教育』を刊行し、自分の教育を説明しました。まず神と人間と自然との関係について、次に人間の本質について、そしてその人間観に基づいた教育の目標、教育原理を説明しています。フレーベルはキリスト教の世界観をもっていますから、この世界のすべては神が創造したと考えています。そこで、**「万物のなかにそれぞれ働いている神的なものが、それぞれの本質である」**と考えました。万物のなかでも最高の存在である人間の教育は、人間が自身のなかにある神的なものを意識し、それをみずからの決断で表現する手段を与えることだと考えました。その手段は、具体的な物を通しての活動であると考え、自己活動の原理、労働や生産の原理を導き出しました。このような原理に基づいて、この世界のすべての成り立ちを、子どもがみずから遊ぶことによって理解するようにと発明されたのが恩物です。

フレーベルは、幼稚園教育の創始者として広く認められていますが、フレーベルの業績を3つの観点から指摘することができます。

1つ目は、**人間教育**という考えを教育において提唱したことです。現在の教育用語でいえば、認知能力の教育だけでなく、非認知能力の教育の重要性も唱えました。だからこそ、幼児期からの教育の重要性に気づいたのです。2つ目は、幼児期の教育において、**自己活動の原理を見出**

👤人物
フリードリヒ・フレーベル
（Fröbel, F. W. A.）
1782〜1852年
世界で最初に幼稚園を創立した教育実践家。児童中心主義の流れにある。

👤人物
ペスタロッチ
（Pestalozzi, J. H.）
1746〜1827年
スイスの教育実践家。孤児や貧民のための学校を設立し教育に励んだ。直観教授、労作教育を提唱した。「民衆教育の父」と呼ばれる。

39

第2章　保育内容の歴史的変遷

用語解説
部分的全体
フレーベル思想の中心的概念。人間は、一人の人間として完全な全体（つまり一人の人間として統一した存在）であるが、同時に神が創造した世界の一部分でもあるということ。一人の人間のなかには神が創造した世界の法則が宿っており、それが人間のなかにある「神性」である。フレーベルは、子どものなかにある神性を、子ども自身が自覚することによって、人間の使命を果たすことができると考えた。

人物
松野クララ
1853～1941年
1876年来日、松野礀と結婚。東京女子師範学校附属幼稚園主席保母となり、日本の幼稚園教育の基礎を築いた。夫の死後、ドイツに帰国。

豊田芙雄
1845～1941年
水戸藩士豊田小太郎の妻。日本最初の保母。後に渡欧して女子教育を学ぶ。帰国後は水戸高女、茨城女子師範学校で教諭を歴任。

近藤濱
1840～1912年
詳細は不明。1884（明治17）年まで、東京女子師範学校附属幼稚園で保母をしていたとされる。

したことです。幼児がみずから活動しているとき、それは遊びという活動として現れています。フレーベルは、遊びを幼児の自己のなかにある神的なものの表現として重視しました。幼児教育が遊びをとおして行われることは、今も変わりません。3つ目は、幼児教育に、**教育目標と教育原理、そして保育者**を見出したことです。教育が読み書き算数と思われていたときには、幼児は母親または乳母に育てられていました。そこには教育的意図はありません。幼児期から教育的意図をもって保育者が関わるシステムは、フレーベルによってつくり出されました。

さて、フレーベルにおける保育内容は、自己活動の原理においては幼児の遊びが保育の中心であるといえます。次に、散歩や栽培など自然から影響を受け、自然の法則性を学ぶことも保育内容となります。労働や生産活動の原理からは、幼児の最初の形成衝動を発揮させるため、遊戯や積み木や造形を保育内容としています。このような活動は、将来の労働や生産活動の最初のつぼみと考えています。最後に、社会の原理においては、**部分的全体**[*]という考えに基づいて、保育者が、幼児が家族の一員であるという認識をもつだけでなく、近隣社会、国家、人類の一員であるという認識をもって、幼児が十分に自己発揮し、また自分の中の神性を自覚するように育てることが、その職分を果たすことになるとされています。

2.　明治時代の保育内容

1　日本最初の幼稚園

日本最初の幼稚園は、1876（明治9）年に創設された**東京女子師範学校附属幼稚園**です。名前からもわかるように、明治政府の**文明開化を目指した学校教育制度の一つ**として、文部省（現：文部科学省）によって創設されたものです（図表3-1）。園児は明治政府高官の子どもたちであり、馬車に乗り乳母に付き添われて登園していました。保育者は、主席保母としてフレーベルが設立した幼児教育指導者講習科で学んだドイツ人**松野クララ**[*]と、日本人の**豊田芙雄**[*]、**近藤濱**[*]でした。

東京女子師範学校附属幼稚園の初期の保育内容は、幼稚園規則として残されています。時間割に似た様式で、30分または45分ごとに区分し1週間の保育予定が書かれています。内容は、修身話・庶物話（説話あるいは博物理解）、唱歌、遊戯、恩物、数え方、書き方、読み方などです。1887（明治20）年には私立幼稚園も含めて日本には67園の幼稚園があ

りました。どの幼稚園も、東京女子師範学校附属幼稚園を模倣して、**恩物を教える**という保育を行っていました。

図表 3-1 幼稚鳩巣戯劇之図

東京女子師範学校附属幼稚園開園当初の保育風景。松野クララ（写真左奥）、豊田芙雄（写真中央前）、近藤濱（写真右奥）とともに、輪になって遊ぶ子どもたち。皆で歌を歌いながら、子どもたちがつないだ手の間を出たり入ったりする遊戯をしている（大阪市立愛珠幼稚園所蔵）。

2 最初の法令による保育内容

　文部省は、1879（明治12）年に教育令を公布し、小学校などの学校教育についての法令は整備しましたが、幼稚園を対象とした単独の法令はありませんでした。徐々に、幼稚園が増加していくなか、保育者による研究団体「フレーベル会」が政府に働きかけ、1899（明治32）年、**「幼稚園保育及設備規程」**が制定されました。

　その第6条に、「幼児保育の項目は遊嬉、唱歌、談話、手技」と定められ、各項目のねらいや内容も簡略ですが示されています。遊嬉のねらいは、心情を快活にして身体を健全にすることであり、内容は、随意遊嬉と共同遊嬉です。共同遊嬉は歌曲に合わせて運動し、随意遊嬉は幼児が自発的に運動することとしています。唱歌のねらいは、心情を快活純美にして徳性を涵養することであり、内容の留意事項として、平易な歌を歌わせるとしています。談話のねらいは3つあります。徳性を涵養すること、観察注意力を養うこと、言語の練習です。内容は、有益で子どもが興味のある事実や寓話、天然物や人工物について話し合うことです。手技のねらいは、心意の発育を促すことであり、内容は、恩物を用いて手および目を使って練習することでした。

　最初の法令として、それぞれの項目のねらいが定められたこと、随意

第2章　保育内容の歴史的変遷

遊嬉として、自由に遊ぶことが教育のなかに位置づけられたこと、恩物を教えるのではなく、恩物を用いて発育を促すという考え方を示したことに、大きな意義がありました。

3　日本最初の託児施設

　現在の保育所、「保育を必要とする」子どもたちの託児施設の起源は、1883（明治16）年、**渡辺嘉重**が開設した**子守学校**と考えられます。イギリスでは「性格形成学院」でしたが、日本ではなぜ「子守学校」なのでしょう。明治時代の日本を想像してみましょう。

　イギリスでは1816年にオウエンが「性格形成学院」を設立して、工場で働く子どもたちの保育を行っていました。そのころの日本はまだ江戸時代です。産業革命は起きていませんから、工場はありません。日本最初の工場とされるのは、1872（明治5）年に官営模範工場として設立された**富岡製糸場**です。ここでは子どもではなく女性が働いていました。1871（明治4）年には、貨幣を「両」から「円」に改め**十進法**を採用し、日本の経済構造は資本主義経済へと進みました。明治初期は、政府が富国強兵をモットーに政治体制、経済体制、軍事体制を大変革した時期です。しかし、庶民生活をみれば、乳幼児は大家族のなかか、村共同体のなかで育児され、子どもは7、8歳になれば家業を手伝うか丁稚奉公に出ていました。保育できない乳幼児は、**間引き**されることもありました。「保育を必要とする」乳幼児はいなかったのです。

　明治政府の教育施策では、富国強兵のため小学校への就学が奨励されていました。しかし、子どもたちは、大人が働く間に乳幼児の世話をするのが仕事でしたから、小学校に乳幼児を連れて通学する児童がたくさんいました。そのため、「子守学校」が必要だったのです。

　ここでは、渡辺の**「子守教育法」**における保育内容についてみておきましょう。子守をする女児のための小学校ですが、ほかの学校と異なり、乳幼児を**監護**することも事業の一部であるとしています。乳幼児のために、幼稚園と同じように校舎の位置、構造、玩具などに配慮をしていました。校舎の位置は、明るく、空気は澄み、静かな場所が好ましく、校舎の構造は、教場、遊戯室、鎮静室の3室です。教場は子守生徒のための勉強室です。鎮静室は、2歳未満児が睡眠する部屋で、床は板敷ですが乳児が睡眠しているときに静かに出入りできるように、また転んでもけがをしないようにござを敷いていました。遊戯室は、2歳以上6歳未満の幼児が遊ぶ部屋です。壁には美しい絵を飾り、棚には幼児が喜ぶ玩具を用意して、感覚を磨き思想を練ります。子守生徒は、自分が世話

人物

渡辺嘉重
1858〜1937年
茨城師範学校を卒業後、茨城県小山村に子守学校を設立。1905（明治38）年、常総学院を創設。

補足

富岡製糸場
群馬県富岡市。2014年に世界遺産に登録された。

補足

間引き
間引きとは、貧しく育てられないので、産まれたばかりの嬰児を殺すこと。大正時代までひそかに行われていた。

用語解説

監護
監督し、保護すること。

をする乳幼児の様子を見て、勉強をやめておむつを替えるなどの世話を
します。幼児たちが遊ぶときは、子守生徒のなかから数人を選んで監護
するようにします。散歩するときは、子守生徒は自分の世話する乳幼児
も一緒に連れていき、自然物などを見て知識を学び、乳幼児は自然のな
かで精神を伸長することができるとしています。

3. 大正時代から戦前の保育内容

1 幼稚園令施行規則における保育内容

　1916（大正5）年の幼稚園数は、官立2園、公立243園、私立420園
の合計665園、園児数5万3,611人と増加しました。ちなみに100年後
の2016（平成28）年、幼稚園数は1万1,252園、園児数133万9,761人
ですから、現在と全く状況が異なることがわかります。1916年の小学
校就学率は98.6％で、ほぼ全員が小学校に通っています。しかし、幼稚
園の就園率は2.4％で、一部の富裕層や教育熱心な都市中間層の子ども
たちだけが幼稚園に通園していました。幼稚園教育が徐々に普及するに
つれ、**大正自由教育運動***の影響を受けて、4項目による教育方法や教
育内容の改善、また増加した私立幼稚園間の保育内容の相違など、さま
ざまな問題が生起してきました。そのようななか、1926（大正15）年に「幼
稚園令」が制定され全国的な統一が図られました。保育内容に関しては
「幼稚園令施行規則」に示され、4項目から5項目となりました。

　新たに加えられたのは、「観察」です。明治時代にも自然物・社会・
歴史について、図画を示して説明するなどは行われていました。しかし、
「幼稚園令施行規則」における「観察」は、実物の植物や動物を観察する、
また実際の店や町、家族などの社会の観察をすることを意味していまし
た。**幼児の実体験を重視**するようになってきたことが大きな変化です。

2 倉橋惣三における保育内容

　倉橋惣三は、大正期から昭和、第二次世界大戦後にかけて日本の幼児
教育を牽引した幼児教育者です。東京帝国大学で心理学を勉強し、1910
（明治43）年に東京女子高等師範学校講師、1917（大正6）年に同校附
属幼稚園主事となりました。1919（大正8）年から、2年間欧米に留学し、
コロンビア大学で「新教育」を学びました。**新教育運動**とは、19世紀
末から20世紀初頭に欧米や日本に広がった教育改革運動です。主知主
義の教育ではなく、「個性の尊重」「自主的活動の尊重」を掲げていました。

✴ 用語解説

大正自由教育運動
20世紀初頭、欧米で起こった児童中心主義に基づく新教育運動の影響により、日本に起きた教育実践運動。1921年、「八大教育主張」として教育者8人が持論を展開。子どもの主体性、自主性を尊重し、自己活動を重視した。実践校は成城小学校、明星学園小学校、自由学園など。文学界では、鈴木三重吉が雑誌『赤い鳥』を創刊した。

☑ 法令チェック
「幼稚園令施行規則」第2条
幼稚園ノ保育項目ハ遊戯、唱歌、観察、談話、手技等トス。

参照
倉橋惣三
→レッスン1

✚ 補足
新教育運動の特徴
児童中心主義、全人教育、活動主義、生活中心主義である。

人物

東基吉
1872～1958年
明治後期に、フレーベルの恩物中心主義保育を批判し革新を促した教育者。1900～1908年東京女子師範学校助教授兼同校附属幼稚園批評係を務めた。1901年「フレーベル会」の機関誌『婦人と子ども』が創刊されたが、その編集責任者として新しい保育論を誌上に発表し啓蒙に努めた。1904年、日本人による初めての体系的保育論とされている『幼稚園保育法』を著した。

和田実
1876～1954年
明治後期に、幼児教育を教育学の体系に位置づけて科学的に論じた保育学者。1905年、女子高等師範学校嘱託となり、1906年より『婦人と子ども』の編集にあたり、1907年同校助教授となる。1908年中村五六とともに『幼児教育法』を著した。

及川平治
1875～1939年
大正から昭和にかけて活躍した大正自由教育思想の実践家。「分団式的教育法」の名で知られる新教育論を兵庫県明石女子師範学校附属小学校において実践した。子どもの興味と関心に基づく生活経験単元によって構成された「生活単位の教育カリキュラム」を作成し実践した。主著『分団式動的教育法』1912年、『動的教育論』1923年。

▶ 出典

†1　倉橋惣三「幼児の心理と教育」『大正・昭和保育文献集　第八巻』日本図書センター、2010年、90頁

　明治中期まで日本の幼稚園教育は、東京女子師範学校附属幼稚園で行われていたフレーベルの恩物を形式的訓練的に教える保育を継承していました。明治中期から大正期にかけて、**東基吉**[*]、**和田実**[*]、**及川平治**[*]らによって幼児教育改革が始まっており、倉橋惣三は、彼らの後を継いで東京女子高等師範学校主事として、幼児教育改革を行いました。倉橋は、独自の「生活論」に基づいて、幼児が必要感をもって生活できるように、また相互に関わる社会的な生活ができるような幼稚園生活をつくり上げようとしました。その生活は、子どもたちと保育者が必然性から生まれた自発的な目的を目指して相互に関わり合い、展開されるもので、「誘導保育論」と呼ばれています。

　誘導保育では、「幼児のさながらの生活」→「自由と設備」→「自己充実」→「充実指導」→「教導」という流れの計画を立てます。幼児の自発的生活を尊重し、自由遊びを重んじました。幼児と「さながらの生活」をしながら保育者が行う誘導について、「強いるのではない。命ずるのではない。ひっぱりだすのでもない。**おのずとその方向へ幼児の生活が向かってくるように仕向けるのである**[†1]」と述べています。このように幼稚園生活を組み立てることで、保育5項目によって分断された保育内容を総合的に組み立てる保育計画を提唱しました。

4. 戦後の保育内容

1 保育要領における保育内容

①幼稚園と保育所の位置づけ

　第二次世界大戦が終結し、日本は民主主義国家として学校教育制度や教育内容を整えました。1947（昭和22）年に「教育基本法」が制定され、幼稚園は「学校教育法」第1条において、学校として位置づけられました。第77条では幼稚園の目的が示され、第78条に5つの目標が掲げられました。

> ①生活習慣を養い、身体諸機能の調和的発達を図ること。
> ②社会性や自律の精神の芽生えを養うこと。
> ③社会生活や事象に対する正しい理解と態度の芽生えを養うこと。
> ④言語の正しい使い方を導き、童話、絵本への興味を養うこと。
> ⑤音楽、絵画などの方法による創作的表現への興味を養うこと。

レッスン3　保育内容の歴史的変遷と社会的背景

戦前託児所と呼ばれていた**「保育に欠ける」**乳幼児の施設に関しては、1947（昭和22）年に「児童福祉法」が制定され、保育所は児童福祉施設として位置づけられました。保育内容は、1948（昭和23）年「児童福祉施設最低基準」第55条に示されました。保育所における保育の内容は、健康状態の観察、個別検査、自由遊び、午睡、健康診断です。さらに具体的に以下のように示されました。

---

①健康状態の観察は、顔ぼう、体温、皮膚の異常の有無及び清潔状態につき毎日登所するときにこれを行う。
②個別検査は、清潔、外傷、服装等の異常の有無につき毎日退所するときにこれを行う。
③健康状態の観察および個別検査を行ったときには、必要に応じ適当な措置をとらなければならない。
④自由遊びは、音楽、リズム、絵画、製作、お話、自然観察、社会観察、集団遊び等を含むものとする。

「学校教育法」の幼稚園教育の目標と比較すると、健康維持、保健衛生に関する項目が多いことが特徴です。

②保育要領

幼稚園、保育所の保育内容に関しては、文部省より1948（昭和23）年、「保育要領―幼児教育の手びき―」が刊行されました。倉橋惣三が中心となって、幼稚園・保育所、また家庭に対して「幼児の楽しい経験」を提示しました。重要視されたのは、「出発点となるのは子どもの興味であり、その通路となるのは子どもの現実の生活」でした。具体的に提示されたのは12の活動です。

---

①見学　②リズム　③休息　④自由あそび　⑤音楽　⑥お話
⑦絵画　⑧製作　⑨自然観察　⑩ごっこ遊び・劇遊び・人形芝居
⑪健康保育　⑫年中行事

「保育要領」は法令ではなく、参考資料として刊行されたものですが、戦後の新教育として保育現場に普及していきました。

2 ▶ 「幼稚園教育要領」における保育内容の変遷

戦争後の社会の混乱も一段落した1950（昭和25）年、日本の人口は

☑ **法令チェック**

「旧教育基本法」前文一部

われらは、さきに、日本国憲法を確定し、民主的で文化的な国家を建設して、世界の平和と人類の福祉に貢献しようとする決意を示した。この理想の実現は、根本において教育の力にまつべきものである。

◆ **補足**

保育に欠ける

「保育に欠ける」という文言は、1951（昭和26）年の「児童福祉法」改正において、第39条に明記された。

◆ **補足**

1950年の人口、初任給

0～14歳：約3,000万人
15～64歳：約5,000万人
65歳以上：約400万人
初任給：約5,000円

第2章　保育内容の歴史的変遷

8,400万人ほどでした。人々の生活は、まだ食糧や日用品の不足が続いていました。そのようななか、幼稚園数は2,100園、教員数は9,445人、園児数は22万4,653人でした。幼稚園数は、戦争中減りましたが1940（昭和15）年の水準に戻りました。さらに5年が過ぎ、1955（昭和30）年になると、経済が急激に復興し、大卒の国家公務員の初任給は8,700円になりました。幼稚園数は5,426園、教員数は2万4,983人、園児数は64万3,683人となりました。園児数でみると、たった5年で約3倍となりました。また、**就園率***は20％に近づきました。

①「幼稚園教育要領」6領域の時代

世の中は、経済発展を支える子どもたちの教育に目を向けて、知識や技術を習得させることに価値をおくようになりました。そのようななか、1956（昭和31）年、文部省は保育要領に代わるものとして**「幼稚園教育要領」**を制定しました。保育要領は、児童中心主義に基づいて幼児の興味を重視し「楽しい経験」が羅列されているだけで、教育のねらいや内容が系統的でないという批判がありました。そこで「幼稚園教育要領」は、対象を幼稚園教育のみとし、小学校との一貫性を考慮し、学校教育法にある幼稚園教育の目標を具体化して内容を6領域とし、公的に指導計画の作成と運営について定められているという特徴があります。

1956（昭和31）年度版の「幼稚園教育要領」では、6領域ごとに**「望ましい経験」**が示され、**保育内容について小学校との一貫性をもたせることを強調している**ので、領域は、小学校における教科とは性格が異なるとされていましたが、幼稚園関係者には、教科内容と同一と受け止められる傾向にありました。なお、6領域は、**健康、社会、自然、言語、音楽リズム、絵画製作**の6つでした。その後、1964（昭和39）年に改訂され、「幼稚園教育要領」は告示となりました。幼児の生活経験に即し、その興味や欲求を生かして、各方面にわたる豊かな経験や活動を行わせるようにと、領域は教科とは異なることを留意事項として述べていますが、留意事項の最後に「各領域に示す事項を取り落としなく指導することができるように配慮すること」と述べられており、結局、望ましい経験を配列して指導計画とする教育方法から脱却することはできませんでした。

②「幼稚園教育要領」発達の側面としての5領域

政治の世界では1960年代には学生運動が起こり、大学生によるデモなどが行われました。教育界では1970年代後半から1980年代前半にかけて、高校生や中学生が学校内の施設を壊し教師に暴力を振るう事件が多発し、校内暴力と呼ばれました。1995（平成7）年以降、小学生も校

✴ 用語解説

就園率

小学校及び義務教育学校第1学年児童数に対する幼稚園修了者数の比率。
（学校基本調査年次統計）

◆補足

1950年代の出来事

1956年にホッピング、1958年にはフラフープがヒット商品となった。1958年に東京タワーが竣工した。

◆補足

1960年代の出来事

1964年に東京オリンピックが開催された。

◆補足

1970年代の出来事

1970年に大阪万博が開催された。高度経済成長期は、オイルショックにより終焉した。

内暴力事件を起こすようになりました。並行して1980年代からいじめが教育問題として認識されるようになり、今日に至っています。そのほかに、2000年以降は不登校の問題も生じています。これらは知識を詰め込む教育のゆがみと考えられ、1980（昭和55）年ごろから新学力観に基づく**ゆとり教育***の時代となりました。1989（平成元）年に改訂された「学習指導要領」では、小学校低学年に生活科が導入され、**体験的な活動を通した学習**が行われるようになりました。

　同様の意図から、1989年「幼稚園教育要領」の改訂が行われました。幼稚園教育の3つの基本を示し、領域は幼児の発達を5つの側面から示すものされ、**6領域から5領域**となりました。総則に示される幼稚園教育の3つの基本、5領域は現在も変わりません。この「幼稚園教育要領」の特徴は、**幼稚園教育の基本**、領域は教科とは異なることを明確に示したことです。総合的な指導に関しての理解が深まり、領域別の指導計画ではなく、幼児の興味に即して発展する保育計画や指導案の工夫が教育現場で進みました。また、時代の変化に合わせるため、10年ごとに内容が見直されることになりました。

③生きる力と人格形成の基礎

　1998（平成10）年改訂の「幼稚園教育要領」の特徴は、**「生きる力***の基礎となる心情、意欲、態度を育てる」**という文言が示されたことです。道徳性の芽生えを培うこと、自制心を培うことが強調されました。

　2006（平成18）年、「教育基本法」が60年ぶりに改正されました。戦後1947（昭和22）年から改正されておらず、教育の現状とかけ離れていたからです。この改正は、教育全体に大きな影響を与えました。幼児教育に関しては、第11条（幼児期の教育）という条項がつくられ、**「生涯にわたる人格形成の基礎を培う重要なものである」**と定められました。幼児教育に関連してはそのほかに、第10条（家庭教育）、第13条（学校、家庭及び地域住民等の相互の連携協力）の2つの条項が関係します。この改正を受けて、「学校教育法」も改正され、第22条に、「義務教育及びその後の教育の基礎を培うものとして」という文言が追加されました。また、第24条では幼稚園が地域における幼児期の教育の支援に努めるものとされたことが、幼稚園教育に大きな変化をもたらしました。

④子育て支援と幼小連携

　2008（平成20）年改訂の「幼稚園教育要領」の第1の特徴は、教育課程に係る教育時間の終了後などに行う教育活動に関して、新たに章が設けられたことです。それまで幼稚園で任意に行われていた預かり保育を法令のなかで位置づけ、預かり保育をも含めて幼児期にふさわしい生活

⊗ 用語解説
ゆとり教育
1980年ごろからの学習指導要領では、思考力や問題解決能力を重視して体験的学習の割合が増加した。2011年からの「学習指導要領」において、知識の獲得のため授業時間を増加させたりと、学力を重視する方向（脱ゆとり教育）に転換した。

✛ 補足
幼稚園教育の基本（1989年）
・環境を通して、幼児の主体的な活動を促して幼児期にふさわしい生活が展開されるようにすること。
・遊びを通しての指導を中心として領域のねらいが総合的に達成されること。
・幼児一人一人の特性に応じ発達の課題に即した指導を行うこと。

⊗ 用語解説
生きる力
1996年文部省中央教育審議会が「21世紀を展望した我が国の教育の在り方について」という諮問のなかで定義づけ、教育の新たな目標となった。

第2章　保育内容の歴史的変遷

が展開されるよう教育活動の計画を作成するように規定しました。

　第2の特徴は、子育て支援のために、幼稚園が**地域における幼児期の教育センター**としての役割を担うよう規定したことです。そのため、幼稚園では、保護者や地域の人々に向けて園庭開放の日を設けたり、地域の保護者の相談を受ける場所や時間を広報したり、関係機関と連携したりするなど、その事業範囲が格段に広がりました。

　第3の特徴は**幼小連携の推進**です。**小1プロブレム**を背景に、よりカリキュラム化した連携が求められました。幼稚園側ではアプローチカリキュラム、小学校側では、スタートプログラムといわれています。就学前、就学後が連続したカリキュラムになるよう配慮した指導計画です。

　第4に、保育内容について強調点が2つあります。領域「健康」では、**食育に関する項目**が盛り込まれました。生涯にわたって生きる力を培うという視点からの食育です。領域人間関係では、集団のなかで他児との関わりをとおして自信をもつこと、互いに思いを主張して折り合いをつけることを体験し、決まりの必要性に気づいて自分の気持ちを調整する力をつけることなど集団のなかでの育成が強調されています。また、多様化する家族形態に対応して、親だけでなく祖父母も含む家族に対して愛情や親しみをもつことと変化しました。

参照
小1プロブレム
→レッスン1

3 「保育所保育指針」における保育内容の変遷

①「保育所運営要領」

　1950（昭和25）年の保育所数は3,684施設、入所措置児童数は23万6,327人でした。同年の幼稚園数より、施設数、児童数ともに多くなっていました。

　戦後すぐは、保育所は、幼稚園と同じく「保育要領」を参考にしていましたが、1950年、厚生省（現・厚生労働省）より「**保育所運営要領**」が刊行されました。この時代の保育所に求められていたのは、戦災孤児や浮浪児のための施設だったので、保育要領は適しませんでした。また、新たに多くの保育所が設置され、その運営を適切にすることや保母の養成も急務だったので、児童福祉の理念の啓蒙と具体的な保育の普及のために、保育所の運営のあり方についての基本的な指針を示しました。

　「保育所運営要領」の保育内容は、①乳児の保育、②幼児の保育、③学童の指導に分けられています。またそれぞれが、保健指導、生活指導、家庭整備に分けられています。保健指導は、健康診断、栄養や休息を取るなどの処置により、健康上の知識、保健衛生上の習慣や清潔の習慣を身につけさせることです。生活指導は、遊びの指導を通じて、身辺自立、

責任感をもつこと、協力し合うことや、生活の仕方を指導することです。家庭整備とは、家庭を子どもの成長にふさわしい理想的なものに改めていくことです。

　乳児の保育では、1日の時間の流れに沿って、健康状態の観察、日光浴、乳児体操、全身清拭または入浴、食事、遊び、個別検査などの項目が並べられています。幼児の保育は、保育の内容、**自由保育**のあり方、1日の保育計画、1年間の保育カリキュラムの4項目で構成されていました。

　「保育所運営要領」の大きな特徴は、**家庭整備**です。その内容は、①家庭の事情を把握すること、②家庭の人たちに子どもに対する理解を深めてもらうこと、③母親クラブ、母の会を支援するなどです。また、必要ならば専門職や民生委員の協力を求めることや、地域や家庭に出向いていって子どもの問題について話し合うなど、とても具体的に書かれています。

②「保育指針」

　1952（昭和27）年、厚生省は「保育指針」を発表しました。対象は、家庭、保育所、養護施設と広い範囲にわたっていました。指針には、身体的発達、情緒的発達、知的発達、性格の発達について書かれています。生活指導は、習慣の形成、遊びの指導、能力の育成、道徳の育成、その他の生活指導について述べています。そして、保育計画では、そもそも保育計画とは何かの説明、幼児の自発性を育む保育計画や、保育計画の立て方、評価の仕方、健康診断の指導の仕方、幼児の保育計画、1〜2歳児の保育計画の立て方について詳細に書かれています。

③「保育所保育指針」における望ましい活動

　厚生省は、「幼稚園教育要領」の1964（昭和39）年改訂の1年後の1965（昭和40）年、**「保育所保育指針」**を発表しました。総則に保育理念を示しており、保育所は、保育に欠ける乳幼児を保育することを目的とする児童福祉施設である、また保育所の特徴は、養護と教育を一体化して豊かな人間性をもった子どもを育成することにあるとしています。

　保育内容は領域で示され、1歳3か月未満と1歳3か月から2歳までは生活と遊びの2領域、2歳は健康・社会・遊びの3領域、3歳は健康・社会・言語・遊びの4領域、4歳以上では幼稚園教育要領の6領域と同じです。したがって、6領域における望ましい主な活動、望ましい活動の選択・配列について具体的に書かれています。

④3回の「保育所保育指針」の改定

　1990（平成2）年、「幼稚園教育要領」の改訂にともない、厚生省は「保

✚ 補足

自由保育

「保育される子供たち自身の自発的活動により、束縛されない自由な活動が行われる保育」と「保育所運営要領」に定義された。その方法として以下の点があげられている。
①環境を整備すること
②子どもの興味を刺激すること
③子どもの生活や遊びを保育経験として持ち込むこと
④子どもの経験が連続性をもつように指導すること

育所保育指針」も改定しました。「保育所保育指針」においても、4歳以上の保育内容が6領域から5領域に改定されました。年齢区分も、1歳3か月未満としていたものを6か月未満と分け、さらに発達に合わせたものになりました。3歳児から6歳児の養護に関しては、基礎的事項として示されるようになりました。

1998（平成10）年の「幼稚園教育要領」の改訂にともない、1999（平成11）年、「保育所保育指針」もふたたび改定されました。この改定の大きな特徴は、「児童福祉法」の改正により、保育所入所は行政の措置であったのが、**利用者による選択制に変化した**ことです。利用者サービスという考え方が強まりました。保育内容では、それまでの年齢区分から、発達過程区分となりました。長期的な指導計画、短期的な指導計画など、詳細な指導計画について示していることも特徴です。

2008（平成20）年、「幼稚園教育要領」と「保育所保育指針」が同時に改訂（定）されました。このときから「保育所保育指針」は**厚生労働大臣の告示**となり、**保育の基準**として拘束力のあるものとなりました。内容に関しても大きく改定されました。発達に関しては多くの細目がありましたが、0歳から6歳までの8区分とし大綱化されました。保育所の特徴は、養護と教育の一体化であることが強調されました。また、厚生労働省から初めて『保育所保育指針解説書』が刊行されました。保育計画を改め保育課程として規定し、各保育所には、組織的および計画的に保育し、一貫性、連続性のある保育実践が求められました。

4 「幼保連携型認定こども園教育・保育要領」

2014（平成26）年、内閣府・文部科学省・厚生労働省により、「幼保連携型認定こども園教育・保育要領」（以下教育・保育要領）が告示されました。子育てを巡る課題の解決を目指す「子ども・子育て支援新制度」の一環として創設された幼保連携型認定こども園の教育課程や教育・保育の内容を策定したものです。

特徴は、**「幼稚園教育要領」と「保育所保育指針」をもとに策定されている**ことです。そこで、保育内容は「幼稚園教育要領」や「保育所保育指針」と同じです。しかし、「保育所保育指針」では、養護と教育を一体化して保育していますが、教育・保育要領では、教育と保育を分けて定義づけしています。教育は、満3歳以上の子どもに対して、「教育基本法」に規定する法律で定める学校において行われる教育とし、保育とは、**保育を必要とする**子どもに対して行われる「児童福祉法」に規定する保育としています。

◆ 補足
保育士資格の法定化
2001（平成13）年、保育士資格が「児童福祉法」第18条の4において法定化され、国家資格となった。

保育内容においての留意事項として強調されていることは、子どもの降園時刻が異なることに対する配慮です。満3歳以上で、幼稚園と同じような4時間の保育時間の子どもは**1号認定**、満3歳以上で保育を必要とする子どもは**2号認定**、満3歳未満の保育を必要とする子どもは**3号認定**となります。このように、保育時間の異なる子どもたちが同じクラスで生活することが、認定こども園の特徴です。

> **参照**
> 支給認定区分
> →レッスン2

5 2017（平成29）年改訂（定）の特徴

2017（平成29）年、「幼稚園教育要領」「保育所保育指針」「教育・保育要領」が改訂（定）されました。大きな特徴は、2つの要領と保育指針が整合性をもったことです。3歳以上に関しては、「幼稚園教育要領」に基づいて教育を中心としています。3歳未満に関しては、「保育所保育指針」に基づいて養護に関する定義や0歳からの保育のねらい、内容、内容の取扱いが示されました。

教育に関しては、幼児期に育みたいことを「心情・意欲・態度」としていたことが、**幼児期に育みたい資質・能力**となり、**幼児期の終わりまでに育ってほしい姿**が示されました。これは、小学校教育とのカリキュラム内容のつながりをわかりやすくし、幼小連携において子どもの発達を継続したものとしてとらえるためです。保育者は、毎日の保育の何がどのように小学校1年生での学びへと続くかを意識して、保育計画を作成するよう求められています。

> **参照**
> 幼児期に育みたい資質・能力
> →レッスン2
>
> 幼児期の終わりまでに育ってほしい姿
> →レッスン1

演 習 課 題

①皆さんが幼稚園や保育所（園）で遊んだ遊びを考えてみましょう。そのなかで、今も遊ばれている遊び、なくなった遊びの理由を話し合ってみましょう。

②オウエン、フレーベルにおける保育内容の違いは、どのような成り立ちの違いから生まれたか、話し合ってみましょう。

③2017年の改定（訂）によって変化する保育内容について、想像できる具体的な保育について話し合ってみましょう。

レッスン4

教材文化としての保育内容

このレッスンでは、乳幼児のための教材という視点から保育内容を学びます。保育内容としては、乳幼児のための玩具も教材として含みます。なぜなら乳幼児が主体的に遊ぶときには、教材となるからです。さまざまな教材から、保育内容の広がりや総合性を考えてみましょう。

1. 保育における教材

保育の基本は**「環境を通して行う」**と、「幼稚園教育要領」や「保育所保育指針」などの「総則」に書かれています。乳幼児は、生活する場において人的環境・物的環境を通して、5領域に示された保育内容を学んでいます。また、山根によれば、教材とは「教育目標、教材、指導過程、教育評価という授業の4つの構成要素のうちの1つであること、そのままでは教えることのできない教育目標を教授・学習の対象として実体化した文化財であること、その概念が明確にされたのは教育内容の現代化以降のことであること、教材づくりの方法にはいくつかの異なった手順が見いだされること、よい教材の条件は、生活（的概念）と科学（的概念）の不連続をとぎれないように連続させるものであること[1]」としています。授業における教材についての定義ですが、このレッスンでも、保育の**構成要素の一つ**であること、保育目標を**実体化した文化財**であること、**生活と科学を連続させる**ことと定義しましょう。

ところで、保育においては**「心情・意欲・態度」**という**非認知能力**を養うことを教育目標とし、また基本的生活習慣という文化そのものの習得も教育目標としているので、授業における教材よりもより広範な文化財が教材となります。

▶ **出典**
[1] 山根俊喜「教材とは何か」『障害者問題研究』38（4）全国障害者問題研究会、2011年、2-10頁

▶ **出典**
[2] 片山忠次『教育環境要件の試論』（法律文化社、2007年、242頁）をもとに作成。

【乳幼児のための教材としての条件[2]】

①乳幼児の発達を促す刺激を与えるものであること。

②乳幼児の生活のなかから基本的な社会事象や自然事象を選択し単純化したものであること。

③乳幼児が日常生活のなかで見たり聞いたりして直接体験している事象で生活感があること。

52

レッスン4 教材文化としての保育内容

④乳幼児が友だちや保育者と関わり信頼感を育むことのできる
ものであること。

2. 構成遊びに関わる教材

ビューラーの遊びの分類は、心理学的側面から幼児の遊びを分類した
ものです。**構成遊び、機能遊び、受容遊び、想像遊び**があります。構成
遊びは、組み立てたりつくったりする**過程**を楽しみ、できあがった**結果**
を楽しむ遊びです。その過程で幼児の**創造力**が培われます。

たとえば、積み木・レゴ®・カプラ®などが典型的なものです。**フレー
ベル**は、世界を最も単純化して球と立方体と円柱で表しました。そして、
幼児が生活に関わるものを積み木で表現することで、世界を理解できる
ようにと考えました。フレーベルの**恩物**は、保育における最初の典型的
な構成遊びを促す教材です。同時に、数や形を理解するための教材でも
ありました。

創造的につくり上げるという点では、造形的な表現活動に使用され
る素材や道具は、**すべて教材**といえるでしょう。粘土、画用紙、折り紙、
さまざまな紙材、ペットボトル、牛乳パック、廃材などです。これらを
加工するオイルパステル、絵の具、フェルトペン、セロハンテープ、ガ
ムテープ、リボン、毛糸なども教材となります。木工も行うことがあり
ます。のこぎりは幼児には難しいと考えられがちですが、軟らかな板な
ら幼児も切ることができますし、釘を打つこともできます。

庭の砂場に目をむけてみましょう。幼児は、山をつくろうと砂を積み
上げたり、おだんごをつくろうとカップに砂を押し込んだりします。山
を高くしようと、水をかけスコップで叩いて固くして工夫します。大人
には同じような山に見えても、一人ひとりの幼児が創造している瞬間で
す。砂場も教材といえます。

また、グループで大きな作品をつくることもよくあります。先にあげ
た積み木ですが、大型積み木は何人かで家、自動車、船などをイメージ
してつくり上げています。段ボール箱も積み上げたり、横につないだり
して、幼児の**創造力を刺激する教材**です。

◆補足
ビューラーの遊びの分類
本レッスンの2～5の項目
は、ビューラーの遊びの分
類による。

参照
フレーベル
→レッスン3

53

3. 機能遊びに関わる教材

　ビューラーの遊びの分類で、**機能遊びとは、感覚や運動機能の発達を**促す遊びです。

　感覚の発達を促すものとしては、乳児のためのガラガラや歯がため、メリーゴーランド、形合わせ、でんでん太鼓、マラカス、打楽器などがあります。素材は、木、プラスチック、布などが用いられ、多種多様な商品が売られています。選択の基準は、まず乳幼児にとって**安全であるかどうか**です。危険な素材が使われていないか、なめたり触ったりしたときに思わぬ事故が起きないかどうか、よく調べてから用いましょう。

　運動機能の発達を促す教材は、ボール、マット、先にあげた大型積み木、平均台、跳び箱などがあります。乳児はマットを丸めた山を乗り越えて遊び、幼児はマットの上で前回りなどをして遊びます。年齢による運動機能の発達に応じて、同じ教材でも遊び方がまったく異なります。

　園庭に目をむけると、すべり台やジャングルジム、鉄棒、総合遊具など固定遊具があり、また三輪車、一輪車、竹馬、縄跳び、ホッピングなど、**全身を使って活動する**教材も多くあります（写真4-1）。

写真4-1 園庭の遊具

右から太鼓橋、網の坂のぼり、揺れる橋、すべり台など多様な遊び方ができる総合遊具がある（大阪市S幼稚園）。

　一方で、**手指の機能の発達**を促す教材もあります。ひも通しなどは典型的な遊びですが、はさみを使う、オイルパステルで絵を描く、粘土をこねるといった動作や、また日常生活でドアを開ける、スプーンをもつ、箸を使う、ボタンをとめるなどの動作をするなかで、手指の機能が発達します。ボタン、スナップ、チャック、ひも結びを楽しめるよう、幼児の手の大きさを考慮して作成された布絵本もあります。

レッスン 4　教材文化としての保育内容

　こま回しやけん玉は、幼児にとってはなかなか難しい遊びです。しかし、5歳児くらいになると、一生懸命練習して器用に回すことができるようになります。

　夏にはプールで遊びますが、その際の水遊びのための玩具も多様にあります。水に船を浮かべたり、水に沈む素材でつくられた貝やヒトデを探して拾ったりと、水を怖がらないように、楽しく水に親しめるように工夫されたものです。

　秋には運動会があり、体操やダンス、リレーなどが行われ、また親子競技や地域の人が参加する競技など、それぞれの内容が教材となります。

4.　受容遊びに関わる教材

　ビューラーの遊びの分類で、**受容遊び**とは、**知識、想像力、理解力の発達**を促す遊びです。

　絵本を読んでもらったり人形劇を見たりするなど、想像力を豊かにするための絵本や、演じられた人形劇が教材となります。保育においても、テレビ鑑賞やDVD鑑賞を行うことがありますが、これらも受容遊びの教材です。

　知識を広めたり理解力を高めるという点では、さまざまな動物、昆虫、魚の飼育や、植物の栽培などがあります。飼育では、春にはアオムシがチョウになるまで、初夏にはオタマジャクシがカエルになるまで、夏にはカブトムシやクワガタ、秋にはスズムシやコオロギを飼育することがよくあります。栽培では、春にトマトやキュウリなどの夏野菜、またヒマワリ、アサガオなど夏の花を植えます。秋にはヒヤシンスやクロッカスの水栽培を始め、冬にはチューリップの球根を春に備えて植えます。すべて知識を広げ、**生き物に親しみ、大切にすることを学ぶ教材**です。

　アヒル、モルモット、ヤギ、ウマなどさまざまな動物を飼育している園もあります。移動動物園が園にカメ、ヘビ、ウサギ、イヌ、ブタ、ポニーなどを連れてやってくることもあります（写真4-2）。幼児は、それぞれの動物についての知識を得ることはもちろん、それぞれの動物の**感触を知ること**ができます。

　幼児の見聞を広げるという点では、保育所における毎日の散歩は、季節の変化につれて変わる道端の植物、山や海の様子、町の様子、人々の様子を見ることができます。この場合は、散歩で見たそれぞれが教材となっているといえるでしょう。また、いちご狩り、いも掘りなどの遠足、

55

写真 4-2 移動動物園

幼稚園に移動動物園がやってきた！ ブタのほかにも、ヤギ、ポニー、アヒル、ヘビまでいる。子どもたちは、こわごわえさをやって親しむ（大阪市S幼稚園）。

　水族館見学、プラネタリウム見学、消防署見学などでは、特定の知識を学んでおり、その内容が教材となります。

5. 想像遊びに関わる教材

　ビューラーの遊びの分類で、**想像遊び**とは、幼児の生活のなかにある大人の世界、人間関係、仕事などをまねた遊びで、**社会性の発達**を促します。
　想像遊びの典型は、ままごとです（写真4-3）。教材としては、ままごとコーナーにある調理セット、赤ちゃんのぬいぐるみ、乳母車、スマートフォンなどがあります。また、お姫様ごっこのための衣装や小道具も教材です。

写真 4-3 ままごと

5歳のお姉さんたちと一緒に2歳の子どもたちがままごと（大阪市S幼稚園）。

レッスン4　教材文化としての保育内容

　このようなごっこ遊びの延長に、クラスで劇をつくり上げることがあります。劇が教材となりますが、劇で使用する衣装や小道具をつくるという**構成遊びの要素**も、音楽的表現も、集団で活動するという要素も入っており、とても**総合的な教材**といえます。

6.　音楽的表現に関わる教材

　保育の場では、**音楽的表現**が日常的に行われています。乳幼児が楽しい気持ちになるように、また伝統的なリズムや歌を知るように、歌を歌い、手遊びをし、ダンスをします。

　歌では、季節に合わせた歌を歌います。よく歌われるのは、4月「せんせいとおともだち」、5月「こいのぼり」、6月「あめふりくまのこ」、7月「たなばた」、8月「アイスクリームのうた」、9月「とんぼのめがね」、10月「やきいもグーチーパー」、11月「きのこ」、12月「あわてんぼうのサンタクロース」、1月「お正月」、2月「まめまき」、3月「おもいでのアルバム」というように、**日本の季節感、年中行事**を反映した歌が教材となります。

　また、歌をともなった伝承遊びは、保育者が意識して教材として乳幼児に伝えていきたいものです。「かごめかごめ」「花いちもんめ」「ずいずいずっころばし」などのわらべ歌から、「アルプス一万尺」や「おちゃらかほい」など、比較的新しい歌あそびがあります。手遊びは、年々社会の変化に合わせて替え歌バージョンが作成されています。人気のキャラクターが登場する手遊びは、乳幼児に喜ばれます。幼児の生活のなかには、さまざまなキャラクターが登場しています。子どもたちの世界を理解するためにも、テレビの子ども番組などで知っておきましょう。

7.　集団で遊ぶ教材

　保育では、幼児の社会性の発達に合わせて、集団での活動を行います。このような集団活動は、その**内容が教材**となります。おおむね3歳では、**簡単なルール**があり全員がいつも活動しているような集団活動、おおむね4歳では、**ルールを守って楽しむ**ような集団活動、おおむね5歳では、**競争して楽しむ**ような集団活動という年齢による特徴があります。

　おおむね3歳では、全員で音楽に合わせて動いたり止まったりする

◆補足
3歳児における保育園児と幼稚園児の違い
　3歳までに集団生活を経験している保育園児と、3歳から集団生活を経験し始めた幼稚園児では、集団活動において、約1年の差がみられる。同じ内容の集団活動でも、ルールを変えることで、どの年齢でも楽しめる遊びとなる。

57

ゲーム、幼児たちと保育者でじゃんけんをする、保育者が鬼になる高おに、色おになどの鬼ごっこなどがあります。おおむね4歳では、うずまきじゃんけん、フルーツバスケット、猛獣狩りにいこうよ、おおかみさん今何時、あぶくたった、だるまさんがころんだなどがあります。おおむね5歳では、リレー、ドッジボール、サッカー、ふえ鬼、じゃんけん列車、ハンカチ落とし、伝言ゲームなどがあります。

　5歳児になると、字を読める子どももいるので、カルタやトランプ遊びをすることがあります。だんだんとゲームの駆け引きをしたり、勝敗にこだわったりと、一人ひとりがさまざまな態度をみせながらゲームをし、時にはけんかをしたりするなかで、**より複雑な人間関係を学ぶ教材**となります。また、1人の発言からクラス全体の活動となることもあります。子どもたちは、遊ぶための教材だけでなく、幼稚園の生活を自分たちでつくり上げていくような教材を必要としています。エピソード①は、たまたま幼稚園の庭にあった古い子どもの家を、子どもたちがモルモット小屋にする活動です。さまざまな活動が教材になっています。

エピソード①　モルモット小屋づくり（5歳児）

　ショウゴくんがみんなに発表しました。
ショウゴ「そとのおうちみたいなところに、モルモットを入れます」
ユウジ「みんなで改造して、モルモットのおうちとかつくるの？」
ミカ「ネコとかくるよ」
ショウゴ「ドアとか窓とかつくって防ぎます」
ユウナ「お風呂は？」
先生「モルモットはお風呂がきらいなのでいりません」

　ほかの子どもたちも大乗り気。今日からつくりたいと思いましたが、先生から、材料も道具も何もないから、何が必要か考えてくださいと言われました。手分けしてつくるために係に分かれました。ペンキ係、窓係、ドア係、えさ係、カギ係。明日から買い物に行ったり、大工仕事をしたり、楽しみです。小屋は1か月で完成しました。みんなでつくったので、モルモットの世話は忘れません。

小屋を洗うペンキ係

屋根を塗るペンキ係

ドアをつくるドア係

鍵をつけるカギ係

竣工式で先生がお祓い

モルモットの世話
（神戸市K幼稚園）

8. 基本的生活習慣を身につける教材

　基本的生活習慣とは、**睡眠、食事、排泄、清潔、衣類の着脱**を指しています。それぞれの項目ごとに、教材を考えてみましょう。

　睡眠では、子どもたちがより落ち着いて眠れるように、うす暗く静かな環境をつくりだします。0歳児では**5分に1回**、1歳児では**10分に1回**、顔色、鼻や口の空気の流れ、呼吸にともなう胸郭の動き、体温を確認し、記録することが義務づけられています。一人ひとりの生活リズムを尊重しながら、徐々に、昼間は起きて夜は寝るというリズムを身につけるようにします。睡眠においてはこのような保育内容となります。

　食事の習慣は、技術面では**箸を使って食事をする**ことを身につけることが目標となります。食事のときの箸が教材となります。3点で支えられるように親指を固定できる練習用の箸もあります。心理面では、楽しく食事をするという内容があり、文化面では、食事のマナーとして食前食後のあいさつ、お椀は手にもって食べる、ご飯と汁物は交互に食べる、お箸は皿の上に置かない、などが内容となります。これらの内容が教材となりますので、楽しく教えましょう。

　排泄の習慣は、まず**自分の尿意を自覚する**ところから始まります。おまるを使って自分で排泄ができるようになると、幼児用の便器で**排泄することを学びます**。そのころには、保育者に尿意を伝えることができるようになっています。しかし、まだ自分で衣服の着脱ができませんから、

それは保育者に手伝ってもらいます。最後には、自分で尿意を感じれば、自分で衣服を脱いで排泄を行い、その際には、水を流したり、スリッパをそろえたり、手を洗ったりすることもできるようになるのが目標となります。おまるやスリッパは目に見える教材です。その他の動作は、日本的なトイレを使用する際の文化的行動ですから、目に見えない教材です。

　清潔に関しては、汚れたときは、自分から**顔や手を洗ったり、汗を拭いたりすることが目標**となります。また、上手に**歯磨き**ができるようになることも目標となります。

　汚れていることに気づくように、幼児の目の高さに置かれた**鏡も教材**です。自分で水道の蛇口を開けて、使用後は閉める動作が身につくまでは、水道の蛇口さえも教材となります。

　歯磨きは、はじめは保育者が行いますが、徐々に幼児自身で行えるようになることが目標です。歯ブラシや歯磨き粉が教材となります。

　衣服の着脱は、はじめは全部保育者にしてもらっていたことを、全部自分でもするようになることが、目標になります。これらを身につけるまでは、着ている衣類全部が教材となります。靴の着脱、帽子の着脱も含まれます。まずパンツやズボン、Tシャツなどを脱ぐことができるようになり、だんだん置いてある通りに着ることができるようになります。難しいのは、ボタンをとめたり、チャックをあげたりすることです。これらを練習できるようにつくられた布絵本があります。これも衣服の着脱を身につけるための教材です。

9.　乳幼児のためのICT教材

　現在、保育園業務の**ICT化**に、厚生労働省より補助金が支給されています。主に、登降園管理、指導計画、保育日誌、シフト表作成などの業務支援システムです。一方、2011（平成23）年に文部科学省から「教育の情報化ビジョン」が公表され、21世紀を生きる子どもたちに求められる力として、生きる力と生きる力に資する**情報活用能力**があげられています。学校と教育の情報化には、情報教育、教科指導における情報通信技術の活用、校務の情報化の3項目があります。保育においては、保育業務への活用はなされていますが、情報教育や保育内容における情報通信技術の活用は行われているのでしょうか。

　保育室にコンピュータを置いている幼稚園、保育所、幼保連携型認定

こども園が出現してきています。それは、子どもたちが生まれたときから、スマートフォンにふれており、また子どもたちが生きていく社会ではコンピュータを道具として使いこなすことが普通となるからです。幼児はコンピュータの「お絵描きソフト」「幼児向けCAI*教材」「ゲーム」などで遊びます。保育の目的は、**創造力を高める、コンピュータに慣れる**となります。宮川によれば、コンピュータを導入する前と後の変化について、保育者は、「絵本やテレビのように受け身的でなく、自発性を持って取り組めることで、意識の変化が窺える[†3]」と回答しています。幼児たちは、**積極的**にコンピュータを使い、幼児たちの創造性によってお絵描きを楽しんだり、ゲームをしたりしているようです。

報告は2011年であり、このころは机上に据え置くコンピュータであったでしょう。現在は、一人ひとりに**タブレット端末**を配布し、それぞれの進度に適した教育が目指されています。保育教材としてのタブレットにはどのような可能性があるでしょうか。創造性を育むことをねらいとすれば、たとえばお絵描きソフトで絵を描く、作曲アプリで歌をつくるなどが考えられます。また、人間関係のスキルを育むことをねらいとすれば、幼稚園を舞台とした**RPG***で、あいさつをしなければ先に進めないなど、ものの取り合いをしてしまう葛藤場面で何通りかの選択肢から回答を選び、回答により次の場面が異なるというようなゲームも考えられます。現在では声を認識することもたやすくなってきていますから、言葉によってゲームを進めていくこともできるでしょう。

可能性は秘めていますが、今のところ、保育にタブレットを取り入れている園はごく少数ですし、保育に使えるアプリもそれほど開発されていません。保育におけるICT教材はまだまだ**未開発の領域**です。

> ✳ **用語解説**
> CAI
> Computer Aided Instructionの略。コンピュータを用いて行う教育のこと。

> ▶ **出典**
> †3 宮川祐一「幼稚園教育現場ででのパソコン利用と課題──越前市内の幼稚園を対象とした実態調査」2000年と2008年の実態調査の比較から。

> ✳ **用語解説**
> RPG
> Role Playing Gameの略。ゲームの一種。プレーヤーがゲームの世界のなかで、ある人物の役割を演じ、さまざまな経験を通して成長していく過程を楽しみながら、目的を達成していくもの(『大辞林』)。

演 習 課 題

①あなたが知っている「じゃんけん」のかけ声を友だちにいってみましょう。あなたが遊んだ「けいどろ」のルールについて教え合いましょう。いろいろな遊びの地域性について、話し合ってみましょう。

②新しい教材をネットで検索してみましょう。その教材の乳幼児にとっての意味を考えてみましょう。

③乳幼児のためのICT教材の可能性について話し合ってみましょう。

第2章　保育内容の歴史的変遷

参考文献‥‥‥‥‥‥‥‥‥‥‥‥‥‥‥‥‥‥‥‥‥‥‥‥‥‥‥‥‥‥‥‥‥‥‥‥‥‥‥

レッスン3

お茶の水女子大学文教育学部附属幼稚園　『年表　幼稚園百年史』　国土社　1976年

橋川喜美代　『保育形態論の変遷』　春風社　2003年

文部省　『幼稚園教育百年史』　ひかりのくに　1979年

文部省　『学制百年史』　帝国地方行政学会　1981年

文部科学省教育課程部会幼児教育部会　「取りまとめ（案）」　2016年

ロバアト・オウエン／五島茂訳　『オウエン自叙伝』　岩波書店　1961年

渡辺嘉重　『子守教育法』　普及舎　1884年

レッスン4

総務省　「教育分野におけるICT利活用推進のための情報通信技術面に関するガイドライン（手引書）2013」　2013年

長尾和英・伊澤貞治編著　『子どもの育ちと教育環境』　法律文化社　2007年

文部科学省　「教育の情報化ビジョン」　2011年

山根俊喜　「教材とは何か」『障害者問題研究』38(4)　2011年　2〜10頁

おすすめの1冊

日本教材文化研究財団編　『調査研究シリーズ62　子どもの挑戦的意欲を育てる保育環境・保育材のあり方』　日本教材文化研究財団　2016年

泥、ペットボトル遊びなどの具体的活動事例、年中行事からの発展、お店やさんごっこなどの事例、色水遊びの事例、季節の自然物に関わる保育活動事例、食育に関わる保育活動など、多くの保育活動を紹介し、子どもがどのように挑戦的意欲をもって教材と取り組んだかをていねいに記述している。保育のなかの教材について、学ぶことができる。

第3章

保育内容と子ども理解

本章では、「発達」と保育内容5領域の「総合性」との関連について学んでいきます。保育内容を総合的に展開させていくためには、子ども理解をもとにした観察・記録・省察・評価について理解することが必要です。

レッスン5　子どもの発達特性と保育内容5領域の総合性

レッスン6　保育における観察・記録・省察・評価と子ども理解

レッスン**5**
....

子どもの発達特性と保育内容5領域の総合性

....

このレッスンでは、保育内容を考える際に必要となる乳幼児期における「発達」の考え方を整理し、保育内容領域の「総合性」との関連を学びます。発達に関する理論のとらえ方を誤ったり、保育内容の「領域」の意味を十分に理解できていなかったりすると、子どもにとって必要な保育内容を築くことができません。

---

1. 保育における発達観

1 ▶ 発達観と保育内容の関連

保育は、乳幼児期の子どもたちの発達を支え、援助するいとなみです。乳幼児期は、心身の発育、**発達**が著しく、人格形成にとって重要な時期です。個人差が大きいということも、保育するうえで忘れてはなりません。このことは、現在の日本で保育に携わっている人々には共通に受け入れられている認識です。保育内容を構想したり計画するとき、あるいは振り返るとき、必ず「発達を踏まえて」「もっと発達を考えて」「発達を十分にとらえられていなかった」「発達に見合っていなかった」などの表現やコメントが飛び交う場面に出あいます。それは、保育者は皆、**子どもの「発達」**を考えているからです。

では、子どもの発達をとらえる視点と保育内容はどのような関係があるのでしょうか。たとえば、逆上がりを教えて毎日練習させたらできるようになった、文字を教えたら覚えた、楽器の演奏が上手になった、のびのびと遊べるようになって楽しそうだ、お友だちとけんかしなくなったなど、保育者は、このような子どもの姿のどこを「発達」ととらえているのでしょうか。とらえ方や考え方が違えば、当然、保育のねらいも異なり、保育内容や方法も異なってきます。保育内容と「発達」は密接に関わっており、そこで現れる保育内容の違いは、とりもなおさず**保育者の発達観の違い**から生まれるのです。

2 ▶ 発達の概念の変化

「発達」は、**進歩、獲得、増大、上昇**の意味を含んでとらえられる傾向がみられます。1人の子どもが、環境との関わりを通して、未分化な状態から、さまざまな能力を獲得し完成に近づく過程が発達過程と考え

補足

成長（growth）
個体の量的な増大・変化であり、身長や体重などが該当する。

発達（development）
生物学的構造や機能が、分化、多様化、複雑化していく過程に、学習（経験、練習、訓練、教育）が加わった現象であり、精神発達、運動発達などが該当する。

発育（growth and development）
成長、発達の相互的な用語、あるいは両者を包括した概念として使用される。「発育」を個体の量的な増大・変化とし、「成長」と「発育」をほぼ同じ意味で用いる場合もある。

レッスン5　子どもの発達特性と保育内容5領域の総合性

られています。大きくなる、できるようになる、大人に近づく、そして
その先には何らかの到達点、ある種の完成形があるというイメージです。
しかし、このような発達観が強調されると、大人は、「できる —できな
い」という**表面的な行動特性に対する価値観**、「早い — 遅い」という**速
度の尺度**で子どもをみるようになります。結果的に早くうまくできるよ
うになることが重視され、それに見合うパフォーマンスが期待できそう
な内容が保育の中心となりがちです。より効率のよい、単一で明確な段
階をもった方法が求められ、多くは大人のもつ価値観や尺度に合わせて
画一的に教え込むという方法となってしまいます。

　ミルン*の「6つになった（Now We Are Six）[†1]」という詩を知って
いますか。

> 一つのときは　なにもかも　はじめてだった。
> 二つのときは　ぼくは　まるっきり　しんまいだった。
> 三つのとき　ぼくはやっと　ぼくになった。
> 四つのとき　ぼくはおおきくなりたかった。
> 五つのとき　なにからなにまで　おもしろかった。
> 今は六つで　ぼくはありったけ　おりこうです。
> だから　いつまでも　六つでいたいと　ぼくはおもいます。

　この詩は、各年齢の子どもの姿をたいへんよく表しています。自我の
芽生える3歳児、世界がひろがりだした4歳児、生活を自分のものに
し始めた5歳児、自信に満ちた6歳児。「4つのとき　ぼくはおおきく
なりたかった」は、別の翻訳では「4つのとき　ぼくはそうたいしてか
わっていなかった」となっています。4歳児クラス担当の保育者からは、
「4歳はため込みの時期、だから担任をすると、おもしろくもありおも
しろくもなく」「4歳児は、3歳児や5歳児と違って目に見えてぐんぐ
ん伸びる感じがしないので、こちらの我慢が必要」という声を聞きます。
これらの反応からうかがえることは、「発達」は、**発達しないことも含
めて考える必要がある**ということです。もう少していねいにいえば、「発
達」は、進歩、獲得、増大、上昇だけでなく、**後退、喪失、減少、停滞
なども含む**ということです。だからこそ、**長い目でとらえる必要がある**
のです。

　一方、保育の場では、1990（平成2）年ごろから**「育ち」**という言葉
が使われ、発達観が変化したといわれます。「育ち」は「巣立ち」を語
源とするとされ、子どもはみずから育とうとする存在であるという考え

🔲人物

ミルン
（Milne, A. A.）
1882〜1956年
ロンドン生まれのスコット
ランド人で、イギリスの児
童文学作家。「くまのプー
さん」が有名。

▶出典

†1　周郷博『母と子の詩
集』国土社、1990年

65

第3章　保育内容と子ども理解

方です。子どもどうしの比較から成り立つ「発達」ではなく、あくまでもその子どもと環境、その子どもと周囲の人との関係から成り立つ概念です。

補足

発達健診
発達健診とは、乳幼児健康診査を指す。地域母子保健サービスの中心的事業であり、行政で義務づけられているのは3～4か月児健診、1歳6か月児健診、3歳児健診である。乳幼児の発育・栄養状態の確認、先天的な病気の有無・早期発見、予防接種の時期や種類の確認など、必要な項目をチェックする。

インシデント①　発達なのか、育ちなのか

　発達健診の場面。子どもは、保健師の前で、小さな積み木を使って遊び、積み木を積むことができるかどうかがみられます。積み木を積むことができたら発達は正常、順調とされます。しかし、ある子どもは、カチカチ打ち鳴らすことはしても、1つも積みませんでした。母親はとても不安な顔をして見つめています。

　このインシデントの場合、積み木を積まないこの子どもの発達は異常でしょうか。発達診断の基準からすれば、その疑いが生まれます。けれども、育ちという視点で考えてみると、この子どもには、知らない人の前なので緊張した、積み木が自分の積み木の色と違うから戸惑ったなど、子どもなりの理由があるのではという見方が生まれてきます。それは、積み木が積めないということ以上に、その子どもには、周囲を見て戸惑うという心の側面が育っているととらえることができます。

　このように、「育ち」は、従来の「発達」のとらえ方の転換を具体化する言葉として、保育で用いられています。

2.　発達のとらえ方

1　発達の原理

　発達の一般的な原理をみてみましょう。個体と環境の相互作用、分化と統合、連続性と継続性、順序性と方向性、リズム性、差異性、臨界期について説明します。これらの原理は、一人ひとりの子どもの発達をとらえるための大原則となるものです。

①**個体と環境の相互作用**：発達は、**個体と環境との相互作用**のなかで進みます。遺伝要因に規定される**成熟**と、環境要因の影響を強く受ける**学習**によって生じるとも説明されます。また、ヒトは困難な環境に置かれると、発達の速度を緩めて個体を維持したり、ほかの機能を利用したりして、環境に順応しようとする力もあり、それを**発達の順応性**といいます。

②**分化と統合**：発達とは、**未分化なものが分化し、やがて再統合される**

過程です。生後4か月ごろの子どもは、片手で何かをつかもうとすると、もう一方の手も動いてしまいます。7か月ごろになると、片手にもったまま、もう一方の手で別のものをつかんだりすることができるようになります。混沌とした全体（未分化）が分化し、整然とした全体（統合）となる姿がみられます。発達が、単に量的な変化だけでとらえられるものでなく、質的な変化過程も含めてとらえられるものだということがわかります。

③**連続性と継続性**：発達は、成熟期に向かって段階を踏みながら、あるときは大きく、あるときは少しずつ進みます。子どもの変化は少しずつ起こっていることが多く、ふだん接している親や保育者は気づかず、久しぶりに会った祖父母などに、変化を教えられることがあります。また発達は、**継続的**であるため、ある時点で起こったことがのちに影響を及ぼします。

④**順序性と方向性**：発達には**一定の順序**があり、順序を逆行したり飛ばしたりすることはありません。進化の過程で獲得してきた遺伝的なもので、遺伝子によってコントロールされています。座る、はう、歩くという過程の順序、喃語、一語文、二語文、三語文という言語の発達は、同一の方向です。また、特に身体的発達は、中枢神経系の成熟と関連していて、一定の順序性と方向性を示しています。中心から末端へという方向性は、胴体から肩、腕、指先へと方向性をもって発達することを意味します。

⑤**リズム性**：発達は必ずしも直線的でなく、あるときぐっと進んだり、停滞したり、後退したりする時期がみられます。発達は、点ではなく、**線でとらえる**必要があります。また、ある側面が停滞したり後退していると、ほかの側面が伸びたりすることがあります。

⑥**差異性**：発達には、個人差があります。何かができるようになる時期や**発達の速度が個人**によって**異なります**。早熟、晩熟のような速度の差です。性差もまた差異の要因となります。また、それは子どもたちのなかだけでなく、個人内においてもみられます。個人において各側面が常にバランスよく発達するとは限りません。その結果、個人内においても、**得意と不得意**などの違いが生まれます。手先は器用だけれど、運動は苦手といったことです。

⑦**臨界期**：発達には、ある刺激や経験が重大な影響を及ぼす限定された時期があります。ある刺激や経験が与えられたとき、効果が最もよく現れる時期です。ある時期を中心にしてその前後の一定期間をいいますが、最も刺激に敏感で、効果の上がる時期を**最適期、敏感期、感受**

第3章　保育内容と子ども理解

性期などとよぶこともあります。同じ環境や教育を与えても、影響度は臨界期かそうでないときかで大きく異なります。また、その時期を逃すと、のちにいくら手だてを施しても発達の回復が見込めないとされます。

　以上のような「発達」の原理は、保育者にとっては、気がかりな子どもを理解するときには意識することが多いようですが、ふだんの保育では、周知のこととして忘れられていることが少なくありません。

2　発達の課題

「幼稚園教育要領」「幼保連携型認定こども園教育・保育要領」では、以下の記述がみられます（注：〔　〕内は幼保連携型認定こども園教育・保育要領で異なる部分。以下、引用部分も同様）。

> 　幼児〔乳幼児期における〕の発達は、心身の諸側面が相互に関連し合い、多様な経過をたどって成し遂げられていくものであること、また、幼児〔園児〕の生活経験がそれぞれ異なることなどを考慮して、幼児〔園児〕一人一人の特性〔特性や発達の過程〕に応じ、**発達の課題に即した指導**を行うようにすること[†2]。

　ここでいう「発達の課題」とは何かを考えてみます。「発達段階」「発達課題」という用語は聞き慣れているかもしれません。発達段階とは、生涯をとおしたそれぞれの時期や年齢に特有の段階です。発達は連続的ですが、ある時期は、ほかの時期とは明らかに異なる特徴をもって進みます。また子どもの成長過程においては、個人差はあるものの、多くの子どもに共通してみられる**発達段階ごとの特徴**があるとされています。各段階には達するべき課題があり、それを**発達課題**といいます。**ハヴィガースト**[*]、**エリクソン**[*]、**ピアジェ**[*]などの多くの研究者が、さまざまな理論を提示しています。

　保育内容を構想し、教材を用意する際、それぞれの段階における発達の特性をおおむね理解しておくことは大切なことです。実習生が、部分実習などを課せられ、教材や言葉がけを考えるときに最も苦労するところでもあります。しかしながら、この発達段階は、あくまでも一般的な目安ですから、そこにこだわりすぎると、「その子ども」を見失うことがあります。上記の要領に示された「発達の課題」は、「その子どもなりの努力が行われているので、努力を評価して、各年齢別の発達の一般的な特徴を押しつけることなく」という意味を含んでいます。

▶ **出典**
†2 「幼稚園教育要領」第1章第1 「幼稚園教育の基本」3
「幼保連携型認定こども園教育・保育要領」第1章第1 1「幼保連携型認定こども園における教育及び保育の基本」(4)

■ **人物**
ハヴィガースト
(Havighurst, R. J.)
1900〜1991年
アメリカの教育心理学者。人間の社会的立場における発達課題を各時期であげている。

エリクソン
(Erikson, E. H.)
1902〜1994年
アメリカの発達心理学者で精神分析家。「アイデンティティ」の概念、心理社会的発達理論を提唱した。人生を8段階に区分して、それぞれに発達課題と心理社会的危機、重要な対人関係、心理社会的様式が設定されているとした。

ピアジェ
(Piaget, J.)
1896〜1980年
スイスの心理学者。人間の思考に関して、質的に異なる4つの段階（感覚一運動期、前操作期、具体的操作期、形式的操作期）を設定した。

３　発達の援助

　「幼稚園教育要領」「保育所保育指針」「幼保連携型認定こども園教育・保育要領」では、いずれも「発達」を説明し、発達を踏まえて、乳幼児期の教育、保育において配慮しなければならないことが記されています。

　また、いずれにおいても発達を、環境と関わり合うなかで、生活に必要な能力や態度を獲得する過程、子どもがそれまでの体験をもとにして、環境に働きかけ、環境との相互作用をとおして、豊かな心情、意欲および態度を身につけ、新たな能力を獲得する過程と述べられています。また、子どもは大人の指導の単なる受け手ではなく、**能動的な存在である**とし、日常生活のなかで、応答的な他者の存在を前提に**主体性を築くという発達観**が明確に示されています。それを踏まえて、「遊びを中心とした生活」という保育内容が尊重され、そこでは、幼児自身がみずからの生活と関連づけることをめざします。保育者が子どもの**発達および生活の連続性に配慮**することを、発達の援助としています。

3.　発達と領域をつむぐ

１　発達特性としての縦横と領域の総合性

　発達のとらえ方を保育内容に反映するためには、**発達における縦や横の関係を理解する必要があります。**

　縦とは何でしょう。何かができるようになるためには、できない状態が前にあります。現状を理解するために、過去を知り、そしてこれからの方向性を予測します。これが縦です。

　では、横とは何でしょう。たとえば、言葉の発達は、運動能力や、知的な側面の発達をともなわなくては遂げられません。諸能力が個別に発達するのではなく、相互に関連し合い、依存するのです。これが横です。

　このように幼児期には、諸能力が個別に発達するのではなく、縦横の関係が、**相互に関連し合い、総合的に発達**していきます。ここまでの説明で、何かに気づきませんか。そうです。領域の「総合性」とは、このような発達の縦、横の考え方に通じています。

　領域は、**5つに編成され、それぞれ「ねらい」と「内容」**を幼児の発達の側面からまとめています。幼稚園、保育所、幼保連携型認定こども園における教育や保育が何を意図して行われるかを明確にしたものが、「ねらい」です。「ねらい」を達成するために、保育者が指導し、幼児が身につけていくことが望まれるものを「内容」としています。「内容」は、

第3章　保育内容と子ども理解

幼児が環境に関わって、縦と横に展開する活動をとおして、総合的に展開されることが望まれます。また、5領域は、それぞれの側面から幼児の発達を確認することができ、総合的な指導をするうえでの指標となるべきものともされています。

以上のように、幼児の発達（育ち）の縦横の相互性を尊重すれば、おのずから**領域の総合的な指導**につながるのです。

2　領域の特性をもとにした総合的な指導

秋田[3]は、保育内容、特に保育のなかでの遊びを、料理にたとえています。おいしい料理には、さまざまな栄養素が含まれるだけでなく、それ以上の味わいがあります。その味わいは、個々の栄養素だけでは賄うことができません。同様に保育も、幼児の充実した遊び（おいしい料理）には、5領域（栄養素）が含まれるだけでなく、それ以上の意義（味わい）があります。それらは個々の領域における独立した活動（栄養素）のみで賄うことはできません。1つの活動が1つの領域を構成するのではなく、**1つの活動のなかにさまざまな領域が含まれるような指導こそが「総合的」**だと述べられています。

それに対して、「総合的」が誤解されている場面もみられます。5つの領域をバランスよく保育することと考え、それぞれの領域ごとの保育内容を羅列している場合です。たとえば、領域「健康」のためにドッジボール、領域「表現」のために描画、領域「言葉」のために絵本の読み聞かせを位置づけ、それを1日もしくは1週間にまんべんなく混ぜ込むことが総合的だと考えられている場合です。領域の総合性の意味、活動のとらえ方、さらには発達のとらえ方を誤認しているとしかいえません。さらに大きな誤解としか思えないのは、領域「健康」のための体操教室、領域「言葉」のための英語教室、領域「環境」のための野外キャンプなどと考えられている場合です。これは、領域と小学校以上の教科の混同でしかないでしょう。

では領域がどのように「総合」されるのかを、5歳児における自由遊びのなかでのドッジボールを例に考えてみましょう。特に1人の男児を中心に半年間観察しました。アキラは、当初、ドッジボールに限らず、飽きっぽく、強引で、他児とのトラブルも絶えませんでした。ボールを扱う技能も高くありませんでした。やりたい気持ちはあるものの、ボールに当たって外野に出るとウロウロするか、ときには勝手に内野に戻ってきて、他児と衝突ばかりしていました。けれども、半年後のアキラは、運動技能はまだまだ十分ではないものの、投げる技能を中心にずいぶん

▶**出典**
†3　秋田喜代美『知をそだてる保育——遊びでそだつ子どものかしこさ』ひかりのくに、2000年、82-83頁

向上した様子が見られました。何よりも集団ゲームとしてのドッジボールを楽しむ姿がみられるようになりました。

　5領域という側面から振り返ってみます。ドッジボールの活動の中心は、ボールを投げ、捕り、逃げるという運動技能ですから、**領域「健康」**の側面に該当します。友だちとのいざこざの調整やゲームのルールを理解する過程は、**領域「人間関係」**の側面です。他児と折り合いをつけるために自分の考えを言葉で伝えようとする過程は、**領域「言葉」**の側面です。特徴的だったのは、投げる技能の向上にともない、彼なりに自信が生まれてきたようで、外野に出ても待てるようになり、さらには他児の意見に耳を傾けることができるようにもなりました。心身のさまざまな側面が相互に関連し合って、アキラなりの発達が進む様子がみられました。また、その過程は、人（他児）、もの（ボール）、こと（トラブル）との関わりのなかで進みました。アキラにとっては、ドッジボールというゲームがスムーズにできるようになるために、指導者が必要な運動技能を教え込む指導を受けるよりも、**やりたいという意欲**を喚起する環境が整えられ、アキラ自身が進んで何度も繰り返すうちに技能が習得されていく過程が、諸側面に影響を与えていました。人との関係をさまざまに経験し、自分の言葉で伝えようとする機会をもち、社会性や情緒などの側面と関連して、言葉の表現も豊かになっていったのです。

　このように、一つの活動は、5領域それぞれの特性をもとに、発達の原理を編むように展開されています。これが、領域の総合性の意味する様子です。そして、**総合性が発揮できる場が「遊び」**であり、領域を総合させるのは、子ども一人ひとりなのです。

4.　乳幼児期の発達特性を踏まえた保育実践

　ここまで、発達のとらえ方と、領域の総合性のとらえ方について考えてきました。ここからは、まとめとして発達特性と領域の総合性を踏まえた保育内容のあり方を考えてみます。発達の「縦」という見方を基軸として、発達特性にふさわしい保育実践について整理しておきましょう。

　2008（平成20）年告示の「保育所保育指針」では、第2章「子どもの発達」において、おおむね6か月未満、おおむね6か月から1歳3か月未満、おおむね1歳3か月から2歳未満、おおむね2歳、おおむね3歳、おおむね4歳、おおむね5歳、おおむね6歳と発達過程が8つに区分され、各段階の発達の目安が、生理・運動の側面、知覚・認

第3章　保育内容と子ども理解

知、対人関係・言語、生活習慣の側面に沿って示されていました。一方で、「第3章　保育の内容」は、すべての年齢を通じた共通の記載となっていました。

2017（平成29）年改定（訂）の「保育所保育指針」「幼保連携型認定こども園教育・保育要領」では、2008（平成20）年告示の「保育所保育指針」にあるような「子どもの発達」の章はありません。一方で、「第2章　保育の内容」において、**乳児、1歳以上3歳未満児、3歳以上児に分けて「保育に関わるねらい及び内容」が示される**ようになりました。3歳未満児の保育利用率の上昇という社会的な動向に鑑み、乳児保育及び1歳以上3歳未満児の保育の内容について、3歳以上児とは別に項目を設けて、**それぞれの時期の特徴を踏まえた「保育に関するねらい及び内容」として示す**ことが適当と考えられたためです。

そこで以下では、乳児、1歳以上3歳未満児、3歳以上児に分けて、発達の特徴と、生活、保育内容を整理します。

1　乳児における発達、生活、保育内容

乳児保育（「幼保連携型認定こども園教育・保育要領」では、「乳児期の園児の保育」）とは、**1歳未満の子どもを対象**とします。

乳児期の発達については、「視覚、聴覚などの感覚や、座る、はう、歩くなどの運動機能が著しく発達し、特定の大人との応答的な関わりを通じて、情緒的な絆（きずな）が形成されるといった特徴がある。これらの発達の特徴を踏まえて、乳児保育〔乳児期の園児の保育〕は、愛情豊かに、応答的に行われることが特に必要である[†4]」ことが述べられています。おおむね6か月未満では、自分の意思で体を動かすことができるようになるといった顕著な運動機能の発達、特定の大人との情緒的な絆（愛着）が形成されます。おおむね6か月から1歳、もしくはおおむね1歳3か月未満では、座るから歩くへの一連の運動発達、活発な探索活動、特定の大人との情緒的な絆（愛着）の深まり、人見知り、言葉によるコミュニケーションの芽生え、離乳の開始などの発達的特徴がみられます。さらに、基本的な生活習慣形成の基盤として、身体感覚としての快という情動や、清潔感などが経験から芽生えます。何かが具体的にできるようになるというのではなく、すべてにおいて、**その後のための根がつくられる時期**です。

そのため、保育のねらいや内容については、5領域ではなく、**身体的発達に関する視点「健やかに伸び伸びと育つ」、社会的発達に関する視点「身近な人と気持ちが通じ合う」、精神的発達に関する視点「身近な**

▶出典

†4　「保育所保育指針」第2章1（1）「基本的事項」ア
「幼保連携型認定こども園教育・保育要領」第2章第1「基本的事項」1

レッスン5　子どもの発達特性と保育内容5領域の総合性

ものと関わり感性が育つ」の**3つの視点**として大きくまとめられ、特に一人ひとりの発育、発達状態、健康状態、成育歴の違いに留意することが求められます。また、それらは、**養護における「生命の保持」**および**「情緒の安定」**に関わる保育の内容と一体となって展開されなくてはなりません。

参照
3つの視点
→レッスン2、12

養護
→レッスン2

2　1歳以上3歳未満児における発達、生活、保育内容

　1歳以上3歳未満児の発達においては、「歩き始めから、歩く、走る、跳ぶなどへと、基本的な運動機能が次第に発達し、排泄の自立のための身体的機能も整うようになる。つまむ、めくるなどの指先の機能も発達し、食事、衣類の着脱なども、保育士等（保育教諭等）の援助の下で自分で行うようになる。発声も明瞭になり、語彙も増加し、自分の意思や欲求を言葉で表出できるようになる。このように自分でできることが増えてくる時期であることから、保育士等〔保育教諭等〕は、子ども〔園児〕の生活の安定を図りながら、自分でしようとする気持ちを尊重し、温かく見守るとともに、愛情豊かに、応答的に関わることが必要である[5]」と述べられています。

出典
[5]「保育所保育指針」第2章2（1）「基本的事項」ア
「幼保連携型認定こども園教育・保育要領」第2章第2「基本的事項」1

　おおむね1歳3か月から2歳未満では、歩行の安定、周囲の人への興味と意欲の高まり、行動範囲の拡大、言葉の芽生えなどの発達的特徴がみられます。おおむね2歳では、基本的な運動機能の発達、象徴機能の高まりによる大人とのごっこ遊び、自己主張、二語文の発現、語彙の増加などがみられます。

　1歳以上3歳未満児は、特定の人との間に**愛情に基づく情緒的な絆**、いわゆる**愛着関係**を形成し、人との関係のなかで人格形成の根である自己に気づき、自己を形成する時期です。また、身体の発達とともに、**基本的な生活習慣の自立**が可能になり、睡眠や食事などの生活リズムが形成される時期でもあります。保育のねらいや内容については、5領域に沿って展開されます。

　このような3歳未満児を対象とする保育は、特定の大人との安心・愛着形成が求められる時期に、集団で行われるという特徴をもちます。実際はクラス運営であることが、保育を難しくしています。特に3歳未満児保育では、多くの場合、複数担任ですから、担任相互による共通理解が必要となります。そのうえで、保育者は、子ども一人ひとりの安心や愛着を保障し、保育者自身が保育における人的環境として重要な役割を果たしているという自覚をもたなくてはなりません。

　また、3歳未満児の場合、月齢や年齢だけではなく、家庭での養育や

73

環境によって発達が大きく異なってきます。それぞれが、集団の保育を受けるという意味での**発達過程の最初の段階**であることを考慮し、1日の生活を継続的にとらえたうえで、個別の指導計画を立てることが求められます。自分で自分を語ることができない存在であることに留意しましょう。一人ひとりの発達過程に配慮した保育環境を考え、また個別指導計画の総合としてクラス運営があるという考えで、保育内容を構想することが求められます。ただし、先へ先へと発達を促すだけでなく、発達や経験の積み残しはないかについて、**観察を通して確認し続ける**ことが大切です。

　また、低年齢児の保育の実践にあたっては、一人ひとりの子どもの行動の意味は何か、求めているものは何か、その経験を通して育つものは何かを常に注意深く観察し考え、発達の実態に合わせた生活全般に関わる**個別の援助・配慮**を行うことが、保育者に求められるいとなみです。

3　満3歳以上における発達、生活、保育内容

　満3歳以上、いわゆる幼児期の発達は、「運動機能の発達により、基本的な動作が一通りできるようになるとともに、基本的な生活習慣もほぼ自立できるようになる。理解する語彙数が急激に増加し、知的興味や関心も高まってくる。仲間と遊び、仲間の中の一人という自覚が生じ、集団的な遊びや協同的な活動も見られるようになる。これらの発達の特徴を踏まえて、この時期の保育〔教育及び保育〕においては、個の成長と集団としての活動の充実が図られるようにしなければならない[†6]」と述べられています。

　おおむね3歳では、基本的な運動機能や微細運動の伸び、知的好奇心の高まり、自我の充実、平行遊び、日常経験のなかでのごっこ遊び、言葉の発達、一人称の使用、基本的生活習慣の形成の初期という発達的特徴がみられます。おおむね4歳では、全身のバランス能力の向上、想像力の広がりに基づくごっこ遊び、けんかの増加、自己主張と他者受容の葛藤、言葉による伝達、基本的生活習慣の自立度の高まりなどの特徴がみられます。おおむね5歳では、協調運動の獲得、手先の器用さ、論理的思考の芽生え、仲間のなかの一人としての自覚、基本的生活習慣の確立などの特徴がみられます。おおむね6歳では、全身運動の巧みさ、思考力と自立心の高まり、協調性、役割分担の意識の育ちがみられます。

　以上のように、周囲の人やもの、自然などの環境と関わり合う経験、遊びの経験、全身で感じることにつながる体験を繰り返すことで、徐々にみずからと違う他者の存在や視点に気づき始め、**考え方や行動を変化**

▶**出典**
[†6]　「保育所保育指針」
第2章3（1）「基本的事項」
ア
「幼保連携型認定こども園教育・保育要領」第2章
第3「基本的事項」1

レッスン5 子どもの発達特性と保育内容5領域の総合性

させ始める**時期**です。自己中心的・直観的・具体的・情緒的といった自律した行動や発言ができるようになり、**自我意識**が芽生えます。基本的な体力が育ち、脳が著しく成長して**言語や手先の動き、運動の調整能力などが発達**する時期です。

　3歳から6歳を対象とする幼児期の保育実践においては、クラスという集団がいっそう強調されます。しかしながら、3歳未満児の保育で述べた**個の発達を支える**、**発達の過程をみる**、子どもの**行為の意味を考える**という原則は変わるものではありません。それに基づいた環境の構成が求められます。

　年齢が高くなればなるほど、何をしているのか第三者からはわかりにくい遊びよりも、名前のつく活動が増えてきます。たとえば、工作、鬼ごっこ、楽器演奏などです。保育内容を構想する際には、領域の総合性のとらえ方を誤認しないようにしなければなりません。また、それに関連して、しばしば「**自由保育**」と「**一斉保育、設定保育**」[*]という対比が問題にされます。両者は、あくまでも活動形態の違いであって、保育理念の違いではありません。個の発達、一人ひとりの行為の意味を読むということを実現させるには、一斉保育はふさわしくないと考えがちですが、決してそのようなことはありません。一斉的な保育場面であっても、自由という理念が失われるとは限りません。集団で生活する保育の場である以上、クラス全員で一つのことに取り組む時間、気の合った数名の仲間で遊ぶ時間、一人で好きなことに夢中になる時間のいずれも、子ども一人ひとりが自由であることと矛盾しません。矛盾する状況が生まれるとすれば、保育者の発達のとらえ方、領域の総合性の考え方、**展開のあり方に誤認や矛盾がある場合**です。

　ある子どもにとって意味のある経験や必要な経験が、今、すべての子どもに共通して意味のある経験や必要な経験とは限りません。発達に見合うとは、保育者が期待する発達像に見合うという意味ではなく、**目の前にいる子どもに見合うという意味**です。一斉的な場面であっても、一人の場面でも、個々の発達を見通しながら、その子どもにとっての課題を見極め、保育内容として総合的に展開させていけるような保育者の視点こそが、**発達特性と領域をつなぐ保育実践**となるのです。

✳ 用語解説
「自由保育」と「一斉保育、設定保育」
言葉自体が特別な意味をもって一人歩きしている傾向もみられる。たとえば、「一斉保育、設定保育」を、「保育者がカリキュラムを作成し、それに沿ってクラス全体で一緒に行うという保育方針」とし、「自由保育」を「子どもたちの主体性を尊重し、子どもたちが自分で好きな遊びを見つけ、好きな遊びをするという保育方針」のように、保育形態の分類にとどまらず、保育理念までも対立的に分類し、メリットやデメリットを述べる傾向がみられる。

第3章　保育内容と子ども理解

演 習 課 題

①あなたが実際に見たことのある幼稚園、保育所、幼保連携型認定こども園などでの印象的な保育内容を思い出し、それがどのような領域に関わると考えられるのか、どんな発達観に基づいているのかを考えてみましょう。またグループをつくり、それぞれの発表をもとに話し合い、考えを深めてみましょう。

②子どもの発達段階ごとの特徴と重視すべき課題というテーマをもとに、文献、インターネットなどで調べ、まとめてみましょう。

③「この園では、子どもが遊んでばかりいるように見えます。何かができるようになるための内容や指導はしないのでしょうか？」と、見学にきた保護者に問われたとき、保育者であるあなたなら、どう答えますか。グループをつくってロールプレイをしてみましょう。

レッスン**6**

保育における観察・記録・省察・評価と子ども理解

子どもを理解し総合的な指導をすることや、保育を構想し実践する力は、保育者に求められる専門性の一つです。本レッスンでは、子ども理解とはどのような観点からなされているのかを考え、それをもとにした保育における観察、記録、省察、評価のあり方についての理解を深めます。

1. 子ども理解の観点

　子どもを理解することがすべての保育の出発点です。保育は、**子ども理解に始まり、子ども理解に終わる**とさえいわれます。保育は、難しいというより、奥深いともいわれます。それは、子ども一人ひとりが違うように、その子どもを理解しようとしている保育者自身の子ども観もさまざまだからです。保育者自身が育ってきた環境や背景で形成された価値観が、子ども理解のための子ども観、さらに保育観にも影響を及ぼしているからです。では、子ども理解とは、どのような観点から行われているのでしょうか。大きく2つの観点がみられます。

1　内面理解における共感的理解

　子どもを理解するためには、保育者は、子どもと生活をともにし、一人ひとりの幼児と直接にふれあいながら、子どもの言動や表情など表面に現れた行動から**内面を推し量り、内面に沿う姿勢**が必要とされています。つまり、内面理解の基本は、**共感的理解**です。
　共感的理解は、「そうね。そのとおり、こういうことね。こうすればいいのね」と同感したり納得したりすることではなく、「そう感じているのね」と推し量ることです。子どもの感じていること、わかってほしがっていること、言いたがっていることを、感じているまま、わかってほしがっているまま、言いたがっているままに理解することです。
　倉橋は、子どもをともに生きる人間としてとらえ、子どもの心もちは、子どもの心の世界そのものの測り方で測らなければわからない、子どもの心もちを味わってやらなければならない、子どもの時々の心もちに共感してくれる先生がうれしい先生だと述べています。このように、その行動の原因やそれに対する援助方法を考える前に、**目の前の子どものあ**

参照
倉橋惣三
→レッスン1

第3章　保育内容と子ども理解

るがままの姿をみることが、子ども理解の基本です。

> **インシデント①　鉄棒、お友だち…どうしよう（4歳児）**
> 　ユカは、気の合うミカコが鉄棒で遊び出したのを見て、鉄棒の近くまで行き、鉄棒をそっと握りながら、しばらく見ています。もう一人の仲よしのルリコがやってきて、2人の間の鉄棒を使って逆上がりを始めました。ミカコとルリコは声をあげながら楽しそうに遊びます。ユカは、しばらくすると近くにいた先生に走り寄って、「あのね、ここが痛いの」と、手のひらを差し出して見せました。少し赤くなってはいましたが、特にけがはしていないように見えました。先生は、少しあたりを見回したあと、「そうなんだ。痛いんだね」と、ユカの顔をのぞき込みながら、ぎゅっと手を握りました。ユカは、涙ぐみながらも少し表情をなごませながら、「やりたいけどね。痛いから、がまん、してるの、ね」と小さな声で言います。先生は「そうか、そうだね」とだけ言い、もう一度手を握りました。

　先生は、ユカの行動の意味がとっさにはわかりませんでした。ユカが鉄棒遊びをあまり好んでいないことはわかっていましたが、それにしても、ユカの行動は、ユカ自身にさえもよくわからない思いがあるのではないかと、先生には思えたようです。ユカの発した言葉がユカの気持ちのすべてではなく、むしろ発した言葉は、ユカの気持ちとはまったく違うものかもしれません。先生は、「どうしたの？」とも、「一緒に遊ばないのかな」とも「がんばってやってみれば」とも言いませんでした。子どもには、聞かないでほしいという場面があります。そんなときに、先生が、状況や行為の理由を明らかにすることを優先させると、**内面理解にはならない**場合があります。そうしなければいられなかった**子どもの状態を、そのまま受け止める**ことこそが、**共感的理解**だからです。

2　発達理解から関係論的理解へ

　保育者の子ども理解の一つの方向として、発達をとらえることの重要性があげられます。このことは、レッスン5において説明されています。発達は、人の誕生から死に至るまでの方向性のなかで、いくつかの節目をもった変化の過程であり、何かを経験することによって、その後の行動や思考に比較的持続的な変化を及ぼすといった原則があります。しかしながら、それは均一的な発達の基準でなく、一人ひとりの**子ども独自の発達過程**があること、また**環境との相互作用の過程**であるという観点

レッスン6　保育における観察・記録・省察・評価と子ども理解

をもつことが重要です。このような発達観は、2000（平成12）年の「保育所保育指針」の改定において、それまで保育内容を「年齢」区分として示していたことを、「発達過程」区分として示したことにも反映されています。発達過程区分としての保育内容は、到達度とか発達の基準ではなく、**一人ひとりの乳幼児の発達の過程として理解する必要がある**と解釈されているのです。このような解釈のもとでは、子どもの変容を、年齢による経年変化よりも、保育実践におけるプロセスとしてとらえる必要があります。このような子ども理解の方向が、「**発達理解**」です。

　近年、このような発達理解をもとに、さらに関係論的な視点に立った発達観が、保育における子ども理解に大きな影響を与えています。従来の発達観との違いは、個人に変化を及ぼす外的要因、それまでは副次的な扱いでしかなかった環境、社会、文化、生活といったものに着目して、発達の変容を理解しようとする観点です。森上は、それを「能力論的発達観」から「行為論的発達観」への転換が起きた、つまり、**子どもを「行為する主体」**ととらえる方向性が打ち出されたと指摘しています[1]。その子どもの発達の過程で起きたことは、その子ども個人の能力やスキルの獲得といった変化よりも、子どもを取り巻く**環境、社会、文化の変容によってもたらされている**という子ども理解です。

　以下は、ある保育園での保育者の事例です。

インシデント②　保育者の気づき「アリサと私たち」

　アリサは、我慢することが苦手な子どもだと皆が感じていました。そのほかにも、他児とのコミュニケーション場面でのさまざまな「トラブル」が気になっていました。生活発表会にむけて、劇の役を決めたり、劇遊びをしたりすることに合わせて、アリサにこれらの育ちが促されれば、と保育者は考えました。できるだけアリサの気持ちを考え、それに沿うように皆でいろいろと考え、援助しました。3か月の園内研修を通して、だんだん気づいてきたことがありました。まず、私たちは、アリサのすることを、できるとかできないという目でみていたために、アリサを「トラブル」の多い気になる存在にしていたのではないだろうかと。たしかに彼女の行動には稚拙な面はあるけれど、「できない」からではないのかもしれない。問題は、アリサの育ちを待てないまま、保育を急ぎすぎてしまっていた私たち側にあるのではと思えてきました。その結果、一方的に彼女に課題をつきつけてしまい、いっそう気になる状態をつくり出してしまったのではないかと。自分たちの見方を含めて、もっとア

▶ 出典

[1]　森上史朗・浜口順子編『幼児理解と保育援助』ミネルヴァ書房、2003年、19–42頁

第3章　保育内容と子ども理解

リサが安心できる関わりや環境をつくっていけば、しだいに私たちも気にならなくなるのではないかと思います。

　ここでの保育者は、子どもは、保育者との関係のなかで、その存在がとらえられていることに気づきました。しかし一方で、その関係が育ちを阻害する場合もあるということにも気づきました。このような保育者の考えを支える根拠には、以下のような理論があります。
　鯨岡峻[*]の関係発達論は、関係のいとなみのなかで人は発達するとし、子どもの生活の場に即して、**周囲との関係の変容の様子**をとらえながら、その**関係のなかで個をとらえる**ことを提唱しています。保育においての子どもの発達は、**子どもと保育者が相互に影響を及ぼし合う関係発達**としてとらえられます。関係の相互性のなかで、さらに子どもと保育者の関係は変容し、それとともに保育実践の質も変容します。
　また、**佐伯胖**[*]の関係論的発達理論では、多様な状況のなかでの、さまざまな人、もの、ことなどの関係の網目から、人の能力を探ろうとしています。発達を、道徳性、自立性、協調性などに関わる心情を含んだ子どもの**文化的実践**とし、人間の社会性を中心にすえて、**発達を関係論的にとらえ直そう**と提案しているのです。
　いずれも、子ども理解を深めるためには、対象となった子どもをより客観的または量的な基準で測定して一定の法則を見出す方法よりも、複数の他者などによって繰り広げられる文脈を観察し、**物語やエピソードとして記述する質的な方法**のほうが有効であることを説いています。

2.　保育を物語るための方法

　前節において、子ども理解は、主として共感的理解を基本に、発達理解から関係論的理解へと発達観が変化しているとまとめました。それをふまえて、子ども理解を深めるためには、子どもを取り巻く環境という文脈を観察し、物語として記述する方法が有効なことを述べました。保育実践の場では、保育者は、それを**観察、記録、省察、評価**という方法で進め、保育内容の構想や計画に生かしていきます。
　では、保育者は、それらの何を難しいと感じているのでしょうか。
　ある幼稚園の園長先生は、「幼稚園っていうところは本当にごちゃごちゃしています。ごちゃごちゃを、ごちゃごちゃのまま感じて、それらと向き合うことが大切です」と、新任の先生に話していました。「ごちゃ

■人物

鯨岡峻
（くじらおかたかし）
1943年～
発達心理学者。著書に『「育てられる者」から「育てる者」へ』NHK出版、2002年、『原初的コミュニケーションの諸相』1997年、『保育を支える発達心理学――関係発達保育論入門』2001年、『ひとがひとをわかるということ――間主観性と相互主体性』2006年（いずれもミネルヴァ書房）などがある。

佐伯胖
（さえきゆたか）
1939年～
認知心理学者。著書に『幼児教育へのいざない――円熟した保育者になるために（増補改訂版）』東京大学出版会、2014年、『「学ぶ」ということの意味』岩波書店、1995年、『共感――育ち合う保育のなかで』ミネルヴァ書房、2007年などがある。

ごちゃ」は、無秩序とは少し違います。子どもが主体となる保育実践の場面では、**多様な側面が複雑に絡んでみえる**ということです。原因の1つ目は、保育内容や保育実践が、教科や教材のような外枠や枠組みをもたないからです。2つ目は、保育内容は、保育者が構想し計画しますが、実施の主体が子どもであるという特性をもつからです。保育者は、自分の行動を予定したり計画したりするのではなく、子どもの姿を予測したうえで実践を構想しなればなりません。そこに難しさがあり、目の前の子どもを尊重するとしながらも、それだけでなく、ずっと先の姿を何らかの原則に沿って予想しなければならないという矛盾も生じるのです。

「幼児理解と評価[†2]」では、次のようにも述べられています。

> 実際には教師が幼児の行動を見て「こんな思いをもっているのではないか」「こんな行動をするかもしれない」などと推測しながらかかわっていても多くの場合、予想外の姿に気付いて、それまでの見方を変えることになるでしょう。
> ・幼児の生活する姿から、その幼児の心の世界を推測してみる。
> ・推測したことを基にかかわってみる。
> ・かかわりを通して幼児の反応から新しいことが推測される。
> このような循環の中で徐々に幼児の行動の意味が見えてくるのです。

構想や計画は、それ自体独立しているわけではなく、**循環しながら実践につながる**ものです。このことをPDCAサイクル*とも称します。次節以降では、「推察する、推察しながら関わる、修正して関わる」という一連の保育活動としての、観察、記録、省察、評価について述べます。

▶ 出典
†2 文部科学省「幼稚園教育指導資料」第3集「幼児理解と評価」（2010年7月改訂）

3. 保育における観察：誰が何を見るのか

観察と記録は表裏一体ですが、特に観察について取り上げてみます。子ども理解の観点に基づけば、保育における観察は、子どもに現れるありのままの姿、それを取り巻く環境、社会、文化を見つめ、さらにはそこに潜む**子どもの内面を共感的にとらえる**ことが求められます。幼児との応答的な関係をとおして展開される保育のいとなみの特性として、保育者には、常に自分が動きながら子どもの行動を複眼的に観察するとい

✳ 用語解説
PDCAサイクル
Plan（計画）・Do（実行）・Check（評価）・Action（改善）の頭文字を取ったもので、目的達成のためにスパイラル状に回るしくみのことを称する。工業製品の品質管理のために用いられたことから、教育にはなじまないという意見も多くあったが、現在では学校評価全体の枠組みのなかで適切に位置づけられ、実施されることが必要とされている。

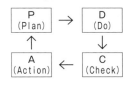

第3章　保育内容と子ども理解

う高度な技量が必要です。したがって、観察という保育のいとなみにも、専門性が求められます。

一方、研究方法としての観察とは、人間の行動を自然な状況や実験的な状況のもとで観察、記録、分析して、行動の質的・量的な特徴や行動の法則を解明する方法です。観察法には、自然観察法、実験的観察法があります。保育場面を想定して整理してみましょう。

①**自然観察法**……保育場面においては、日常生活のなかで自然な状態をありのままに観察する方法です。自然観察法は、**偶然的観察法と組織的観察法**に分けられます。偶然的観察法とは、偶然の機会に観察したデータの収集法です。場所、期間を問わずにできますので、クラス運営のなかで、保育者が日常的に、一人ひとりの子どもの発達などを長期的に把握するために用いることができます。反面、結果的に保育者の見たい子ども、見たい状況に限られるというように、保育者の恣意性に左右されることもあります。組織的観察法は、このような偶然による観察を改良したもので、観察の目標を定め、何を、どのように観察するのかをあらかじめ検討し、それにふさわしい場面や時間を選んで観察するという方法です。**場面見本法*、時間見本法*、事象見本法***があります。いずれも、個々の観察対象となる行動を、全体の文脈のなかでとらえることが求められます。

②**実験的観察法**……一定の状況下で、**ある行動に影響すると思われる条件に統制を加えて観察を行う**ことです。自然的観察法では、一度見られた事象を再び観察する際に長時間待たねばならなかったり、予期せぬ出来事によって影響を受けたりすることがあります。それらを制限します。描画をするときの子ども間の模倣の実態を明らかにしようとする場合に、描画活動の時間を設定し、題材や席順などを計画して観察するような場合です。研究上では必要な方法ですが、保育の日常ではあまり用いられません。また、観察者が、対象にどの程度関与するかという形態の違いとして、保育者が保育しながら観察する形態、外部からの観察者が関わりながら観察する形態（参与、参加観察）、関わりを極力避けて観察する形態などに分けられます。

以上は、観察法の研究方法上の枠組みです。保育実践において、これらの方法をそのまま用いないとしても、保育者自身が常に自分の見ようとしているものを自覚的に観察するために、また今の見方でよいのかを自問する材料としても、この原則を理解しておくことが必要です。

✴ 用語解説

場面見本法
目的に合った行動が現れやすい場面を選んで観察する方法。食事場面での幼児の席取り行動を見るなど。

時間見本法
適切な時間を区切り、その時間内で生じた行動を観察し数量化する方法。対象となる幼児に注目し、ある場面で、あらかじめ定義された行動が生起しているかを観察するなど。

事象見本法
ある特定の事象や行動の生起の仕方、周囲の環境などを観察する方法。チェックリスト法ともいう。対象児の食事時間中の離席行動の継続時間や、他児を阻害する発話の回数を数えるなど。

レッスン6　保育における観察・記録・省察・評価と子ども理解

4. 保育における記録：誰が何をどのように書くのか

1 記録の種類と方法

　保育における記録にはどのようなものがあるのかを把握しておきましょう。図表6-1に主なものを示しました。ⅰ）ⅱ）は計画、ⅲ）は情報としての記録、ⅳ）ⅴ）は観察と省察のための記録です。それぞれ機能が異なりますが、いずれも日々の保育や生活を連続的にするためのものです。そのほかにも、保育者が書く書類として、日々の連絡帳、園便り、クラス便りのような保護者との連携のための記録もあります。また、行事の際の計画や、事故等発生記録簿、施設安全チェック票などの保育の管理上の記録など、園内には多数の記録があります。さらには、園内研修や園内研究などの際には、事例記録、実践記録などを書くこともあるでしょう。

図表 6-1　保育における主な記録

名　称	目的と用途
ⅰ） 教育課程（幼稚園） 保育課程（保育所） 教育・保育課程（幼保連携型認定こども園）	教育・保育課程（幼保連携型認定こども園） 各幼稚園、保育所、幼保連携型認定こども園の保育の方針や目標に基づき、子どもの発達過程を踏まえ、保育の内容に示されたねらいおよび内容が生活の全体をとおして総合的に展開されるよう編成される。園長、所長の責任の下、全職員の共同で編成されなくてはならない。
ⅱ） 指導計画	教育課程、保育課程に基づき、子どもの発達に即して一人ひとりの子どもが幼児期にふさわしい生活を展開し、必要な体験が得られるようにするために作成される。長期的に発達を見通した年間、学期、期間、月間などにわたる長期の指導計画と、これとの関連を保ちながらより具体的な子どもの生活に即した週、日などの短期の指導計画がある。内容や項目は、それぞれの施設で異なるが、「子どもの姿、ねらい、内容、予想される子どもの姿、環境構成、援助、評価」などを記入する。
ⅲ） 幼稚園幼児指導要録 保育所児童保育要録 認定こども園こども要録	幼児の学籍（入所）並びに指導（保育）の過程および結果の要約を記録する。「指導に関する記録」は、1年間の指導の過程とその結果を要約し、次年度の適切な指導に資するための資料であり「指導の重点等」「指導上参考となる事項」「出欠の状況」「備考」を記入する。特に5歳児については、その後の小学校での指導に役立たせるため、小学校の立場から子どもの発達する姿が読み取れるように作成される。
ⅳ） 保育日誌	その日、その週の担当するクラスの保育実施状況や、クラスの子どもの様子などを振り返って記録する。延長保育日誌などもある。
ⅴ） 保育経過記録	保育計画に基づく保育実践の過程における子どもの成長・発達を観察・記録した個人のプロフィール。

＋補足

教育課程、保育課程、指導計画

教育課程、保育課程、指導計画については、磯部裕子「第12章　保育における計画論」前原寛「第13章　計画と実践の関係の実際」、いずれも『保育学講座3』東京大学出版会、2016年によって理解が深められる。

第3章　保育内容と子ども理解

　記録をとるための方法としては、メモ、ICレコーダー、写真、ビデオなどが使われています。

①**メモ**……メモは最も一般的です。1日の保育を振り返り、自分の保育のありよう、子どもの内面の推察、環境の適切さを書くことによって、保育中には気づいていなかったことを意識するという過程が得られるとされます。書くことによって、**自分の行為を相対化し客観視する力**も養われていきます。保育の振り返りをする記録方法として適しています。しかし、保育者にとっては、書くことで精いっぱいになり、読み返すことがなく、何のための記録なのかわからなくなっている場合もあります。また、書くことの負担感が、日々の保育の疲労感を増大させ、**保育のマンネリ化の原因**になっていることもあります。

②**ICレコーダー**……ICレコーダーは、**音声のやりとりを詳細に記録できる**利点があります。保育者が自分で身につけ、自分の言葉がけや、子どもとのやりとりを記録し、**のちに振り返るような場面で有効**です。しかし、文字に起こすには膨大な時間がかかるため、特別な目的や研究上必要な場合でない限り、**実用的ではないでしょう**。

③**ビデオ、写真**……一方、ビデオや写真は、より**臨場感をもった記録方法**として利用できます。特にビデオは、保育中には視界に入っていなかった子どもの行動や、より詳細な状況や発話など、**複数の観点から見直す**ことができます。それによって、保育者個人の思い込みが解消されることもあり、子ども理解を変容させたり深められたりする場合も多くあります。しかし、前後の文脈のない、**ある部分のみが切り取られた場面**であるかもしれないことを考慮する必要もあります。

　写真は、ビデオに比べれば、**保育中でも手軽に使える方法**といえます。近年、その写真にコメントをつけるような**ポートフォリオ形式**が、子どもの姿や育ちを**「見える化」**する手法として活用されています。

　以上のように、それぞれの記録方法には長所も短所もあります。また、これらの記録方法のいずれも、個人情報、肖像権などの観点から、倫理的な手続き、情報管理に関して**十分な配慮が必要**なことを忘れてはいけません。

2　保育実践における記録のもつ意味と生かし方

　ここでは、保育実践において記録はどのような意味をもっているのかを考えてみたいと思います。特に図表6-2のなかでの保育日誌に類する実践の記録に焦点を当てます。

　実践の記録は、基本的には保育者が思い出しながら書く記録です。行

◆**補足**

ビデオカンファレンスへの理解

保育におけるビデオを用いたカンファレンスへの理解を深めるためには、岸井慶子『見えてくる子どもの世界——ビデオ記録を通して保育の魅力を探る』（ミネルヴァ書房、2013年）が参考になる。

ポートフォリオや「見える化」についての理解

ポートフォリオや「見える化」についての理解を深めるためには、森眞理『ポートフォリオ入門』（小学館、2016年）、大豆生田啓友『「対話」から生まれる乳幼児の学びの物語——子ども主体の保育の実践と環境』（学研教育みらい、2016年）が参考になる。

動観察記録や**エピソード記録***など、さまざまな形式や方法があります。

図表6-2は、その一例です。いずれも記録そのものに意味があるというよりも、どう読み取って保育に還元するのかに意味があります。実践記録は、次節で述べる省察と評価に有機的に関わり、さらにそれを指導計画に反映させるための道具であり方法であるからです。

実践記録の形式には、①子どもの名簿に一人ひとりの様子を1日ごと、週ごとに書き込む方法、②一定の枠組みを決めて書く方法、③日案に書き込む方法、④学級全体の遊びを空間的にとらえる方法などがあります。

❊ 用語解説

エピソード記録
記録方法として、エピソード記述法（逸話記録法）が多く用いられている。子どもが日常場面で示した行動の観察記録を、個性的、具体的に逸話の形で記録する。観察者の主観や偏見が入りやすいので、わずかの記録だけから理解しようとすることは危険だが、長期にわたり累積、収集された記録を分析すれば、時間や場面を限定した観察では見いだせない質的な面が記録され、子どもの性格的特徴や、発達の様子を理解することができる。

図表 6-2 記録の形式例と書き方のポイント

年、月、日、曜日、時間	対象児（年齢、性別）	記録者
事例タイトル		
事例 ○幼児の姿 ○幼児と保育者との関わり ○幼児と環境との関わり	指導内容 ○事例中の具体的な指導内容	
指導のねらい 指導内容 指導の内容や留意点		
考察 ○子どもの行為の意味、内面の推察、育ち、課題、次に必要な経験 ○子ども間の関わりの意味、推察、育ち、課題、次に必要な経験 ○保育者の関わり方 ○保育者間の連携のあり方 ○ねらい、内容、環境構成の適切さ、次に必要なねらいや内容		

では、なぜ書くのでしょうか。記録には、子どもの今を把握する、子どもの行為の意味や内面をとらえる、保育者としての自分を振り返る、それらから適切な援助を考える、次の保育を構想する、そして、それらを客観化させるといった生かし方があります。

そのためには、**臨場感のある記述**になるよう、できるだけ**具体的に書くこと**が求められます。いつ、どこで、誰が、何を、なぜ、どのように、といういわゆる5W1Hを意識して記録します。子どもの行動や発話だけでなく、関係論的な視点としての**保育者側の行動や発話をも記述する**ことが有効です。また、限られた枠のなかに、限られた時間で書くのですから、まずどこを書くのか、何を書くのかという場面や視点を絞ることが前提となります。取捨選択や焦点化の思考過程が、**保育者みずからの保育観の確立**につながります。

5. 省察と評価：誰が何を省察し評価するのか

　保育者は、みずからが動きながら、さまざまなことを判断し、次にすることを考えなくてはなりません。保育の今を生きているといえます。しかし、その判断をより的確にするためには、**「振り返る」**ことを怠ってはいけません。前節までに述べた観察、記録は、それ自体で完結するのではなく、「振り返る」ために行われるいとなみです。「振り返る」とは、省察であり評価でもあります。

1　省察の概念と実際

　「省察」は、**計画と実際の子どもの姿や保育の状況を省みて考察する**ことです。けれども、保育中にできなかったことに目を向けることばかりではありません。なぜ自分はそうしたのか、こんな方法もあったのではないかという保育観や、子どものどこに何を感じたのか、なぜそれを問題と感じたのかという子ども観などを自分で「読み取り」、その先を見いだすいとなみでなくてはなりません。新たな気づきが生まれるような省察が、保育者の専門性を高めるともいえます。そのためには、どのような方法や考え方で進められればよいのでしょうか。

　1点目は、保育の記録をもとに読み取る際に、何を読み取るのかという**「点」を明確にする**ことです。「点」とは「観点」であり「目的」ともいえます。たとえば、一人の幼児としての育ち、幼児の人間関係の育ち、教師の援助、環境構成の意味、集団の育ち、配慮の必要な幼児の理解と援助などに焦点を絞ります。一つの場面としての事例では、実際には複数の問題が絡み合っている場合が多いのですが、その絡み方ばかりに目を向けるよりも、一つの「点」から読み取ることで、それらの絡み合いが整理され、**保育計画の策定に向けて「線」で結びつく場合**があります。

　2点目は、**「距離」を変えて省察する**ということです。カメラのズームをイメージしてください。省察する対象を、文脈としてどこまで近づけたり遠ざけたり、狭めたり広げたりするか、言い換えれば、省察している自分をどこに位置づけたり関係づけるのかということです。特定の一人の子どもの問題を解決しようとするとき、そのズームを少し引いて、ほかの子どももフレームに入れ、違いや関係を見てみます。もしくは、その状況の起こっている空間のズームを引き、**物理的な環境構成の見方を広げてみます**。また、今日1日だけでなく、1週間、1か月と時間の

ズームを引いてみます。共感的理解と矛盾しているように感じられるかもしれませんが、あまりに一人の子どもに近づきすぎて、「こういう子どもだから」、「また同じことをした」、「この子どもの気持ちを代弁してあげなくては」と、寄り添いすぎるためにかえって見えなくなり、思い込みや決めつけになってしまっている場合があります。距離を変えることは、保育者みずからの**感覚や見え方を修正する機会**になります。省察は、文字を解読する論理的な思考ではなく、むしろ保育者自身の**身体感覚や感情**を振り返りながら、**実践者としての知**を大事にしなくてはならないいとなみです。

　3点目は、観察の記録は一人で書きますが、それを省察する際には、常に一人ではなく、**「複数の保育者が共同で行う機会」**をもつことも必要です。文字どおり複眼的な視点が得られる場合が多くあります。ほかの保育者に状況を伝えるという目的が、観察や記録そのものを、より**具体的で客観的**にすることにもつながります。日常的に話し合う機会を設定するのはなかなか難しいでしょうから、園内研修や園内研究がこのような機会になるように整備されるとよいでしょう。

2　評価の概念と実際

　一般的に「評価」という言葉からは、査定し判定するというイメージが想起されます。ねらいを設定し、子ども個々について、その活動のなかでの達成度、可否などを見極め、優劣を判定する行為、言い換えれば「子どもを測る」というイメージにつながります。しかし、それらは「評価」というより「評定」という概念に近いものです。

　これに対して、保育における「評価」とは、事前に計画した保育のカリキュラムに対して、省察をもとに、子どもたちの育ちや内面、みずからの保育実践、保育環境構成についてさまざまな意味や価値および課題を見出したうえで、**改善の方向性やその具体的方策を定め、それが再び保育のカリキュラムのデザインにつながる作業**だと考えられています。つまり、保育者自身による保育の「記録」をもとにした、保育者自身の省察による**「自己評価」**です。もちろん、前項の「省察」で説明したように、それをほかの保育者との語り合いをとおして行うことを否定するものではありません。つまり、保育者個人にとっての省察と自己評価は、実質的には、ほぼ同義のいとなみだということになります。わが国の保育における評価は、このような自己評価の理念を基本としてきました。

　しかし一方、近年では、保育の質保証、質向上の可視化が、社会的な責任として問われ、幼稚園、保育所による自己評価の実施と結果の公表

第3章　保育内容と子ども理解

が努力義務とされました。それを受けて、**評価システムの構築**が進められています。組織としての評価であり、評価の制度が築かれています。

　幼稚園においては、2002（平成14）年に改正された「幼稚園設置基準」（文部科学省）において、自己点検および評価の実施とその公表が示されました。その後さまざまな施策や法改正を受けて、2008（平成20）年に「**幼稚園における学校評価ガイドライン**」が作成され、学校評価の目的や定義、方法などが示されました。さらに2011（平成23）年の改訂では、**第三者評価の事項**が追加されました。

　幼稚園における学校評価の目的は、おおむね以下の3点です。

　1点目は、目標の設定、その達成状況や達成に向けた取り組みの適切さ等の評価により、学校として**組織的・継続的な改善**を図ることです。

　2点目は、自己評価及び保護者など学校関係者等による評価の実施とその結果の公表や説明により、適切に説明責任を果たすとともに、保護者、地域住民等から理解と参画を得て、**学校・家庭・地域の連携協力による学校づくりを進める**ことです。学校関係者とは、主にその園に関係のある保護者や地域住民が一般的です。

　3点目は、学校評価の結果に応じて、学校に対する支援や条件整備等の改善措置を講じ、**一定水準の教育の質を保証し向上を図る**ことです。

　さらに、第三者評価については、「学校とその設置者が実施者となり、学校運営に関する外部の専門家を中心とした評価者により、（中略）教育活動その他の学校運営の状況について、専門的視点から評価を行うもの」としています。第三者とは学校運営に関する外部の専門家であり、当該組織とは**直接の利害関係をもたず、かつ保育、組織運営、評価についての専門性を有する者**を指します。一般的な評価方法としては、当該組織が行った自己評価や調査に基づき、評価者によるヒヤリングや観察、討議を行います。

　同様に保育所においては、2008年改定の「保育所保育指針」に「保育所の役割、保育所の社会的責任」が加えられ、「保育所における質の向上のためのアクションプログラム（2008年）」「保育所における自己評価ガイドライン（2009年）」「福祉サービス第三者評価基準ガイドラインにおける各評価項目の判断基準に関するガイドライン（保育所版）（2011年）」が作成され、保育所における自己評価の理念や進め方などが示されました。第三者評価についても基準や方法が示されています。さらに、地方自治法の規定に基づく行政による指導監査も実施されています。

　幼保連携型認定こども園においても、上記の学校評価、自己評価、第

✦ 補足

「幼稚園における学校評価ガイドライン」

「幼稚園における学校評価ガイドライン」は文部科学省「幼児教育振興アクションプログラム」2006年、「幼稚園における学校評価ガイドライン」2008年、「幼稚園における学校評価ガイドライン平成23年改訂」2011年、の経緯を経ている。

三者評価にならって評価が行われています。

　以上のように、保育において、その組織に教職員として属していない外部の評価者による組織としての評価が求められるようになりました。しかし、その評価は、あくまでも**運営の改善による保育・教育水準の向上を図るための手段**であって、評価の実施そのものが**自己目的化してしまわないように進める**ことが重要とされています。今後、実効性のある評価を実施するための評価基準や方法、評価者の選出基準などの検討を重ね、評価そのものの質を保証することが急務です。保育における評価とは、次の保育をデザインするためのものであり、常に**保育実践に対してフィードバックされるべきもの**でなければならないという理念は、不変であるべきです。

6.　カリキュラム・マネジメントの重要性

　2017年改訂の「幼稚園教育要領」では、教育課程の編成を充実させることの大切さが、**カリキュラム・マネジメント**という言葉で示されました。カリキュラム・マネジメントとは、「幼稚園教育要領」などを受け止めつつ、幼児の姿や地域の実情などを踏まえて、各幼稚園などが設定する教育目標を実現するために、教育課程を編成し、それを実施・評価し改善し続けるという一連の**PDCAサイクル**のことをいいます。幼児教育が「環境を通して行う教育」を基本としているため、子どもの実態に即した、柔軟できめ細かなカリキュラム・マネジメントが必要なのです。また近年、**家庭支援**[*]、**預かり保育**[*]、**子育て支援**[*]などの教育課程以外の活動を矛盾なくつなぐ必要性が生じ、カリキュラム・マネジメントの重要性が高まりました。

　これまで述べてきた観察、記録、省察、評価のいとなみが、カリキュラム・マネジメントを支えます。子ども理解を基軸にした循環によって機能し、保育実践と有機的なつながりをもちます。図表6-3では、循環のイメージを表してみました。保育のなかで起こる出来事には、歴然とした法則はありません。一回性の強い性質をもった今の保育のなかで、この循環を繰り返すことによって、保育者の専門性の熟達や、保育の質の向上が促されていきます。

　また、カリキュラム・マネジメントでは、園全体に関わることは園長を中心に考えることになりますが、**全職員が参加する**ことが大切です。園長は、園として十分に保育内容を考えているか、保育者が子どもの姿

✳ **用語解説**

家庭支援
働いている、いないにかかわらず、すべての子育て家庭の多様なニーズに対して、安心して子育てをするための支援を、幼児教育施設が行うことが求められている。

預かり保育
地域の実態や保護者の要請により、幼稚園や認定こども園が教育課程に係る教育時間の終了前後に、希望者を対象に行う教育活動を指す。教育課程外の活動と位置づけられている。

子育て支援
1999年の「保育所保育指針」第2次改定で「地域子育て支援」が明記され、2008年には「入所する子どもを保育するとともに、子どもの保護者に対する支援と地域の子ども家庭に対する支援」などが明示された。また、2007年の「学校教育法」改正にともない、幼稚園の役割に「子育て支援」が追加された。近年は子育て支援センターなどを併設する幼児教育施設もみられる。

を読み取り語り合っているか、保護者や小学校にきちんと説明できているかなどの視点から、園の文化をつくったり、研修を実施したり、人材育成に努めたりと、経営・運営のリーダーであるとともに、教育のコーディネーターになることが求められます。一方、担任の保育者も、子どもの実態に合わせて指導計画や指導案を見直したり、環境を整えたりする日々の実践が、カリキュラム・マネジメントの一部であることを意識しなくてはなりません。

図表 6-3 保育における観察、記録、省察、評価、計画の循環

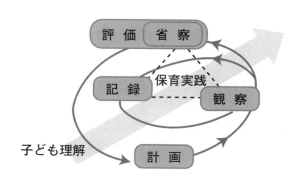

※ **用語解説**
テファリキ
ニュージーランドで用いられている幼保統一カリキュラム。4つの原理（Empowerment, Holistic Development, Family and Community, Relationships）と、5つの領域（Well-being, Contribution, Exploration, Belongings, Communication）で構成される。マーガレット・カー／大宮勇雄・鈴木佐喜子訳『保育の場で子どもの学びをアセスメントする』（ひとなる書房、2013年）が参考になる。

ラーニング・ストーリー
ラーニング・ストーリーへの理解を深めるためには、マーガレット・カー／大宮勇雄・鈴木佐喜子訳『保育の場で子どもの学びをアセスメントする』（ひとなる書房、2013年）が参考になる（原本：Carr, M., Assessment in Early Child Settings: Learning Stories, London: SAGE Publications, 2001）。

7. 諸外国における観察、記録、省察、評価

保育における観察、記録、省察、評価という一連のいとなみから、保育の質を保証しようとする積極的な動きは世界各地にみられます。ここでは特徴的な取り組みを紹介します。

1 ニュージーランド

ニュージーランドには、**テファリキ***という乳幼児教育カリキュラムがあります。すべての子どもが遊びにおける「学びの探求者」としてとらえられ、4つの原理と5つの領域をもとにした実践が大切にされています。そのなかで子どもの育ちを表し確かめる方法として**ラーニング・ストーリー***があります。ラーニング・ストーリーは、子どもの学びの姿を物語とし、写真、スケッチなどとともに、ありのままに記録されているものです。保育の評価として、子どもの「興味をもっているとき」「熱中しているとき」「困難なことを乗り越えようとしているとき」「気持ち

を表現しているとき」「責任をもって役割を果たしているとき」に着目し、テファリキの理念に沿い、子どもの**育ちを発信する観察と記録の方法**です。同時にラーニング・ストーリーは、ファイリングされ、ポートフォリオとして保護者にも公開されています。ラーニング・ストーリーは、子ども理解の記録としてだけでなく、保育者、保護者、子どもの三者が互いを理解し認め合うことを前提とした**観察、記録、省察、評価の方法**です。

2 イタリア

イタリア、**レッジョ・エミリア**市の乳幼児教育保育施設を支える取り組みとして、**ドキュメンテーション**という保育における実践記録があります。写真、ビデオ、レコーダー、コメント、作品そのもの、作品メモなどを駆使して描かれます。教育は子どもの権利であり、コミュニティの責任であるという指針をもとに、ドキュメンテーションは、子どもの活動のプロセスを、単に保育の振り返りのためでなく、**子ども自身が活動を省察し、新たな活動を広げる**ために作成されています。さらに、保護者とのコミュニティ形成の媒体として、市民の往来する場に描かれたり展示されたりし、子どもが創り出す文化を可視化しようとしています。子どもたちの活動の記録をとるという発想の根幹に、独特な理念があります。

3 ベルギー

ベルギーでは、ラーバースらが開発した**SICS**（Well-being and Involvement in Care：A Process-oriented Self-evaluation Instrument for Care Settings）という**保育の自己評価法**があります。子どもの姿を観察記録にし、安心度、夢中度という観点から数値で評定し、その後、保育者間で評定の根拠を話し合うというプロセスから、子ども**理解を深め、保育の質を評価し、明日の保育への具体的な手立てを講じる**ものです。評定後の話し合いの観点は、環境、主体性の発揮、集団の雰囲気、保育者の関わり方、保育活動の流れの5つです。

4 アメリカ

アメリカには、**ECERS-R**（Early Childhood Environment Rating Scale-Revised）、**ITERS**（Infant and Toddler Environment Rating Scale）と称される**保育環境の質を測定し数値化する尺度**があります。基本的な保育の質の考え方はNAEYC（National Association for the

---

参照

レッジョ・エミリア
→レッスン11

補足

ドキュメンテーション
C. エドワーズ、L. ガンテディーニ、G. フォアマン編／佐藤学・森眞理・塚田美紀訳『子どもたちの100の言葉──レッジョ・エミリアの幼児教育』世織書房、2001年。佐藤学・秋田喜代美監修・構成『レッジョ・エミリア市の挑戦──子どもの輝く創造力を育てる』（ビデオ）小学館、2001年が参考になる。

SICS
SICSについては、わが国において『子どもの経験から振り返る保育プロセス──明日のより良い保育のために』（「保育プロセスの質」研究プロジェクト作成、2010年）として翻訳改訂されている。

ECERS-R、ITERS
ECERS-R、ITERSについてはテルマ・ハームス、デビィ・クレア、リチャード・M・クリフォード／埋橋玲子訳『保育環境評価スケール〈1〉幼児版（改訳版）』（法律文化社、2008年）、テルマ・ハームス、デビィ・クレア、リチャード・M・クリフォード／埋橋玲子訳『保育環境評価スケール〈2〉乳児版（改訳版）』（法律文化社、2009年）に翻訳されている。

Education of Young Children：全米乳幼児教育協会）の示す「発達にふさわしい実践」（Developmentally Appropriate Practice： DAP）に依拠しています。観察またはインタビューにより、過程の質、つまり「子どもが何を経験しているか」を測定します。点数の根拠を話し合い、自分たちの**保育実践の現状把握と課題の発見を行うシステム**です。アメリカ国内や英語圏で使われるだけではなく、翻訳され、わが国を含めて多くの国で用いられています。

演 習 課 題

①保育現場で撮影された場面などの映像を用いて、子どもと保育者の関係を「観察」し、「記録」し、まず自分で「省察」してみましょう。その後、グループで「省察」し討議してみましょう。

②保育者は、記録の重要性を十分にわかっています。しかし、それを苦しいと思うことも多くあります。記録を楽しむ保育者になるためには、どのような気持ちをもち、どのような工夫をしたらよいのかを話し合ってみましょう。

③記録や評価のあり方について、興味をもった外国の事例を調べてみましょう。それらと比較しながら、わが国の特徴を整理してみましょう。

参考文献……………………………………………………………………………………

レッスン5

　岡本夏木・麻生武編　『年齢の心理学――０歳から６歳まで』　ミネルヴァ書房　2000年

　佐伯胖・佐藤学・宮崎清孝ほか　『心理学と教育実践の間で』　東京大学出版会　1998年

　社会福祉法人日本保育協会　『保育所における低年齢児の保育に関する調査研究報告』　2013年

　中澤潤　「第Ⅰ部第１章　子どもの発達」　日本保育学会編　『保育学講座３　保育のいとなみ――子ども理解と内容・方法』　東京大学出版会　2016年

　乳幼児保育研究会編著、田中真介監修　『発達がわかれば子どもが見える――０歳から就学までの目からウロコの保育実践』　ぎょうせい　2009年

　浜口順子　『「育ち」観からの保育者論』　風間書房　2008年

レッスン6

　秋田喜代美　『知をそだてる保育――遊びでそだつ子どものかしこさ』　ひかりのくに　2000年

　今井和子編著　『保育を変える記録の書き方 評価のしかた』　ひとなる書房　2009年

鯨岡峻・鯨岡和子 『保育を支える発達心理学 ——関係発達保育論入門』 ミネルヴァ書房 2001年

鯨岡峻 『〈育てられる者〉から〈育てる者〉へ——関係発達の視点から』 日本放送協会 2002年

倉橋惣三 『育ての心』 フレーベル館 1976年

佐伯胖 『幼児教育へのいざない——円熟した保育者になるために』 東京大学出版会 2001年

砂上史子 「第Ⅰ部第2章 子ども理解」 日本保育学会編『保育学講座3 保育のいとなみ——子ども理解と内容・方法』 東京大学出版会 2016年

関章信編著 『幼稚園・保育園の先生のための保育記録のとり方・生かし方（改訂新版）』 鈴木出版 2001年

高辻千恵 「第Ⅳ部14章 計画に基づく省察と評価」 日本保育学会編『保育学講座3 保育のいとなみ——子ども理解と内容・方法』 東京大学出版会 2016年

中沢潤・大野木裕明・南博文編著 『心理学マニュアル 観察法』 北大路書房 1997年

中坪史典 『子ども理解のメソドロジー ——実践者のための「質的実践研究」アイディアブック』 ナカニシヤ出版 2012年

文部科学省 『指導と評価に生かす記録』 2013年

Carr, M., *Assessment in Early Child Settings: Learning Stories*, London：SAGE Publications, 2001.

おすすめの1冊

秋田喜代美 『知をそだてる保育——遊びでそだつ子どものかしこさ』 ひかりのくに 2000年

心理学や教育学で取り上げている知的発達の考え方を背景にしながら、著者が保育という場に入り、寄り添い見つめてきた子ども、保育者、保育環境、保育を取り巻く社会についてていねいに論じている。

第4章

保育内容の展開

本章では、保育内容をどう展開していくかについて学んでいきます。保育内容5領域を総合的に指導していくためには、発達の連続性を理解し、環境をとおして指導していくことが大切です。また、さまざまな教材研究の方法や家庭や地域などとの連携についても理解していきましょう。

レッスン7	生活や発達の連続性と保育内容
レッスン8	環境をとおした保育
レッスン9	遊びから学びへ：教材研究と保育内容の実際
レッスン10	保育内容横断としてのESD
レッスン11	家庭・地域・小学校との連携

レッスン**7**

生活や発達の連続性と保育内容

本レッスンでは、生活や発達の連続性について考えていきます。まず、子どもたちの生活における発達について、次に幼児期の発達の連続性を保障する小学校との接続について事例をもとに検討し、最後に、幼児期の子どもたちの現代社会における生活と発達について考えたいと思います。

1. 生活や発達の連続性

1 生活のなかでの子どもの発達

2017（平成29）年改定（訂）版の「保育所保育指針」には、「生活における子ども（幼児）の発達（の）過程を見通し、生活の連続性、季節の変化などを考慮し[1]」とあり、同様の記述が「幼稚園教育要領[2]」にもあります。また、「幼保連携型認定こども園教育・保育要領」にも、教育および保育の目標について「発達や学びの連続性及び生活の連続性の観点から[3]」努力すべき目当てとなるものと明記されています。

この世に生を受けた瞬間から感覚や運動機能が著しく発達するのが乳児期であり、この時期には愛情豊かで応答的な関わりが必要であると、「保育所保育指針」の乳児保育に関する部分で指摘されています。さらに「保育所保育指針」では、身体的発達・社会的発達・精神的発達の3つの視点から乳児保育に関わるねらいと内容がまとめられ、「内容の取扱い」では「心と体の健康は、相互に密接な関連がある」こと、「温かい触れ合いの中で、心と体の発達を促す」こと、「遊びの中で体を動かす機会を十分に確保」すること、「自ら体を動かそうとする意欲」を育てることが留意すべき点としてあげられています[4]。

1歳以上3歳未満児については、「基本的な運動機能が次第に発達」し、「自分でできることが増えてくる時期」であるので、「自分でしようとする気持ちを尊重し、温かく見守」り、やはり「愛情豊か」で「応答的な関わり」が必要だと言及されています。保育の「ねらい」及び「内容」に関して5領域でまとめられ、この時期に配慮すべき点が明記されています。3歳以上児については、「運動機能の発達により」、基本的動作が確立し「基本的な生活習慣もほぼ自立」できるようになり、知的興味や関心を尊重しながら「個の成長と集団としての活動の充実」が目指

▶ **出典**

†1 「保育所保育指針」第1章3「保育の計画及び評価」

†2 「幼稚園教育要領」第1章第4「指導計画の作成と幼児理解に基づいた評価」

†3 「幼保連携型認定こども園教育・保育要領」第1章第1「幼保連携型認定こども園における教育及び保育の基本及び目標等」

▶ **出典**

†4 「保育所保育指針」第2章1「乳児保育に関わるねらい及び内容」

されています。個としても仲間と一緒でも充実感や達成感を味わうことができるよう、どの領域においても共感や気持ちの共有が可能となるように留意する必要性が指摘されています。

　発達過程を分析していくと、たとえば身体機能の発達には、頭部から下肢へ、体軀の中心部から末梢部へという発達の順序性、方向性が認められます。また、身体的形態や生理機能、運動面や情緒面、知的・社会的発達などのさまざまな側面が、それぞれ単独に発達するのではなく、**相互に関連しながら総合的に発達していく**ことも特徴なのです。こうした子どもの発達の順序性や連続性、総合性を踏まえ、子どもの発達を保障する生活環境を、長期的な視野をもって見通す必要があることに気づかなくてはなりません。

　ところが、現代社会は生活が便利になった半面、子どもの基本的な身体発達に寄与する、体を動かす機会そのものが減少しています（階段をのぼらなくてもエレベーターがある、水道の蛇口はひねらなくても上下に動かすか自動で水が出る、ドアノブを回したり戸を引かなくても自動でドアが開くなど）。そして、都市化や少子化の進展は、社会環境や人々の生活様式を大きく変化させ、交通状況や治安への懸念から外で体を思い切り動かして遊ぶ機会が奪われ、子どもにとって**遊びの3つの間**（遊ぶ場所［空間］、遊ぶ仲間、遊ぶ時間）の減少を招いている深刻な事態といえます。

　「今の子どもたちは、生まれてから育っていく過程でどんどん身体感受性が鈍感になるような環境に置かれている」と内田は危惧しています[5]。子どもにとってバランスのよい身体感受性を育てるためには**遊びが重要**で、たとえば「ハンカチ落とし」などの遊びは、「感覚を統御し、練磨するためのエクササイズ」であるといい、単純な身体能力だけではなく、気配を察知する**総合的な身体感受性の重要性**を強調しています。

　「身体感受性とは、簡単にいえば、身体が感じ取るさまざまな感覚」であり、鬼遊びやハンカチ落とし、かくれんぼといった遊びでは、「身体が周囲の変化を察知する能力がとぎすまされて」いき、こうした感覚は**「危険を察知する力」**につながっていくと考えられます[6]。

　写真7-1で、子どもたちの自発的な身体運動の例をみていきましょう。

✚ 補足
遊びの3つの間
「遊びの3つの間」について理解を深めるためには、中村和彦『子どものからだが危ない！』（日本標準、2004年）を参照するとよい。

▶ 出典
†5　内田樹『疲れすぎて眠れぬ夜のために』角川書店、2007年

▶ 出典
†6　倉持清美編「鬼遊びと身体感受性」無藤隆監修『事例で学ぶ保育内容〈領域〉健康』萌文書林、2007年

写真 7-1　子どもたちの自発的な身体運動の例

ぞうきんがけ　　　　　ぶらさがり　　　　　かけっこ

2　遊びや生活体験から獲得されるもの（多様化と洗練化）

　幼児期は、さまざまな生活体験のなかで、生涯にわたって必要な多くの身体運動のもととなる、多様な動きを幅広く獲得する非常に重要な時期です。体を動かす機会が減少している危機的な状況において、遊びを中心とした身体活動を幼児の生活のなかで確保するため、文部科学省幼児期運動指針策定委員会は、2012（平成24）年に「幼児期運動方針」を作成しました。

　そこでは、「動きの獲得には、[動きの多様化] と [動きの洗練化] の2つの方向性がある[7]」と述べられています。

　「動きの多様化」とは、年齢とともにできる**動きの種類が増えていくこと**です。幼児期に獲得しておきたい基本的な動きとして、立つ、座る、起きるなどの「**体のバランスをとる動き**」、歩く、走る、跳ぶなどの「**体を移動する動き**」、もつ、運ぶ、引くなど「**用具を操作する動き**」があげられています。身体動作をともなう遊びや生活体験のなかで、子どもたちはやさしい動きから難しい動きへ、単純な動きから複雑な動きへ、一つの動きから派生し類似した複数の動きへと、発展的にさまざまな体の使い方を獲得していくのです。

　「動きの洗練化」とは、年齢とともに**基本的な動作様式がうまくなっていくこと**です。3～4歳ごろは、動きに「力み」や「ぎこちなさ」がみられても、繰り返しさまざまな運動や生活体験を積むことによって、動作の流れが滑らかになり、目的に合った**合理的な運動**が随意的にできるようになります。

　遊びや生活体験から獲得される多様化と洗練化については、体の動きだけにいえることではなく、遊びの機会や仲間・空間などを失うことによって、人やものと関わる**多様な経験**が欠落し、「心の動きの多様化と洗練化」が育まれる機会も減少していると考えられます。子どもたちは、遊びや生活体験を通じて感じる心が刺激され、さまざまな感情を理解したり、自分の感情を整理したり、自己や仲間の存在を認め合えたりでき

▶出典
[7]　文部科学省『幼児期運動方針ガイドブック』2013年

るようになっていきます。それが社会性や認知的な発達にもつながり、心と体が相互に密接に関連し合いながら総合的に発達していく時期が幼児期なのです。

この時期は運動機能が急速に発達し、体の基本的な使い方を身につけていく時期ですから、全身に張りめぐらされた神経回路を刺激するさまざまな遊びや身体運動によって獲得された多様な動きは、日常生活だけでなく、**危険回避**や**身を守る動作**として機能していきます。子どもが主体的にさまざまな遊びを体験し多様な動きを身につけることは、体の使い方の加減をコントロールする**「調整力」の獲得**につながります。たとえば、鬼遊びでは「走る」「よける」「タッチする」など、夢中になって遊んでいるうちにさまざまな動きを総合的に体験しています。さらに、「どのくらい手を伸ばしたら友だちにタッチできるのか」など空間認識能力を獲得していくのもこの時期です。

遊びのなかでは、状況判断から身体動作まで、脳の多くの領域を使用しています。鬼から逃げるときなどの「すばやい方向転換など敏捷な身のこなしや状況判断・作戦などの思考判断を要する全身運動は、脳の運動制御機能や知的機能の発達促進に有効であると考えられる[8]」といわれています。

また、子どもたちが遊びのなかでルールを変化させたり、新しい遊び方をつくりだしたりするなど「遊びを質的に変化させていこうとすることは、**豊かな創造力を育むことにもつながる**」といえます（写真7-2）。その時期に発達していく身体機能を精いっぱい使って動こうとする子どもの**意欲や挑戦する機会を保障する環境構成**は、子どもの有能感を育むことにもつながるのです。発達に応じて、遊びのなかでの興味や関心を広げ、主体的に関わろうとする意欲が育つという過程を理解しながら、急いで結果を求めるのではなく、幼児期の遊びによって、小学校以降の生活や生涯にわたる**「生きる力の基礎」**が培われるということを念頭に置いておく必要があります。

▶出典

[8] 日本学術会議 健康・生活科学委員会 健康・スポーツ科学分科会「提言 子どもを元気にする運動・スポーツの適正実施のための基本指針」2011年、10頁

写真7-2 遊びの姿

一輪車をイスにして一休み

隠れ家のなかで相談

友だちに教えてもらいながら折り紙

第4章　保育内容の展開

3　スキップの発達から考える

　子どもたちがスキップするのは、どんなときでしょうか。彼らは日常生活のなかで楽しくなったりうれしくなるとジャンプしたりスキップしたりする傾向があります。もしくは、友だちと一緒にスキップすることが楽しいという場面も見受けられます。私たちも青年期くらいまでは、思わずスキップしたくなるような心もちになったり、または実際にスキップしてしまったことがあるのではないでしょうか。心と体が相互に密接に関連し合いながら総合的に発達していく例として、この**心の弾み**が体現される、歩くよりも**複雑化した身体運動**を、子どもたちは生活のなかでどのように体得していくのか、考えてみたいと思います。

①子どもの移動動作を考える

　まず子どもは、つかまり立ちができるようになると、二足歩行という、全身の筋肉を協応させながら重心を片足ずつ交互に乗せて移動する**「歩く」動作**を身につけていきます。その動作を誘発させる原動力は、「見てみたい」「触ってみたい」という**好奇心**でしょう。または、「何かな」「どうなっているのかな」という**探究心**でもあります。もちろん、はいはいのときにも、この好奇心や探究心が自分から移動しようとするモチベーションとなりますが、立つことによって視界が開け、子どもが認識する世界は格段に広がります。

　このように、「行って見てみたい、触ってみたい」という内発的な動機が子どもを動かし、移動という身体動作をもたらしているので、**「環境による保育」**が重視されるわけです。子どもがみずから動きたくなるような、近づいてみたくなるような環境構成、そして自分の体を駆使して**好奇心や探究心が十分に満たされる環境構成**が、乳幼児期の発達においてきわめて重要となります。

　子どもが動くとき、好奇心や探究心に触発された行動もありますが、目的をもって動くというより「動くことそのものが楽しい」という身体活動そのものを楽しんでいることがあります。これを大場は「表出的行動」として重視し、「ここの部分を保育の中でなるべく体験できるように保障してやる必要があるだろう[9]」と述べています。スキップの場合、「早く行ってみたい」という気持ちが第一にあるというよりも、「うきうきしている気持ち」を体で表しながら、リズムをともなって（リズムを体感しながら）移動する身体動作だといえます。ぷんぷん怒っていたり、心が暗く沈んでいるときにスキップするでしょうか。幼児期の子どもの身体運動は、**心の動きと連動してとらえる**視点が必要です。すなわち、「その動き（表現）は子どものどんな内的世界（心情）を表しているのか」、

▶出典
[9]　大場牧夫『表現原論——幼児の「あらわし」と領域「表現」』萌文書林、2009年、181頁

自発的な行動をていねいに読みとる意識が大切になってきます。

②**スキップの動作を分解してみる**

スキップ動作をおおまかに分解すると、（1）片足でその場でジャンプをする、（2）ジャンプした足で着地してからのリズミカルな重心移動、の2段階があるといえます。

複雑化する随意運動を可能にする子どもの身体発達には順序性があり、早くできるようになるよりも、**発達の順序を踏んで確実にできるようになることのほうがのちのちの心身発達にとって不可欠な土台を形成する**ということを理解しておく必要があります。随意運動を出現させることのできる前段階の身体動作が十分に体得されてはじめて、次の身体活動に移行するという連続性に留意します。

スキップ運動でいうと、片足で立つことが不安定な時期にスキップは出現しません。すなわち、片足に重心をおいてその場でジャンプができる、いわゆる片足とびがバランスを崩さずできるようになり、足の踏み替えもスムーズにできることがスキップ出現の前段階といえます。

「ケンケンパー」など片足とびを楽しむ遊びでは、地面に丸を書いたりフープなどで着地の目標となるものを設定することで、「あの丸の中に着地しよう」という意思が生まれ、片足とびと着地が円滑にできるようになっていきます。片足とびはケンケンとびともいわれるように、跳ぶリズムはケン・ケン（右足）、ケン・ケン（左足）、ケン・ケン（右足）、ケン・ケン（左足）と刻んでいきます。

ほぼ同じ拍子を刻んでいたリズムが進化し、片足とびを長く高く（ケーン）、着地を短く（ケ）足の踏み替えが円滑にできるようになった一連の動作がスキップです。もう片方の足にスムーズに体重を移動し、ジャンプするため直前のリズムを短くして弾みをつけると、ケーン・ケ（右足）、ケーン・ケ（左足）というリズムとなり、腕の振りをつけてスキップの弾むような体重移動動作ができあがります。

片足とびができ始めた子どもたちは、徐々に足の踏み替えにともなう体重移動が滑らかになり、腕の振りを利用して高く遠くへ飛びだしていけるようになります。足の踏み替えのタイミングをつかめないでいる子がいたら、動きだすリズムを口で「ケーン・ケ、ケーン・ケ」と保育者が言いながら一緒にスキップを行うなど、動きを誘発する援助が考えられます。スキップ運動におけるリズムの変化を耳で聞き（聴覚刺激）ながら、そのリズムに合わせて自分の体を動かす（リズムを体に取り込んで動く）、その繰り返しです。

保育者が誘導する場合もありますが、スキップの得意な子にコツを教

第4章　保育内容の展開

えてもらう、どうしたらうまくできるのか一緒に考えるなど、友だちとの関わりから**協同的に学んでいく**ことができます。教えるほうも、どう伝えたらうまくできるようになるか考え、教えてもらうほうも、教えてくれる内容を理解しやってみようという意識が高まり、両者にとって得るものが大きい活動となります。おそらくできたときには、皆スキップで跳びはねることでしょう。こうした学び合いの活動では、教えた子のほうが「教えてあげた子ができたら、自分ができたときよりうれしい」という感想を語っています。

③次の動きを誘発する働きかけ

　擬音語・擬態語は自発的な動きを誘発する効果的なかけ声として機能します。あくまで、楽しく、遊びのなかで思わず動きたくなるような働きかけを目指しましょう。

　「〜歳までに○○ができないといけない」という強迫観念を保育者がもっていると子どもに伝わり萎縮させてしまいます。また、運動のできる子・できない子、運動が好きな子・好きでない子という決めつけも早計です。子どもなりに、友だちと比べて自分はうまくできないと認識していて、それが原因で外遊びをしに出ないのかもしれません。

　幼児期に獲得できる基本的な身体運動（歩く、走る、跳ぶ、投げるなど）において、差がでるとしたら、**遊びや生活体験の量と質の差**ではないかと考えられます。それまでに十分動いていない、経験していないだけなのです。適切な方法で順序を踏んで主体的に繰り返し行えば、発達の過程を進んでいけると考えられます。プロ野球選手など運動を専門とする人たちのなかには、30代後半から技術的に成長する選手もいます。人間が自分の体を使いこなす運動発達には**個人差**があり、いつどのくらい発達するかは一人ひとり違います。

　スキップなど、全身の各部を使い、リズムよく協応的に動かす幼児期の運動発達は、「がんばれ、がんばれ」という根性論では決してできるようになりません。今その子の運動発達はどの段階にあるのかを見抜き、うまくいかないときは、その一段階前の動作に戻って、確実にできていることを本人も自覚し（「できる」という有能感をもち）ながら、**スモールステップ**で次の段階に進めていくことで、必ず発展した動作に移行することができると考えられます。運動発達には順序と連続性があることを念頭に置き、その子の**運動発達の過程を見極め、その状態に応じた順序で関わること**で、無理なく楽しくできることが増え（多様化）、進化した遊びに発展する（洗練化）のです。その場に立ち会えるとは、保育者とはなんと素敵な仕事なのでしょうか。

2. 就学前から小学校への連続性

1 学びの芽生えから自覚的な学びへ

「保育所保育指針」「幼稚園教育要領」「幼保連携型認定こども園教育・保育要領」では、小学校との接続について、就学前に育まれた資質・能力を共有する小学校の教師との意見交換の場や合同の研究機会を設けるなど連携を図り、就学前の育ちと学びが小学校教育と円滑に接続していくための努力を求めています。また、「保育所保育指針」では、子どもの生活の連続性を踏まえた配慮として、家庭および地域社会との連携の重要性についても言及しています。

図表 7-1 スタートカリキュラムとは

幼児期：学びの芽生え（5領域の内容を遊びや生活を通して総合的に学ぶ）	
遊びを中心として頭も心も体も動かして様々な対象と直接かかわりながら、総合的に学んでいく。楽しいことや好きなことに集中することを通して様々なことを学んでいく。	様々な言葉や非言語によるコミュニケーションによって他者と関わる。身の回りの「人・もの・こと」が教材。子どもの生活リズムに合わせた1日の流れ。総合的に学んでいくための工夫された環境構成。

スタートカリキュラム（小学校生活に円滑に移行していくために）	
就学前の遊びや生活を通した学びと育ちを基礎として、主体的に自己を発揮し新しい学校生活を創り出していくためのカリキュラム（学びの芽ばえから自覚的な学びへと連続させる：生活科が核）。好きなことに没頭する中で生じた驚きや発見を大切にし、学ぶ意欲が高まるように活動を構成。	

児童期：自覚的な学び（各教科等の学習内容を系統的に学ぶ）	
学ぶことについての意識があり、自分の課題の解決に向けて、計画的に学んでいく。各教科等の学習内容について授業を通して学んでいく。	主に授業の中で、話したり聞いたり、読んだり書いたり、一緒に活動したりすることで他者と関わる。教科書が主たる教材。時間割に沿った1日の流れ。系統的に学ぶために工夫された学習環境。

出典：文部科学省国立教育政策研究所教育課程研究センター『スタートカリキュラムスタートブック』2015年を一部改変

文部科学省も、「幼児期の教育と小学校教育の円滑な接続の在り方について」で、「子どもの発達や学びの連続性を保障するため、幼児期の教育と児童期の教育が円滑に接続し、体系的な教育が組織的に行われることが極めて重要である[10]」としています。続いて『スタートカリキュ

▶出典
[10] 文部科学省「幼児期の教育と小学校教育の円滑な接続の在り方について」2010年

第4章　保育内容の展開

ラムスタートブック』（2015年）でも、子どもは幼児期にたっぷりと学んできており「（小学校は）0からのスタートじゃない！」と生活や発達の連続性を意識した記述をして、幼児期の**「学びの芽生え」**を児童期の**「自覚的な学び」**へと円滑に移行していくためのスタートカリキュラムについて解説しています[11]（図表7-1）。

　しかし、幼児期の教育と小学校教育では、教育課程の構成原理や指導方法に**大きな違い**が存在し、現実的には就学前から小学校への「接続における育ちや学びの連続性・一貫性を図ることは非常に大きい課題となって[12]」います。この課題を乗り越えるためには、相互の保育や教育に対する理解が欠かせません。福井県では幼児期と児童期の教育課程の違いを図表7-2のように整理しています。

> **出典**
> †11　文部科学省国立教育政策研究所教育課程研究センター『スタートカリキュラムスタートブック』2015年
>
> †12　横浜市子ども青少年局『育ちと学びをつなぐ——横浜版接続期カリキュラム』2012年

図表 7-2 幼児期と児童期の教育課程の違い

幼児期の保育・教育	児童期の教育
各教科、道徳、特別活動等の区別がない	各教科、道徳、特別活動等の区別がある
児童期以降の教育の方向付け（心情、意欲、態度等）を重視する 〜を感じる　〜を楽しむという表記	具体的な目標への到達を重視する 〜することができるという表記
子どもの生活や経験を重視する経験カリキュラム	学問体系の獲得を重視する教科カリキュラム
・環境を通して行う ・遊びを通した総合的な指導である ・遊びが学びそのものであり、遊びこむことができる環境を構築することが重要である	・各教科から構成される時間割に基づく ・学級単位の集団指導が中心である ・子どもが目標に到達することができるようにすることが重要である

出典：福井県幼児教育支援センター『学びをつなぐ希望のバトンカリキュラム——学びに向かう力をはぐくむ』2015年、6頁

2　連続性を保障する取り組みの事例

　就学前の保育・教育と小学校教育の接続については、日本各地でさまざまな取り組みが行われています。ここでは、研究指定校を設けず危機感をもつ現場が、できることから自発的に取り組んだ事例を紹介しましょう[13]。

> **出典**
> †13　大庭三枝ほか「福山市の保幼小連携に関する研究（平成24年〜26年度）の分析——地域の特性を生かした連携構築と実践知の共有に向けて」『平成26年度福山市立大学重点研究報告書』2015年

インシデント①　Y小学校における避難訓練の取り組み

　広島県福山市Y小学校は、市内で唯一敷地内に保育所と幼稚園の両方が隣接する学校です。その立地条件を考慮して、0〜12歳までの子ども1,000人以上が避難する**「保幼小合同避難訓練」**が2012（平成24）年より毎年実施されています（写真7-3）。それまでは各校

園所がバラバラに避難訓練を行っていましたが、2011（平成23）年の東日本大震災もあり、隣接して立地する環境では教職員が互いに助け合いながら「子どもたちの命を守る」必要があることから、当時の校長（幼稚園長兼務）の英断で、保育所・幼稚園が合同で行うことになりました。特に0歳児から生活している保育所には、バギーを押したりするなど小学校教員が避難支援に入ることになり、それまで保育所とあまり接触のなかった男性教員は、初年度から顔を覚えてもらうため、昼休みに保育所に顔を出す努力をしていました。

　毎年、背負われたり抱っこされたり（0歳）、バギーに乗って（1・2歳）、あるいは先生と走って逃げる（3～5歳、小学生）など、実践的な訓練が行われています。乳児を含むこれほどの年齢幅をもって多くの子どもたちが避難訓練するところはなく、消防署からもこの取り組みは高く評価されています。「何か起きてからあわてても遅い。前もってあらゆる事態を想定しておく。危機管理や防災にこれで大丈夫ということはなく、同じ敷地内の保幼小で常にその意識が共有されていることが大切である」という言葉を、保幼小の教職員は肝に銘じています。

写真 7-3　保幼小合同避難訓練の様子

（広島県福山市Y小学校区）

　以上の取り組みの事例では、保育所長から全児童へ「保育所には、お兄さん、お姉さんのように速く走れない小さな子どもたちがいます。もしものときは、手をつないで一緒に逃げる手伝いをしてくださいね」と

第4章　保育内容の展開

写真 7-4　避難訓練後の小学生と5歳児（手をつなぐ交流）

手をつなぎ「だるまさんがころんだ」

戸惑う年長児にお姉さんやお兄さんが優しく寄り添う
＊肩にそっと手をかける
＊目線を合わせる
＊ルールをわかりやすく説明する
＊何かできることはないか見守る

いう話があり、避難訓練後に、5年生と保育所・幼稚園の5歳児が体育館で一緒に手をつないで遊ぶ交流が行われています。

　幼児と一緒に逃げる避難訓練を2年生のときから経験している5年生には、5歳児の気持ちに配慮しながら優しく世話をする姿がみられるようになりました。5年生の担任の教員も「年ごとに小学生の他者意識の育ちが感じられる」という実感をもっています。そして5歳児は、このように優しくしてもらったお兄さん、お姉さんが待つ小学校へ入学する期待と安心感を抱くことができます。生活が大きく変わる小学校入学後も、楽しく遊んだことのある上級生や体育館を知っているという就学前の生活経験が、**不安を軽減**しています（写真7-4）。

インシデント②　Y小学校における避難訓練の取り組み

　きわめて大規模な保幼小合同避難訓練を継続できているのは、核となる**小学校の運営システム**に秘訣があります。初年度に主担当であった教員は次年度は副担当として新たな主担当の若い教員を補佐し、運営の手順や方法、経験や反省を組織内で継承している点が特筆されます。3年目には、校長の異動がありましたが、小学校に構築された運営システムが機能して合同避難訓練は継続され、保幼小が協議して共通の危機管理マニュアルの作成に至り、質を向上させながら訓練が行われています。この主・副2人担当システムは、保育所・幼稚園にも導入され、異動による**組織力の低下を防い**でいます。

　「子どもの命を守る」組織的な取り組みは、2017（平成29）年夏の突発的な大雨により保育所周辺が浸水したとき、保幼小共通危機管理マニュアルに従って保育所から小学校へ連絡、小学校の体育館が保育所児童用避難場所として準備され、「子どもの安全確保」の

ために機能しました。

　この事例では、Y小学校が保育所・幼稚園を巻き込んでの連携が広がっていますが、小学校主導に頼り切るのではなく、保育現場から子どもたちの生活状況をもっと積極的に小学校へ発信する努力も、別の学区で積み重ねられています。バスに乗って5歳児が小学校のプール体験に行くというある保育所では、遠いからこそ、毎月の保育所だよりを必ず所長が小学校に届けにいきます。最初は玄関で事務職員に渡していたのが、今では校長室でお茶を飲みながら小学校に入学した子どもについての話、これから入学する子どもの話を、校長先生と膝を突き合わせながらしているそうです。

　「誰かがしてくれるのを待つのではなく、自分がやる」「できない理由や言い訳を先に言わない」「いつかできたらいいではなく、子どもたちのために今できることを考え、所内で共有しすぐ実行する」という姿勢で行う、保育現場からの熱いアプローチが、**小学校への接続を整備**し、子どもたちの発達の**連続性を保障**することにつながっています。

　2017（平成29）年改訂の「小学校学習指導要領[†14]」でも学校段階等間の接続が重視され、「幼児期の教育を通して育まれた資質・能力を踏まえて教育活動を実施し、児童が主体的に自己を発揮しながら学びに向かうことが可能となるようにすること」と、育ちと学びの連続性を意識するよう明記されています。「特に、小学校入学当初においては、幼児期において自発的な活動としての遊びを通して育まれてきたことが、各教科等における学習に円滑に接続されるよう、生活科を中心に」した教育課程の編成が求められ、遊びのなかで培われてきた力をつなげる必要性が述べられています。

　子どもたちの育ちを中心に据え連続性を保障するために、保育現場では、「それからの育ちを見通し」、小学校では「それまでの育ちを理解し」て[†15]、一人ひとりの発達の特性に応じた先生たちの協同的な関わりが必要です。

▶ **出典**
†14　文部科学省「小学校学習指導要領」第1章第2「教育課程の編成」

▶ **出典**
†15　†13と同じ

3.　連続性をどうとらえるか

　この節では連続性の意味と重要性を考えていきます。もし、生活から連続性が失われるとどうなるでしょうか。つまり、連続して存在するはずの生活が突然断ち切られる体験や、子どもたちの成長や発達が第一義

第4章 保育内容の展開

人物

いわむらかずお

1939年〜
絵本作家。6歳で終戦を経験。14匹のネズミの家族が四季折々の自然のなかで力を合わせて生きる様子を描いた「14ひきシリーズ」（童心社）で知られる。

出典

†16 長新太・和歌山静子・那須正幹ほか『子どもたちへ、今こそ伝える戦争——子どもの本の作家たち19人の真実』講談社、2015年、66-73頁

人物

田島征三

1940年〜
絵本作家、美術家。5歳で終戦を経験。『ふるやのもり』（瀬田貞二・文、福音館書店、1969年）『ちからたろう』（今江祥智・文、ポプラ社、1967年）の絵などで知られる。

和歌山静子

1940年〜
画家、絵本作家。5歳で終戦を経験。「王さま」（寺村輝夫・作、理論社）シリーズの挿絵で知られる。

として扱われなくなる生活です。

子どもにとって、最大の「生活が断ち切られる体験」とは何でしょうか。天災、事故、離別などいろいろ考えられますが、人為的に子どもの育つ権利すら奪う最大の人権侵害として、**戦争**があげられると思います。「保育所保育指針」の3歳以上児の保育についての「人間関係」の内容にも「高齢者を始め地域の人々などの自分の生活に関係の深いいろいろな人に親しみを持つ」とあるので、幼児にとってはひいおじいちゃん・ひいおばあちゃんが子どもだったころの話を知ることはとても大切です。

戦後の児童文化を形成する子どもの本の作家には、幼少期に**第二次世界大戦**を経験した人が多く、その記憶が作品に記されています。14ひきシリーズで知られる**いわむらかずお**[*]は、秋田県の祖父母にあずけられた疎開生活を振り返り「5歳といえばまだ親に甘えたい年ごろ、父さんや母さんと離れているのはさびしかった」と述べ、自然のなかのナツメやアケビなど忘れられない味がたくさんあるが、それは「子どもを苦しめた空腹と悲しい戦争の味である」と述べています。8月14日の秋田の空襲で防空壕へ逃げ込んだいわむらは、百日咳にかかっていたためこらえきれず咳き込むと、おばあさんが「咳をしたらだめ。敵機に聞こえたらどうする」と声をひそめて怒ったことを鮮明に記憶しています[†16]。

田島征三[*]も、「小さいとき、戦争のなかにいたから、僕の思い出には必ず『空腹』という2つの文字がくっついている。そして戦争が終わったあとも、食べるものはぼくのまわりにはなかった。そのことが心の奥底にずうっと、いつまでも、なにか説明できない悲哀感のかたまりになっているように思う」と述べています。田島は5歳のとき、家族で大阪府堺市から大阪府泉南郡日根野村に疎開していたので、かろうじて空襲にあわずに済みましたが、「まわりの大人も子どもも、皆死んだ」と語っています。

「王さま」シリーズの挿絵で知られる**和歌山静子**[*]は、3歳のとき母親と北海道函館市の祖父の家に疎開し、4歳から通った幼稚園では、空襲がきたときのために机の下に潜る練習を毎日していたといいます。しかし、本当の警報が鳴ると家に帰され、「サイレンの鳴る坂道をたった一人で帰るときの怖かったこと」を覚えていると述べています。疎開先ではこっそりお姉さんが塩むすびを隠してもってきてくれたのですが、見つからないように早く食べなさいとせかされて、「こんなにおいしいものを味わって食べられないことに、涙をぽろぽろこぼしながら、飲み込むように食べた」と記憶を語っています。戦争が終わった15日後の8月

108

レッスン7　生活や発達の連続性と保育内容

30日、1歳5か月の弟が亡くなり、「4歳・5歳とはいえ、戦争の記憶をもっている」とはっきりと述べています[17]。

「ズッコケ3人組」で知られる**那須正幹**(まさもと)[*]は、3歳のとき**広島の原爆**を体験しましたが、「原爆投下の8時16分の記憶はまったくない。(中略)そのあとのことは、いくらか覚えている。我が家のあたりは、11時くらいからひどい雨が降りだした」と述べ、多数のけが人が逃げる様子をとらえています。「8月15日、日本は敗戦を迎えたのだが、広島の戦争はすでに終わっていた。父はその後、1年間病に伏し、母親が家計を支えた」と語っています[18]。

柳田邦男[*]は「この本に寄稿された作家たちは(中略)小さかった自分の身に起こったこと、感じたこと、見たことを、断片的に書いたものです。しかしそういう記憶と記録こそが、戦争と平和について考える原点となるべきもの」だと述べています[19]。戦時下の生活環境は、幼かった彼らにとって、家族や大切な人との別離、空腹、恐怖など、生涯忘れられぬ辛い記憶として残っているといえます。

世界に目を向けてみると、戦乱やテロは絶えるどころか各地で激化する一方で、命の危険にさらされている子どもたちの映像がニュースで連日流れてきます。また、家族や友だちと遊んだり笑ったりして子ども時代を過ごすことのできる環境が奪われ、劣悪な生活状況に置かれている子どもたちも少なくありません。

幼児期にどのような生活環境で育ち、何を感じながら成長したのか、幼児期に得たもの、受けたものはその後の生活にどのような影響を与えるのか、私たちは、子どもたちの発達と生活の連続性をもっと見通して考え、それらを保障するべく行動する必要があるのではないでしょうか。「子どもたちに子ども時代の発達を保障することが**次世代に対して果たすべき大人の責任**なのではないか」と考え行動することが、今日ほど求められている時代はありません。福山市Y小学校区の事例は、子どものために大人が踏みだした小さな一歩だといえます。

▶出典
[17]　[16]と同じ、10-17頁

■人物
那須正幹
1942年〜
児童文学作家。

▶出典
[18]　[16]と同じ、18-25頁

■人物
柳田邦男
1936年〜
ノンフィクション作家。ルース・バンダー・ジー『エリカ　奇跡のいのち』(講談社、2004年)など命を考える絵本の翻訳を行っている。

▶出典
[19]　[16]と同じ、174頁

109

第4章　保育内容の展開

演 習 課 題

①保育現場でよく行われるドッジボールについて、ア．ドッジボール遊びができるようになるにはどのような身体動作が必要か整理してみましょう。イ．列挙した身体動作を発達段階に応じて整理しましょう。ウ．集団によるゲームを可能にする友だちとの関わりについて整理してみましょう。エ．まわりの人と話し合いながら、心身の発達を総合的に1枚の表にまとめてみましょう。

②あなたの住む自治体で行われている保幼小連携・接続の取り組みを調べてみましょう。事例をまわりの人たちと持ち寄り、その特色や工夫、子どもの姿からみる学びの連続性など、保育現場の視点から検討してみましょう。

③高齢者の方から、幼児期の思い出を聞きとってみましょう。何十年経ってもその人の人生に刻まれている、幼児期の忘れられない記憶にはどんなものがあるのか、その当時の社会状況と合わせて年表などに整理し、生活や社会状況が幼児に与える影響をまわりの人たちと話し合ってみましょう（必要に応じて、図書館などを活用しましょう）。

レッスン **8**

環境をとおした保育

本レッスンでは、環境をとおした保育について考えていきます。「アフォーダンス」の視点から環境と子どもの関係について考え、環境が子どもたちに与えてくれる「センス・オブ・ワンダー」についても検討します。環境という語についての考え方を整理していきます。

1. 環境をとおした保育とは

1 環境をどうとらえるか：「アフォーダンス」の視点から

「環境」という言葉について『広辞苑』を引くと、「四囲の外界。周囲の事物。特に人間または生物をとりまき、それと相互作用を及ぼし合うものとして見た外界」という意味があると記載されています。また『日本国語大辞典』では「①四方のさかい。周囲の境界。まわり。②まわりの外界。まわりをとり囲んでいる事物。特に人間や生物をとりまき、それとある関係を持って、直接、間接の影響を与える外界。自然的環境と社会的環境に大別する」と定義されています。「環境」という言葉そのものには上記のような意味が含まれていますが、では実際に環境と私たちの関係は、どのようにとらえることができるでしょうか。

近年、保育環境を考えるうえで注目されているのが**アフォーダンス**[*]です。「**行為を可能にする環境の性質**」であるとか「**環境が人や動物に与える**」という意味をもっています。たとえば、子どもの身近にはさまざまな段差がありますが、乳幼児には、布団と床のわずかな差を利用して寝返りを打ったり、すべり落ちたり、階段を後ろ向きに下りようとしたり、よじのぼろうとしたりする姿などがみられます。つまり段差という環境があるからこそ、さまざまな行為が出現すること、段差がさまざまな行為の機会を子どもに与えてくれていることを、「**段差のアフォーダンス**」ととらえることができます。

そう考えると、赤ちゃんにとって周囲の事物は、一つひとつ意味をもった**新鮮な出会い**となり、それぞれ意味のある行為として反復しながら周囲とふれあうことで、慣れ親しんだ確実なものとなり、そこからさらに**新しい発見**へとつながっていきます。このように刻々と発展する周囲との関係の変化が、子どもの**発達を促している**と考えられています。

[✳] **用語解説**

アフォーダンス
知覚研究をしたアメリカ人のジェームズ・ギブソン（1904〜1979年）が、アフォード（afford）から造語した名詞で、「環境が人間を含めた動物に提供するもの」を意味する。
→レッスン11

111

腹ばいになった赤ちゃんの視線の先に、ほしいもの、興味のわくもの、ふれたいものがあったとき、それに触ろうとしたり、つかもうとして、手足を動かして近づこうとします。はいはいのような上半身と下半身の協応的な滑らかな動きができるようになる前には、四肢を突っ張り、体を動かしたり揺らしたりして近づこうとする行為がみられます。このとき、床面に対して、四肢の力が目的に向かって推進する方向だけでなくいろいろな方向に働いているので、前に進もうとして後ろに下がってしまう「うしろはいはい」の姿もみられます。手と床の関係は、床の上の対象物に手を伸ばして触るという意味のほかに、上半身を支えて体を動かすという役割もあります。左右の手をバラバラに動かす、または両手両足を同時あるいは交互に動かすという試行錯誤を繰り返しながら、周囲と自分の位置関係を変化させています。新しい環境に移行していく過程を経験しながら、体の使い方を体得していくのです。この一連の行為も床があるから可能になる行為の連続と考えると、**「床のアフォーダンス」**ということができます（写真8-1）。

写真8-1 床・おもちゃ・鏡のアフォーダンス

　H大学子育て支援ルームでは、畳スペースにはいはいする赤ちゃんの目線に鏡が設置されています。はいはいができるようになったころの赤ちゃんは、何でも口に入れて確かめます。お気に入りのおもちゃを口に入れて遊んでいたのですが、鏡に映る自分とおもちゃに気がつく（写真8-1左）と、おもちゃを手に握ったままはいはいで鏡に近づき、鏡に映るおもちゃの動く様子を見ています（写真8-1中）。鏡のなかに興味津々の赤ちゃんは、おもちゃを放りだして鏡のなかの動く自分に触ろうとしたり、顔を鏡にくっつけてさらに近づこうとしたり（写真8-1右）、さまざまな探索行動をしています。

　この赤ちゃんは、自分の行為が進行するにつれて刻々と変化する状況のなかで、知覚を通して**多様なアフォーダンスと遭遇**していたといえます。写真の赤ちゃんの場合、周囲の環境のなかにアフォーダンスを探し、「見る」ことで意味を発見しています。そして、多数のアフォーダ

ンス（床・おもちゃ・鏡）を利用して、進行する行為を調整していました。行為は環境のなかで「知覚される多様なアフォーダンスを資源としている」ともいえます[†1]。

次に、背筋の発達や上体支持がうまくできるようになると、一人座りが可能となり、腹ばいで見ていた世界よりも視界が大きく広がるので、目線より高いところにあるものに手を伸ばそうとする探索行動がみられます。身体的な発達の結果として起こる姿勢の変化が子どもの視野を大きく変え、それが次の行動の動機づけとなるという、小さい動きの変化の連続、あるいは小さな変化の積み重ねがやがて大きな変化となることを、私たちは子どもの成長ととらえています。

▶ 出典

†1 佐々木正人編著『アフォーダンスの視点から乳幼児の育ちを考察』小学館、2008年

写真 8-2 画面が気になり、つかまり立ちをしようとする子ども

子どもは**一人座り**の姿勢で感知される**新たな周囲の環境・見え方**に触発され、意思と方向性をもった行為として、**はいはい**で興味のある方向に向かって動き出します。そこに壁とか家具とかつかめるものがあれば上半身を使ってつかまろうとし、下半身を連動させながら膝立ちからつかまり立ちができるようになるというプロセスがみられます。まわりの環境のなかで次々と探索、冒険をしていくのです。「**壁・家具のアフォーダンス**」が、つかまり立ちに向けた試行錯誤をもたらしているのです。

ちょうど子どもがつかまり立ちできる高さのもの（座卓、ソファー、親の体など）があると、それまで見えていた世界から立ち上がって見える世界への変化は、子どもにとって極めて大きいものなのです（写真8-2）。広がった視界における新しい場所での探索行動が活発化するとともに、二足で起立していることから、重心の移動にともなう姿勢の変化やバランスのとり方を調整する姿がみられ、環境により次々と子どもの行為が生み出されていくことがわかります。

子どもたちは、身の回りの資源（アフォーダンスとしての段差、床、壁、家具など）のレイアウトに、無意識的に「**場所の意味**」を見いだそうと

第4章　保育内容の展開

探索しており、多様性をもった環境のなかで行為することで、場所も活動もさらに多様化されていきます。乳幼児期には、日常的な環境のなかに、この小さな行為の連続と積み重ねを誘発し**心身発達**と**生活習慣形成**をもたらす**資源**がふんだんに存在することが必要だ、ということを念頭に置いた**保育環境の構成**が重要といえます。

2　子どもと「環境」

　子どもと環境について考えるとき、**カーソン***は「子どもたちの世界は、いつもいきいきとして新鮮で美しく、驚きと感激に満ちあふれている」といい、残念なことに「大人は澄みきった洞察力や美しいもの、畏敬すべきものへの直観力を鈍らせてしまっている」と述べています。生まれつき「**センス・オブ・ワンダー**＝神秘さや不思議さに目を見張る感性」が備わっている子どもがその能力を発揮するには、一緒に神秘の発見や喜び、感激・感動を分かち合ってくれる大人が**人的環境として必要**なのです[2]。

　では、保護者や保育者は熱心で繊細な子どもの好奇心に応えるため、さまざまな生き物たちが住む複雑な自然界について、よく知っておかなくてはならないのでしょうか。ここでカーソンは「『知る』ことは『感じる』ことの半分も重要ではない[3]」（感じることが大切）と断言しています。「子どもたちが出会う事実の一つひとつが、やがて知識や知恵を生みだす種子だとしたら、さまざまな**情緒**や豊かな**感受性**は、この種子を育む**肥沃（ひよく）な土壌**」であると述べ[4]、幼児期はこの**土壌を耕すべきとき**だと主張します。種（知識）だけあっても、それが育たなければ種を生かすことはできません。すなわち、幼児期は生活体験のなかから得たさまざまなものを、その後の人生にわたってもみずから育てる**土壌（感性）を培うべき重要な時期**なのです。

　その時期の子どもとともに生活するうえでは、身の回りの事物に対する大人（保護者・保育者）の感受性に磨きをかけることが求められます。それはしばらく使っていなかったために鈍ってしまった**「感覚の回路を開くこと」**、つまり、目、耳、鼻、口、指先の使い方を「もう一度学び直すこと[5]」が、子どもの傍（かたわ）らで子どもの育ちを支えようとする**大人のとるべき姿勢**だといえるのではないでしょうか。

　美しいものを美しいと感じ、新しいものや未知なものに触れたときの感激、対象への思いやり、愛情など感情をともなった経験は、その対象についての**好奇心**を生み、もっと知ろうと行動する源となります。そうして見つけ出した知識は、生きたものとしてしっかり身につきます。

👤人物

レイチェル・カーソン
(Carson, R. L.)
1907〜1964年
アメリカの海洋生物学者。環境の汚染と破壊の実態を告発した著作『沈黙の春（*Silent Spring*）』（1962）は、世界中で農薬の使用を制限する法律の制定を促し、地球環境への人々の考え方を変えるきっかけとなった。

▶出典

†2　レイチェル・カーソン／上遠恵子訳『センス・オブ・ワンダー』新潮社、1996年、24-25頁

†3　†2と同じ、25頁

†4　†2と同じ、25頁

▶出典

†5　†2と同じ、28頁

114

子どもには、身の回りの事象に関する知識や事実を覚えさせたり「うのみにさせるよりも、むしろ子どもが知りたがるような道を切り拓いてやる[†6]」ことのほうが大切であるというカーソンの言葉は、日本でいわれる**「環境をとおした保育」**の核心をついていると思います。

写真 8-3 自然のなかで五感を使って遊ぶ子どもたち

　このことは、**ニコル***が、言葉だけで教えるよりも子どもは体験するときセンス・オブ・ワンダーがあれば理解できる、脳に残ると、同様のことを指摘しています。何が起こるかわからない**自然のなかでの遊び**（写真8-3）が学びとなる、すなわち人間は**「身体と感覚が体験したことの総体」**だから、体のあらゆる部分とさまざまな感覚を駆使しながら、苦労してものごとを身につけることのできる環境が必要なのだと主張します[†7]。養老も、気温や明るさを一定にしようとする現代の環境では感覚が働かないので、温度や天候・季節も刻々と変わる自然のなかで五感を鍛えたほうがいい、と自然欠乏による現代人の**「身体感覚の衰え」**と子どもの成長に与える影響を危惧しています[†8]。

　遊び環境の観点から、仙田が「子どもは遊びの天才であるが、それを発揮できる環境にない[†9]」と指摘してからも、わが国の遊び環境は悪化し続け、**「遊びの体験の貧困化」**は子どもにとって身体性、社会性、感性、創造性を開発する機会を失うと警鐘を鳴らしています[†10]。

　保育所の設置や公園の利用などについて、子どもに対する社会的寛容さがますます**縮小する傾向**にある現代、子どもたちの発達を豊かなものにするために、保育現場では、遊ぶ空間・時間・方法・仲間を**保障する環境**が求められています。保育現場において「環境とは、子どもとともに保育者が何を楽しんでいるのか心の向きを示していると感じている」と、秋田は述べています[†11]。また、自然と子どもの出会いについては、図鑑で名前を調べたり説明の言葉を介して科学を学ぶのではなく、「遊びのなかで自然と一体になり、また暮らしのなかで自然を生かして楽し

▶出典
†6 †2と同じ、26頁

👤人物
C. W. ニコル
(Nicol, C. W.)
1940年〜
イギリスのウェールズ生まれの作家。環境保護活動家。長野県で森の再生活動を行っている。

▶出典
†7 養老孟司、C. W. ニコル『「身体」を忘れた日本人』山と渓谷社、2015年、205-207頁

†8 †7と同じ、136頁

†9 仙田満『子どもとあそび——環境建築家の眼』岩波書店、1992年、203頁

†10 仙田満「こどものあそびという視点からの戦後70年」『保育学研究』53(3)、日本保育学会、2015年、104頁

†11 秋田喜代美『保育のおもむき』ひかりのくに、2010年

第4章　保育内容の展開

▶**出典**
†12　†11と同じ

む体験を四季折々に繰り返していくこと†12」が乳幼児期には不可欠であると言及しており、カーソンやニコルの言葉に通じるものがあります。屋内にあったとしても、植物や昆虫が環境として子どもの活動の場となっているかどうか、**子ども目線で見た動線や活動**から保育の環境を考えることを示唆しています。

　ここで、「海外の研究者に話をするときに最も分かってもらえない領域の概念が『環境』である。（中略）環境には広く一般的な環境を指す場合と、内容領域の『環境』を指す場合もあり、この点の曖昧さもあるといえる†13」と、秋田が指摘していることにも注意しましょう。保育現場における用語に関しては、広く一般的にいわれる「表現」と**内容領域「表現」**についても、秋田の指摘同様の**曖昧さが存在**します。日本の保育現場で通じている（通じたつもりになっている）ことは、日本の保育者同士でも共通理解が十分だろうか、はたして同じく乳幼児期の専門家である海外の保育者にも共通理解が可能なのだろうかと、**日本の保育を客観的に俯瞰する視点**を常にもっておく必要があるといえます。

▶**出典**
†13　†11と同じ

3 「保育所保育指針」における「環境」という語の検討

　ここでは、2017（平成29）年告示の「保育所保育指針」に記された**「環境」**という語について検討していきます。「保育所保育指針」のなかでこの語は、まず保育所の役割として、「保育所における環境を通して、養護及び教育を一体的に行う」と明記されています。以降、「環境」という語が全部で50回以上登場します。これだけでも、保育における「環境」がさまざまな形で子どもに影響しており、重要であることがわかります。全体をとおして「環境」という言葉の使われ方について、6つのカテゴリーに分けて整理してみましょう。

①**場、周囲の状態の規定：「～の環境」**

　「保育の環境」などのように場を規定する箇所や「人、物、場などの環境」「身近な環境」などといった、環境を規定する要件および子どもに関わる範囲を提示しながら説明する箇所があります。客観的にみた**環境と子どもの位置関係**を示しています。

②**取り上げる環境の具体的説明：「～的環境」**

　環境と一口にいってもその表す範囲は多岐にわたるので、「人的環境」「物的環境」「保健的環境」「清潔で安全な環境」など、その部分で取り上げる環境について、**具体的にその内容を説明**している部分がみられます。また、「施設の温度、湿度、換気、採光、音などの環境」というように、きわめて具体的な条件や性質をあげていう箇所もあり、そこで意

味している「環境」とはどういうものなのか、何を指すのかをイメージできるように説明しています。「安全」と「環境」という語が合わせて出てくる箇所が多くみられ、主体的な探索活動が十分保障されるための条件として「安全」な環境が求められていることがわかります。

③子どもの行為を可能にする、あるいは触発する周囲：「〜できる環境」

「健康、安全で情緒の安定した生活ができる環境」「自発的・意欲的に関われるような環境」「子ども自らが周囲の子どもや大人と関わっていくことができる環境」「安全で活動しやすい環境」と、環境のなかにいる**子どもとの相互作用**に力点を置いた表現がされています。

これらは、子どもからみえる周囲の状況について述べられたものであること、保育の環境下にある**子ども主体、子どもの行為主体**にみた表現であることが特徴的です。子どもがどのように生活でき、どのような行為を表出できるとよいのか、目指すところが述べられています。

子どもにとっての最善の環境については、**「安全」「安心」**で周囲の人や物に**「自ら関わる」**ことのできる**「活動」**が触発されることが望ましいととらえることができます。

④構成・整備すべきものとしての環境：「環境構成」

ここでの環境は、保育者が意識的に関与し構成するものです。これは子どもの成長にとって重要な役割を果たし、「環境を構成」、「環境を整え」、「安全環境の整備」など、保育者の意図的な働きかけによって、客体としての事物を子どもにとって**意味のあるもの、主体的に関わるもの**とすることが求められています。

⑤環境との関わりを重視：「身近な環境との関わり」

「自ら環境に関わり」「環境に主体的に関わり」「環境に親しみ」「環境をとらえる」など、周囲の状況から刺激を受け取るだけでなく、自分から周囲の**「環境に働きかけ」**、遊びのなかで子どもみずからが工夫したり再構成したりして**変化・発展**していくような**「環境との相互作用」**についても言及されています。主体としての子どもと、周囲の人・物・こととの間で展開される相互作用が子どもの成長・発達を支えるとして、子どもと環境の関係性を重視した表現です。

⑥保育内容「環境」

「生命、自然及び社会の事象についての興味や関心を育て、それらに対する豊かな心情や思考力の芽生えを培う」(保育の目標)ことを目指し、「周囲の様々な環境に好奇心や探究心をもって関わり、それらを生活に取り入れていこうとする力を養う」領域のことです。

五感（聞く、見る、触れる、嗅ぐ、味わう）などの感覚を磨き、身近

な事象（自然、もの、人、生活、行事など）に興味・関心をもって発見したり思考したりすることが、**幼児期の発達には不可欠**とされます。

この領域の内容に、「自然に触れて生活し、その大きさ、美しさ、不思議さなどに気付く」とありますが、同様に領域「表現」のねらいにも、「いろいろなものの美しさなどに対する豊かな感性をもつ」とあります。美しいものや不思議なものに対する**感覚・感動**など子どもの諸能力は、自然のなかなど心と体を動かして夢中になる子どもの生活や遊びを通して相互に関連し合い、領域横断的かつ**総合的に発達していくもの**なのです。

子どもは**環境と互いに関係し合いながら**育ちます。周囲の状況としての環境（温度、湿度、採光などの保健的あるいは人的、物的、自然や社会事象など）に触れるとともに、子どもを取り巻く外界としての位置関係とその意味（身近、清潔、安全、安心など）や、そのなかで子どもが環境と関わること（相互作用）を配慮しながら、保育現場における環境とは**計画的**に「**構成**」すべきものとして述べられています。

「指針」の第1章1の「保育所保育に関する基本原則」のなかに（4）「保育の環境」としての項が設けられ、**環境をとおして行う保育の重要性**が強調されています。

周囲の人的環境、施設・遊具などの物的環境、自然や社会事象など人・もの・場が関連し合った環境との相互作用によって、子どもは成長・発達していきます。子どもの関わり方によって状況は刻々と変化するので、**応答性のある環境**が求められます。思わず触りたくなる、動かしてみたくなる、声を出してしまう、関わりたくなる環境にあると、興味・関心が触発され、能動的に試したり工夫したり再構成したり、遊びや環境の再構築を子どもがみずから楽しむことができます。ただ、保育所は、子どもが長時間生活する場でもありますから、思いきり活動できる一方、「ほっとくつろげる時間と空間が保障される環境」への配慮も忘れてはならないといえます。

2. 遊びをとおしての総合的な指導

福山市を中心とする広島県東部は備後地方とよばれ、かつては県内屈指の養蚕の産地でしたが、山の斜面を覆っていた桑畑は、戦時期には食糧増産のための畑と化し、戦後の経済成長期には宅地造成や転作などで跡形もなく姿を消してしまいました。かつて養蚕が盛んであった福山市

レッスン8　環境をとおした保育

北部の田園地帯に位置するＦ保育所では、地域の人の協力により、子どもと一緒にカイコを育てることになりました。

　この保育所の特徴は、子どもの生活する環境が保育所内にとどまらず**地域全体**であること、換言すれば、子どもたちは地域のなかで見守られながら生活しているという点です。

インシデント①　環境をとおしての遊び（ヨモギ）

　「うちの田んぼのあぜ道にヨモギが生えとるから、子どもたちととりにきたらええよ」と近所の人から電話が入りました。車の入ってこないあぜ道なので、子どもたちも安心してとりに出かけます。ヨモギの生えている様子を観察し（視覚）、ヨモギを自分の手で摘み（触覚）、その香りをかぎます（嗅覚）。大事にもって帰り調理の先生にわたしました。午睡から覚めたら、保育所中をヨモギのいい香りが包んでいます（嗅覚）。「わー、ヨモギだんごじゃ！　すごーい」。自分たちが摘んできたヨモギは、寝ている間に調理室で蒸され、おいしいヨモギだんご（味覚）に変身していました。

　その日の活動は、迎えにきた保護者にヨモギだんごとともに提示・説明され、子どもたちは得意げに一部始終を家族に語りながら帰途につきました。次の日、自発的に粘土でヨモギだんごをつくって遊んでいる子どもたちの姿がありました。

　ここには、子どもたちが五感を駆使して、安心して直接自然物にふれることのできる環境があります。また、それを支えてくれる地域の協力があります。Ｆ保育所では、デイリープログラムやおやつの計画を柔軟に対応させながら、子どもたちの成長にとって、「機を逃さない」保育内容が展開されています。

インシデント②　環境をとおしての遊び（かしわもち）

　「明日は、長そでで長ズボンでお願いします」と保育所からお知らせがありました。子どもたちは、「かしわもちに使うボテの葉を、山にとりに行くんじゃ！」とやる気満々です。地域の理解により入山を許可された近くの里山から、自分たちでボテの葉をとってきました。調理の先生にわたすと、おいしいかしわもちを包んで午後のおやつに登場しました。長ズボンをはいて行きましたが、子どもたちの足に残った大小のすり傷は、全身を使って山で夢中になって葉をとった証です。次の日、子どもたちは粘土で、もちを包む薄い

◆補足
ボテ
サルトリイバラの別名。西日本では、カシワの葉ではなくボテの葉を使うことが多い。

119

第4章　保育内容の展開

葉をていねいに表現した自分なりのかしわもちをつくって、先生に得意そうに見せていました。

　年中・年長合同クラスが山に出かけ、山の植物・音・においに触れ、かしわもちづくりに必要なボテの葉をとってきました。高いところにのぼったり、遠いところにある葉を引っぱったり、友だちと協力してとったりした彼らにとって、「すり傷をつくるほど果敢な冒険」は達成感にあふれていました。ふだんは痛い傷のはずですが、冒険の勲章のように誇らしく感じられたようです。

　このような環境のF保育所で、遠く信州からやってきた12匹のカイコの飼育が始まりました。5歳児のすみれ組の17人が世話をすることになり、地域の協力者も自生しているクワの葉を届けてくれることになりました。

　かつてこの地域では、当たり前のようにカイコを育て、繭を売って現金収入を得ていました。今はもはやそれを知る人もほとんどおらず、現代の保育所の先生たちにもカイコを飼育した経験はなく、子どもと相談しながら、むしろ**子どもたちの探究心**に引っぱられる形で試行錯誤を繰り返しました。

インシデント③　環境をとおしての遊び（「おカイコさん」プロジェクト発動）

　子どもたちは、「図鑑でカイコを見たことあるよ」という子どもの発言に触発され、カイコの飼育法を図鑑で調べようとしました。ひらがな・カタカナが読める子、数字がわかる子、それぞれの知恵を合わせて協同的に調べました。目次や索引でふりがなから「カイコ」の字を探し、3ケタの数字はわからなくても一つずつなら理解できます。「カ・イ・コはここ」「1・0・8のところにのっとる」とカイコのページにたどり着き、先生も一緒に調べて、保育所でできる飼い方を研究していきました。

　F保育所では、子どもたち自身が世話をしたいという気持ちを大切にし、子どもたちが主体的に取り組む姿を見守っていきました。すみれ組の17人は、知恵を出し合い、意見を言い合い、一緒に考え、一人ではわからなかったことがわかっていく楽しさ、協力しながら自分たちの力で一つひとつ実現していく楽しさを感じていました（写真8-4）。安心して意見を言える環境があり、お互いの意見を聞くことができたからこ

そ、このプロジェクトは進行できたといえます。

写真 8-4 カイコの飼育体験の様子 1

カイコの顔　　　　桑の葉の水滴を拭き、新しい葉と入れ替える

　朝晩にクワの葉のエサをやるときには、カイコの糞や食べ残した葉を片づけます。子どもたちは、カイコをそっとつまんでもち上げて、箱を掃除し新しいクワの葉の上に戻します。

インシデント④　環境をとおしての遊び（身体感覚での理解）

　子どもたちは身体感覚でカイコという生き物を理解していきます。
- クワの葉を食べるとき「ジョリ・ジョリ」「シャリ・シャリ」という音がする（耳を澄ませてよく聴く）。
- しっかり食べてみるみる大きくなる（一日に食べるクワの葉の多いこと！）。
- つながった体の各部をうまく連動させながら移動する動きをじっと観察し、「おもしろい動きじゃな。見とってあきんなあ」と思わず感想がこぼれる。
- 掃除のときに触ると体はとても柔らかい（そっと触らないとダメ）。
- 正面から見たら「新幹線の顔をしている」（写真 8-4 左）。
- クワの葉は独特のにおいがして「なんか臭い」と感じる。
- 「葉っぱばかり食べるから、カイコの糞は臭くない！」と感心する。

　カイコの飼育を体験し、子どもたちは、そこからさまざまなことを発見したり思考したりすると同時に、さまざまな心の動き（おもしろい、感心する、驚くなど）も経験し、発見や喜びを仲間と共有・共感しています。

インシデント⑤　環境をとおしての遊び（6匹の死）

　全員が何らかの関わりをもちながら、一生懸命世話をしてきましたが、2週間ほどの間に徐々にではありますが、6匹が死んでしま

第4章　保育内容の展開

いました。

〈なぜ、おカイコさんは死んでしまったんだろう〉

・「動かすときにつまんだのが強すぎたんかな」

・「糞を食べたんかもしれん」

〈今度からはこうしてみよう〉

・掃除をするとき、カイコを直接つままずに、くっついている葉を
もって移動させる（写真8-4右）。

　→なるべくカイコにダメージを与えないことを皆で決める。

・「風通しがよいところがいいと書いてあった」

　→夜は閉めきった保育室に置いておくのはよくないと判断した子
どもたちは、夜は先生に持って帰ってもらうよう頼む。

　子どもたちは、自分たちが世話をしていた小さな命を失ったことを真
剣に考え、なぜ死んだのか、今後の飼育方法で何か改善できることはな
いかと話し合いました。生き物の飼育で直面するのは、「死」という問
題です。自分では優しく世話をしているつもりでも、直接カイコをつま
んだことは、柔らかく体の小さいカイコにダメージを与えたのではない
かと原因を分析し、改善策を打ち出しました。つまり、彼らはPlan（お
カイコさんプロジェクト開始）→Do（飼育）→Check（なぜ死んだの
かを分析）→Action（飼育方法の改善）という**PDCAサイクル**を協同
的に行っていたのです。また、8月から始めた飼育なので、温度・湿度
にも注意を払うようになりました。これ以上おカイコさんが死んでしま
わないよう、必死に考え、より一層ていねいに世話をするようになりま
した。

参照
PDCAサイクル
→レッスン6

インシデント⑥　環境をとおしての遊び（おカイコさんのお墓）

　子どもたちは死んだ6匹のカイコたちに対して、すみれ組のテラ
スのすぐ脇にお墓をつくってやりました。下にコンクリートもあり、
もっと離れた、土を深く掘れるところがいいのではと担任は思いま
したが、子どもたちで話し合いました。

・「地面じゃったら、カイコさんの埋まっとる上を誰かが踏んだら
かわいそうじゃ」

・「石を置いとったら誰かが知らずに動かしてしまうかもしれん」

　いろいろと考えながら、自分たちの部屋から一番近いところでな
るべく踏まれないよう、彼らなりに話し合い、埋葬の場を用意し
て弔いました（写真8-5右）。

写真 8-5 カイコの飼育体験の様子 2

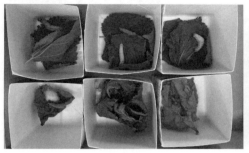
繭ができかけたカイコ

死んだカイコを弔う5歳児

　体長2〜3cmでやってきたカイコも大人の小指より大きくなりました。もうすぐ繭をつくるころです。子どもたちは、次の変化にワクワクしながら、大事にカイコを見守っています。

演習課題

①これまでの体験で、あなたの「センス・オブ・ワンダー」が感じたもの・こと・場面（「不思議だな」「美しいな」など）にはどんなものがあるか、何歳のころにどのように感じたか、などを振り返ってみましょう。まわりの人たちと事例を持ち寄り、もし子どもたちと一緒であったとしたら、どんな対応ができるだろうか、保育活動にどのように発展させていけるだろうかを話し合ってみましょう。

②自由遊びの場面を振り返り、保育室あるいは園庭でどこに多く集まっていたのか、遊びが長く続くところはどこであったか、環境構成図を作成しながら話し合ってみましょう。どんな場が子どもにとって豊かな環境になるのか、子どものまわりの環境自身が次の活動を誘発しているかなど、子ども目線で活動の動線を追いながら、環境の構成を検討してみましょう。

③「先生、どうして秋になると葉っぱの色が黄色くなったり赤くなったりするの？　プールのころは緑色だったのに」と子どもに質問されたら、どのように対応しますか。保育者としての態度や子どもにわかりやすい説明について、まわりの人たちと話し合ってみましょう（必要に応じて、図書館などを活用しましょう）。

レッスン**9**

遊びから学びへ：教材研究と保育内容の実際

本レッスンでは、子どもたちの生活のなかにある素材を教材化する事例をとおして、遊びのなかの学びの芽から、創造的な学びへの発展を考えていきます。子どもたちが生活のなかで遂げていく発達を、保育内容の各領域にわたる総合的なものとしてとらえる視点として整理し、子どもたちが自分の生活を認識することができるようになるような、結果的に総合的な発達の連続性を保障する教材研究について考えます。

1. 子どもにとって生活とは

幼児にとっては、**毎日の生活そのものが発見と学びの連続**です。保育所は「子どもが生涯にわたる人間形成にとって極めて重要な時期に、その生活時間の大半を過ごす場」であり、「子どもが現在を最も良く生き、望ましい未来をつくり出す力の基礎を培う」ためにさまざまな配慮と工夫がなされているはずです[1]。「保育所保育指針」でいう「望ましい未来をつくり出す力」とは、個人および社会の未来に貢献する力と考えられ、生涯にわたって生きて働く力となっていくと考えられます。

そこで、保育者が子どもの実態や地域の特色をいかにとらえ、保育活動に展開させていくかが重要だといえます。目の前にいる子どもたちにはどのような力が必要となるのか、どのような体験が必要なのか、さまざまな人やものとの出会いを構成するために地域にはどのような素材があるのかという視点を、保育者自身がもちあわせておく必要があると思います。

「保育所保育指針」では、保育所の役割として、「家庭や地域の様々な社会資源との連携を図りながら」支援を行うことが指摘されています。また、保育の実施に関して留意すべき事項として、「子どもの生活の連続性を踏まえ、家庭及び地域社会と連携して保育が展開されるよう配慮すること。その際、家庭や地域の機関及び団体の協力を得て、地域の自然、高齢者や異年齢の子ども等を含む人材、行事、施設等の地域の資源を積極的に活用し、豊かな生活体験をはじめ保育内容の充実が図られるよう配慮すること[2]」と明記されています。

また、「幼稚園教育要領」にも同様に、幼稚園運営上の留意事項として、「幼児の生活は、家庭を基盤として地域社会を通じて次第に広がりをもつものであることに留意し、家庭との連携を十分に図るなど、幼稚園に

▶**出典**
†1 「保育所保育指針」
第1章1（2）「保育の目標」

▶**出典**
†2 「保育所保育指針」
第2章4（3）「家庭及び地域社会との連携」

おける生活が家庭や地域社会と連続性を保ちつつ展開されるようにするものとする。その際、地域の自然、高齢者や異年齢の子供などを含む人材、行事や公共施設などの地域の資源を積極的に活用し、幼児が豊かな生活体験を得られるように工夫するものとする[3]」とあります。

いずれも子どもたちの発達を考慮した指導計画を策定するとき、**保育所あるいは幼稚園における生活と家庭・地域における生活の連続性と子どもの個別性を考慮**すること、および**地域資源の積極的活用によって生活体験を豊かにする工夫を織り込む**ことが重要視されています。

すなわち、日々の生活のなかでさまざまな人・もの・ことと関わりながら体験をすることが、子どもの全体的な発達に欠かせないものであるということです。現代社会において家庭における多様な生活体験の機会が激減し、保育現場であえて設定しなければ、子どもたちはさまざまな体験を経験しないまま大きくなってしまうということに留意すべきなのです。

自分の口に入る食べものはどのように生えているのか、それを育てるためにどのようないとなみがなされているのか、その収穫への喜びや感謝を人々はどのような形で表そうとしているのか、子どもたちはどのようにしたらこうした実体に触れることができるのでしょうか。

門脇は「今の子どもたちに見られる変化とは、（中略）自分が普段生活している世界がどんなところであるかを自分の体で実感できなくなっている」状況だと指摘しています[4]。現代の子どもたちは、自分たちを取り巻くさまざまな事象について体感すること、生の体験をすることが生活のなかで得にくい状況で育っているといえます。子どもたちの総合的な発達には、さまざまな領域が単独で機能するのではなく、有機的に関連し合っています。家庭や地域の協力も得ながら、保育者には発達の連続性を見通した領域横断的な活動を、子どもに無理のない形で組み込んでいく力量が必要だといえます。

地域を題材とすることは、子どもたちにとって**身近な素材にふれる機会**となり、保育者にとっては子どもの生活する地域に由来する教材に対する視点が広がります。地域とのつながりのなかで保育をとらえ、教材や保育活動を媒介とした地域との連携は一層重要性を増しており、その活動を主体的に構成し演出できる力量が保育者には求められています。「本気になって地域を学んだ子どもは、自分や自分の住む地域に誇りを持ち、ふるさとを愛する子どもに育っていく[5]」ように、本気になって地域を学べば、自分や学んだ地域に誇りをもち、地域を愛する保育者に育ち、地域からも愛される保育者となっていくことにつながります。

> ▶ **出典**
> †3　「幼稚園教育要領」第1章第6「幼稚園運営上の留意事項」

> **参照**
> 生活の連続性
> →レッスン7

> ▶ **出典**
> †4　門脇厚司『子どもの社会力』岩波書店、1999年、iii頁

> ▶ **出典**
> †5　田村学「総合的な学習の時間が広げる子どもの世界」村川雅弘・酒井達哉編著『総合的な学習充実化戦略のすべて』日本文教出版、2006年、161頁

第4章　保育内容の展開

2. 地域を題材とした教材開発の事例
：カッチンくんと二上りリズム

1　地域素材の掘り起しから地域への還元へ

　広島県福山市には、江戸時代中期ごろから約300年続く伝統芸能「二上りおどり」があります。盆踊りの一種と考えられ、三味線の二上りを基調に武家的気品と哀調があいまった独特のリズムをもっています。もち物やかぶりものは時代とともに変遷を遂げてきましたが、現在は「四つ竹」（竹片を片手に2枚ずつもち、握りながら音を出す）を手にもって鳴らしながら踊ります。また、歌詞がないのが特徴です。

　この四つ竹の「カチカチ」といういい音を目指して2005（平成17）年に福山市立大学で開発されたのが、「カッチンくん」です。ペットボトルの底を再利用したものですが、四つ竹に負けないくらいのよい音が出ます。これを使って、子どもたちが楽しめるよう、言葉と動き、「二上りおどり」を構成する7拍のリズムで展開する「二上りリズム」が考案されました。地域の特産や名所などを織り込んで、自分の生活地域に対する理解を深めながら、身体各部を動かすリズム運動です。

　当時、福山ならではの「二上りおどり」の踊り手は減少と高齢化の一途をたどり、市民でも知らない人のほうが多く、子どもたちは自分の住んでいる福山の伝統文化にふれる機会がないという状況でした。

　踊りや祭りという無形文化財は、それを伝える人がいなくなってしまうと消滅してしまいます。1945（昭和20）年8月8日の空襲で福山の街は約8割が焦土と化し、福山城も焼け落ちてしまいましたが、戦後人々は江戸時代より踊り継がれてきた「二上りおどり」を復活させ、街を復興しました。先人たちがつないできた伝統芸能を将来にも残していくために、子どもたちにも伝統芸能にふれる機会を提供したいと、さまざまな努力がなされてきました。

　また、「二上りおどり」は、握力がつき、地域学習を始める小学校中学年以上にはとてもよい教材ですが、握力が十分に発達していない幼児には手にもつ四つ竹の操作が難しく、歌詞もないので動きのイメージがわきにくいと考えられてきました。そのようななか、幼児でも「二上りおどり」に親しめるようにするための模索が始まりました。

2　教材開発のための工夫

　「二上りおどり」に用いられる四つ竹のカチカチと響くよい音を竹を使わないで再現するためにさまざまな素材が試された結果、ペットボト

126

ルの底を切り、底の出っ張った部分を打つとよく響くいい音が出ることがわかりました。事務用品のパンチで穴を開け、輪ゴムをつけることで、握力のない幼児でも落とすことなく手につけて打ち鳴らすことができました。安全と色彩効果を考えてカラーのビニールテープで切り口を保護することで、カスタネットのような楽しい「カッチンくん」が誕生したのです（写真9-1）。

写真 9-1 地域を題材とした教材例

左：四つ竹、右：カッチンくん

「二上りおどり」は7拍のリズムで、足のステップは「横・前、横・前、前・横・前」の繰り返しです。7拍に合わせて、地域の名所・名産を紹介するわかりやすいセリフと、それに合わせて、さまざまな全身の動き（上腕の旋回、下肢の屈伸、ジャンプなど）を組み合わせて考案されたのが、リズム運動「二上りリズム」です。他者との関係性をつくり出すことができるよう、周囲の人たちと関わり合いをもつ動きも組み込まれています。

福・山・城・へ　いっ・て・み・よう！　　（お城の形を作り、レッツ・ゴー）
下・駄を・とば・して・トン・トン・パ　　（足をふりだし、跳んで、最後足を開く）
おと・もだ・ち・と・こん・にち・は　　　（他者と手を合わせてカチと音を出す）
ば・らの・はな・たば・あげ・ま・しょう　（市の花「ばら」の大きなブーケ）

さまざまな要素をもつ「カッチンくん」は、工作だけでなく、それを用いて楽しく福山を知ることのできるリズム運動として、現在では保育現場（保育所・幼稚園）や地域行事など、市内各所で親しまれています。結果的に、伝統的な「二上りおどり」と比べると、カチカチという音と7拍のリズムの2点しか残っていませんが、幼児だけでなく幅広い年代

第 4 章　保育内容の展開

の市民に対し、ふるさとのリズムに乗せて生活地域の題材に模擬的にふれる体験を創出しています（写真 9-2、9-3）。

写真 9-2　カッチンくんの活動事例①　リサイクルセンターにおける親子「カッチンくん」工作

お母さんと一緒につくる　　お母さんと一緒にカチ！　　ハサミも使えるよ

写真 9-3　カッチンくんの活動事例②　親子行事での「二上りリズム」

福山が日本一の生産量を誇る　　私にもできるよ
「くわい*」の芽が出た！

※ **用語解説**
くわい
オモダカ科の多年草。地下茎は食用。その先端の実から芽が伸びるその形から、「食べると芽が出る」目（芽）出たい縁起物としておせち料理に用いられる。

▶ **出典**
†6　平井隆夫監修、松本卓臣『知っとる？ ふくやま』中国新聞社、2007年

「カッチンくん」は当初は幼児向けに開発されたものですが、その使いやすさから伝統芸能「二上りおどり」においても、四つ竹と併用してユニバーサルデザイン（年齢に関係なくカチカチとよい音が出せる）鳴り物として活用されています（写真 9-4）。毎年 8 月の二上りおどり大会では、カッチンくんの音が大会を盛り上げており、地域文化を素材として開発した教材が地域に還元され、幅広い年代の市民に愛されるようになっています†6。それは、世代間の生活文化継承の事例ともいえます（写真 9-5）。

写真 9-4　伝統芸能への展開事例①　二上りおどり大会での使用

左手に「カッチンくん」、右手に四つ竹で「二上りおどり」

写真 9-5　伝統芸能への展開事例②　カッチンくんとともに成長した子ども

カッチンくんを口にする赤ちゃんが成長し、小学生になってカッチンくんを手に「二上りおどり」を踊る。

3　「カッチンくん」づくりに市民全体が協力

　現在では、市民は保育者を目指す学生たちがこの教材で学ぶことをよく知っているので、原料となるペットボトルはすぐに捨てずに、市役所・図書館・公民館のほか公共施設に集められ、福山市立大学に回すというペットボトルの循環サイクル（年間5,000本以上）が形成されています。直接大学に大量のペットボトルを持ち込んでくる市民もいますし、学生たちもこまめに補給しています。ふだんの生活のなかに教材研究の意識が張り巡らされることで、環境教育に対する態度形成へとつながっている例だといえるでしょう。

　さらに「カッチンくん」はフランスでも紹介されており、ユニバーサルで誰とでも仲よくなれる教材として、今や福山市のみならず海外の子どもたちも楽しんでいます（写真9-6）。

　ここで、カッチンくんのつくり方を紹介します（写真9-7）。

写真 9-6　フランスでも楽しまれている「カッチンくん」

フランスの子どもたちも大好き（フランス、サン・シール・シュール・ロワール市レピュブリック小学校1年生）。

第4章　保育内容の展開

写真 9-7 「カッチンくん」の製作工程

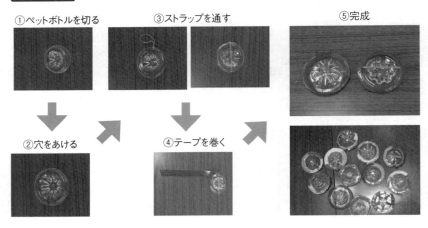

①底から8mmくらいの高さを残して切ります。穴をあけにくくなるので、底の面積はパンチが奥まで差し込めるくらい残しておきましょう。
②パンチの奥までぐっと押し込んで、上下の2か所にパッチンと穴をあけます。安全のため、①と②の工程は大人が準備しておくほうがよいでしょう。
③穴の片方にゴムを通し、ストラップと同様、底のへこんでいる側にわたし、もう片方の穴に通してかた結びをします。
④好きな色のテープを選び、かた結びした箇所を起点として、ぐるりとテープを巻きます。ペットボトルの切り端が出ないようにていねいに覆います。
⑤手にはめると出来上がりです。底の出っぱったところを打ち鳴らすとカチカチといい音がします。

　③の工程は、子どもの手指操作の発達面からも、ぜひ経験してもらいたい作業です。ストラップ通しは3歳児から挑戦できます。できなくても援助はできるだけ少なく、最後は子どもがゴムを引っぱって仕上げるようにしてください。かた結びはゴムが伸縮するので、少し難しいかもしれませんが、左右の指を動かす練習になるので、これも援助しながら最後は子どもが自分でぎゅっと結ぶように援助するとよいでしょう。穴にゴムを通す、輪っかをつくり端を通して引っぱる、という工程のスモールステップで「もうちょっと」など励ましの声かけがあると、子どもたちは集中して粘り強くがんばります。

レッスン9　遊びから学びへ：教材研究と保育内容の実際

　また、④の好きな色のテープを選ぶところは年齢に関係なく楽しめる
でしょう。1歳児でも興味をもって手が出ますし、貼る作業は手指の発
達に応じて段階的に行うことができます。3歳児以下は、テープの真ん
中が底の切れ端に位置するように軽く貼っておき、切れ端を保護するよ
うにテープを折ってぺたぺたと貼り付けていきます。4歳児は、短めに
切ったテープを切れ端が隠れるよう意図した貼り方を、自分の指先で実
現するところからチャレンジしています。
　5歳児は、つくり方を一度実演して説明しておくと、作業の工程につ
いて見通しをもって、自分で最後までやり遂げようという姿がみられる
ようになります。道具の貸し借りや子ども同士の教え合い・励まし合い
がみられるようになりますので、個別作業ではありますが、協同的な雰
囲気づくりが重要です。
　完成したカッチンくんにフェルトペンで色をつけたり、シールを貼っ
たりして、「自分だけのオリジナルカッチンくん」を作成すると、愛着
をもって一層大切にします。シールを貼るときには、打ち鳴らすところ
以外に貼るようにしてください。当たる部分にシールがあると、音がこ
もって響かなくなります。

4 「カッチンくん」と子どもの遊び・学び

　「カッチンくん」は、つくる段階から子どもたちの心と体に働きかけ
ます。子どもたちは自分でつくったマイカッチンくんをとても大切にし
ますの。それは、自分で色を選び、自分の指先を使って出来上がってい
く過程を、子どもたちは五感を駆使して楽しんでいるからです。以下に
年齢ごとのつくり方と援助の仕方・遊び方の目安を紹介しておきます。

①**0～1歳**……好きな色のカッチンくんを選ぶことを楽しみます。手に
　はめてあげて、カチカチできるのもおもしろがります。口に入れる子
　もいるのでペットボトルはよく洗い衛生面に気をつけましょう。叩く
　といい音が出るので大喜びです。

②**2～3歳**……ビニールテープを貼る前の段階までつくっておきます。
　半周くらいの長さに好きな色のテープを切り、切り口を隠すように周
　囲に貼っていきます。細かい手指操作、特に親指と人さし指の協応性
　を高める練習にもなります。どの子どもも集中して取り組みます。い
　ろいろなシールを用意しておけば、創意工夫で素敵なデコレーション
　が楽しめます。自分で叩いて音が出ると、達成感と自信が子どもの笑
　顔に満ちあふれます。

131

【2～3歳児の遊び方】

　保育者の動きを模倣して遊ぶ前に、リズム打ちをしたり、体を揺らしながらリズムをとるところから始めるとよいでしょう。慣れてきたら、動きをだんだん大きくしたり、繰り返しを多くして、まねっこ二上りリズムを楽しんでください。二上りリズムパターンの「こんにちは」で、保育者や友だち、おうちの人と手を合わせてカチと音が出せたら、思わず笑顔の花が開きます（写真9-8）。

写真 9-8　親子で楽しめる「カッチンくん」

お父さんと「カッチンくん」でカチ！　　　指先に集中して「カッチンくん」工作

③ **4歳**……穴を開けるところまで準備しておきます。ゴムをつける作業を援助しながら行います。伸縮性があるので結ぶところが難しいと思いますが、手を貸しながら子どもが最後まで結びきれたらたくさんほめてあげてください。好きな色のテープを切り、貼る作業は自分でできる子が多くなります。一連の作業は手指操作の発達と集中力の向上に役立ちます。

【4歳児の遊び方】

　リズム打ちと体を揺らしてリズムをとる練習をしたら、保育者の動きについてくるような形で楽しんでください。右頁の展開例のように、お好み焼きになぞらえた動きなら「もっと、大きくおいしそうに！」「もっとかっこよく！」などという声かけは、子どもたちの動きをのびのびとより大きくするのに役立ちます。エネルギーあふれる4歳児は模倣しながら動くことを楽しみます。

④ **5歳**……基本的には4歳と同じですが、保育者は見守り、援助が必要なときだけ手助けするようにします。作業の手順について、流れを可視化するなどイメージをともなった説明を聞いたあとは、見通しをもって自分で行えるようになります。保育者の援助が少なくても、子ども同士で教え合う場面やお互いのできばえを認め合ったりする場面がみられます。お互いを尊重する経験が他者理解を育てます。テープを譲り合ったり、渡してもらったり、道具の使い方とマナーについ

ても勉強するよい機会となります。

【5歳児の遊び方】

保育者の動きをよく見て、模倣がうまくできるようになります。動きがリズミカル、ダイナミックになりますので、保育者のほうも負けないようにがんばって大きく動く必要があります。この年齢になると、静止ポーズがぴたっと決まるようになります。子どもたちが意識的に「動と静」のコントロールができるように、「決まってるね」などの声かけも工夫してください。ただ手を合わせるだけではなく、保育者が高いところに手を構えると、ジャンプして当ててカチと音を出すことをおもしろがります。

保育所、幼稚園のオリジナルリズムパターンを子どもたちが考えても楽しくなります。友だちと一緒に考え、グループごとに発表し合ってもおもしろいでしょう。運動会や発表会で披露し、保護者にも一緒に楽しんでもらいましょう。子どもたちの創造性は無限大です。

この教材は、現職研修や免許更新講習などでも紹介され、各地から「カッチンくん」を運動教材として使用する事例や、運動会シーズンになると応用した「ポンポンカッチンくん（カッチンくんのゴム部分にポンポンをつけたもの）」が活躍しているという報告がみられます（写真9-9）。

写真9-9　「カッチンくん」の展開例

左・中：「ポンポンカッチンくん」と実践例、右：運動教材としての「カッチンくん」（ジャンプしてカチ！）

【展開例】

広島市では、体の旋回を「お好み焼き」になぞらえて行った二上りリズム（「まん・まる・おお・きな・おこの・みや・き」）ところ、大変盛り上がったそうです。このように、子どもたちの生活する地域になじみの深いものをもってくることで、楽しく体を動かしながら地域理解を深めることができます。この教材の故郷である福山市は南北に長く、特産物も海のものから山のものまでさまざまです。この教材を実践するときは、地元の特産物・名所を取り入れると、子どもたちの動きや発言がよ

第4章　保育内容の展開

り活発になるでしょう。

　また、福山市の名産である「くわい」が出てきたとき、おばあさんが誇らしげにお孫さんに説明する光景もみられました。節分には鬼が出てきたり、その日の給食の献立に使われる食材が出てきたり、季節や行事・給食に関連させてどんどん新しいパターンを創作することも可能です。応用範囲が無限に広がるのが「二上りリズム」の楽しいところです。ぜひ、子どもたちと一緒にオリジナルリズムを考え、体を動かしてみてください。

■ 5 ▶ 生活のなかにある地域素材の教材化──地域にある宝物

　「カッチンくん」と「二上りリズム」は、「身近な素材を教材化する」「発達を連続したものととらえ小学校と接続する」教材として考えられます。①子どもの生活地域を大切にし、地域文化・伝統や生活実感の感じられるもの、②子どもの発達課題に対応し小学校との接続を見通したもの、として、保育内容全般にも領域横断的に関わっています。

　地域の素材を楽しい表現教材に「料理する」ポイントを考えてみましょう。住んでいる地域や出身地の生活文化を思い浮かべながら、「これをもっていったら、子どもがどう反応するかな」など、具体的なイメージをもちながら考えてみてください。明日から使えそうな教材（素材）を思いつきましたか。先生もワクワクしたり心が動いたりしないと、子どもの心は動かないと思います。

①身近な題材にヒントがある

　　・子どもたちの生活地域の伝統・行事・言い伝え・特産などに親しみやすい素材がある（よい材料探し）。

　　・子どもたちから話を聞く、地域の人に話を聞く（生活のなかで楽しい、おもしろいと感じるポイントを調査する）。

②五感を駆使する

　　・感覚体験を想起させる提示や言葉がけ、擬音語・擬態語を活用した効果音、五感を使った多様な体験を構成する（三味線や太鼓の音・四つ竹にふれる、バラの花の香りをかぐ、くわいを食べたときの味・祭りを見たときの感想を話すなど）。

③子どものイメージ（内的世界）を大切にする

　　・子どものなかにあるイメージや体験をより豊かにするために、実体験における子どもの発話や行動をていねいに拾う（子どもの反応に教材開発のヒントがある）。

レッスン9　遊びから学びへ：教材研究と保育内容の実際

6 ▶ 接続を考える

　小学校の先生が保育所や幼稚園を訪問したとき、5歳児を見て、想像以上に自律的に行動していることに驚きます。小学校では最年少で、まだ何もできないように扱われる1年生ですが、彼らは年長児クラスのとき、就学前の年長児として立派に責任感をもち、自分の役割を果たすことができていたのです。小学校入学前までに育った力を連続して伸ばせる環境整備とそれを可能にする教材づくりを、接続的に考えていく必要があります。

　「カッチンくん」製作を含んだ「二上りリズム」教材は、保育内容の各領域とどのように関わり、小学校での教育内容のどの部分と接続し発展させることができるのかを、図表9-1（137頁）にまとめてみました。どの教材を扱うときも、この枠組みで考えていくと、幼児期の遊びは領域横断的に総合的につながりながら、学びの土台を形成しているということがわかります。それが発展したものとして、図表9-2（138-139頁）には、「カッチンくん」と「二上りリズム」のもととなった伝統芸能「二上りおどり」も含めて、小学校における学習へのつながりをまとめてみました。「これは幼児期の教材」だと固定観念で扱うのではなく、年齢や発達によって教材の生かし方を応用・進化できるよう、柔軟かつ幅広い教材開発と実践が求められています。

　就学前の体験が、さらに深化した形で小学校での学習へと子どものなかでつながるよう、校種を超えた先生たちの意識や実践もつながる必要があります。

第4章　保育内容の展開

演 習 課 題

①あなたの住む地域の素材（特産物、名所、伝統行事・芸能、伝説など）
　を1つ取り上げて詳しく調べ、それをもとにして作成した教材を用
　いて保育活動を構成してみましょう。それぞれが策定した計画をもち
　寄り、まわりの人たちと工夫した点などを検討してみましょう。

②①で計画を策定するにあたり、対象とした事象について、どのように
　教材研究を行うのが効果的であったのか話し合ってみましょう。
　（例：地域の盆踊りが素材→踊りの起源や歴史を指導者に聞く、公民
　館で聞く、インターネットや図書館で調べてみる、踊りのビデオから
　動きを分析する、実際に参加してみるなど）

③①で策定した活動について、保育内容の各領域にどのように関わって
　いるのか、整理して表にまとめてみましょう。その活動を、小学校と
　の接続（カリキュラムや交流）でどのように関連させることができる
　か考えてみましょう。

レッスン9　遊びから学びへ：教材研究と保育内容の実際

図表 9-1 「カッチンくん」工作と身体表現遊び「二上りリズム」

〈「幼稚園教育要領」「保育所保育指針」の内容を中心にとの関連〉

健　康	人間関係	環　境	言　葉	表　現
【ねらい】②自分の体を十分に動かし、進んで運動しようとする。	【ねらい】①幼稚園（保育所）生活を楽しみ、自分の力で行動することの充実感を味わう。	【ねらい】②身近な環境に自分から関わり、発見を楽しんだり、考えたりし、それを生活に取り入れようとする。③身近な事象を見たり、考えたり、扱ったりする中で、物の性質や数量、文字などに対する感覚を豊かにする。	【ねらい】②人の言葉や話などをよく聞き、自分の経験したことや考えたことを話し、伝え合う喜びを味わう。	【ねらい】②感じたことや考えたことを自分なりに表現して楽しむ。③生活の中でイメージを豊かにし、様々な表現を楽しむ。
【内容】②いろいろな遊びの中で十分に体を動かす。④様々な活動に親しみ、楽しんで取り組む。【内容の取扱い】①心と体の健康は、相互に密接な関連があるものであることを踏まえ、（中略）しなやかな心と体の発達を促すこと。特に、十分に体を動かす気持ちよさを体験し、自ら体を動かそうとする意欲が育つようにすること。②（前略）多様な動きを経験する中で、体の動きを調整するようにすること。	【内容】④いろいろな遊びを楽しみながら物事をやり遂げようとする気持ちをもつ。⑦友達のよさに気付き、一緒に活動する楽しさを味わう。⑧友達と楽しく活動する中で、共通の目的を見いだし、工夫したり、協力したりなどする。【内容の取扱い】②一人一人を生かした集団を形成しながら人と関わる力を育てていくようにする。（後略）③（前略）自ら行動する力を育てるようにするとともに、他の幼児と試行錯誤しながら活動を展開する楽しさや共通の目的が実現する喜びを味わうことができるようにすること。	【内容】②生活物の中で、様々な物に触れ、その性質や仕組みに興味や関心をもつ。⑥日常生活の中で、我が国や地域社会における様々な文化や伝統に親しむ。⑧身近な物や遊具に興味をもって関わり、自分なりに比べたり、関連付けたりしながら考えたり、試したりして工夫して遊ぶ。【内容の取扱い】①幼児が、遊びの中で周囲の環境と関わり、（中略）その意味や操作の仕方に関心をもち、物事の法則性に気付き、自分なりに考えることができるようになる過程を大切にすること。（後略）	【内容】②したり、見たり、聞いたり、感じたり、考えたりなどしたことを自分なりに言葉で表現する。③したいこと、してほしいことを言葉で表現したり、分からないことを尋ねたりする。⑧いろいろな体験を通じてイメージや言葉を豊かにする。【内容の取扱い】①（前略）言葉を交わす喜びを味わえるようにすること。	【内容】①生活の中で様々な音、形、色、手触り、動きなどに気付いたり、感じたりするなどして楽しむ。④感じたこと、考えたことなどを音や動きなどで表現したり、自由にかいたり、つくったりなどする。⑤いろいろな素材に親しみ、工夫して遊ぶ。⑥音楽に親しみ、歌を歌ったり、簡単なリズム楽器を使ったりなどする楽しさを味わう。⑧自分のイメージを動きや言葉などで表現したり、演じて遊んだりするなどの楽しさを味わう。【内容の取扱い】②幼児の自己表現は素朴な形で行われることが多いので、保育士（教師）等はそのような表現を受容し、子ども自身の表現しようとする意欲を受け止めて、子どもが生活の中で子どもらしい様々な表現を楽しむことができるようにすること。③（前略）様々な素材や表現の仕方に親しんだり、他の子どもの表現に触れられるよう配慮したりし、表現する過程を大切にして自己表現を楽しめるように工夫すること。

↓　　　↓　　　↓　　　↓　　　↓

幼児期において自発的な活動としての遊びを通して育まれてきた総合的学びが、各教科等における学習に円滑に接続されるよう、生活科を中心に、合科的・関連的な指導などの工夫

出典：「保育所保育指針」「幼稚園教育要領」「幼保連携型認定こども園教育・保育要領」「小学校学習指導要領」2017年より一部抜粋

137

第4章　保育内容の展開

図表 9-2 地域の伝統芸能「二上りおどり」とリズム運動「二上りリズム」（鳴り物「四つ竹」・「カッチンくん」の製作を含む）

〈小学校学習指導要領との関連から教材としての意味を考える──幼児教育とのつながりを中心に〉

「小学校学習指導要領」第1章第2「教育課程の編成」4「学校段階等間の接続」

（1）幼児期の終わりまでに育ってほしい姿を踏まえた指導を工夫することにより、幼稚園教育要領等に基づく幼児期の教育を通して育まれた資質・能力を踏まえて教育活動を実施し、児童が主体的に自己を発揮しながら学びに向かうことが可能となるようにすること。また、低学年における教育全体において、例えば生活科において育成する自立し生活を豊かにしていくための資質・能力が、他教科等の学習においても生かされるようにするなど、教科等間の関連を積極的に図り、幼児期の教育及び中学年以降の教育との円滑な接続が図られるよう工夫すること。特に、小学校入学当初においては、幼児期において自発的な活動としての遊びを通して育まれてきたことが、各教科等における学習に円滑に接続されるよう、生活科を中心に、合科的・関連的な指導や弾力的な時間割の設定など、指導の工夫や指導計画の作成を行うこと。

	生　　活	
1年	【第2　各学年の目標及び内容】〔第1学年及び第2学年〕2「内容」(5)身近な自然を観察したり、季節や地域の行事に関わったりするなどの活動を通して、それらの違いや特徴を見付けることができ、自然の様子や四季の変化、季節によって生活の様子が変わることに気付くとともに、それらを取り入れ自分の生活を楽しくしようとする。(6)身近な自然を利用したり、身近にある物を使ったりするなどして遊ぶ活動を通して、遊びや遊びに使う物を工夫してつくることができ、その面白さや自然の不思議さに気付くとともに、みんなと楽しみながら遊びを創り出そうとする。	【第3　指導計画の作成と内容の取扱い】1(4)他教科等との関連を積極的に図り、指導の効果を高め、低学年における教育全体の充実を図り、中学年以降の教育へ円滑に接続できるようにするとともに、幼稚園教育要領等に示す幼児期の終わりまでに育ってほしい姿との関連を考慮すること。特に、小学校入学当初においては、幼児期における遊びを通した総合的な学びから他教科等における学習に円滑に移行し、主体的に自己を発揮しながら、より自覚的な学びに向かうことが可能となるようにすること。その際、生活科を中心とした合科的・関連的な指導や、弾力的な時間割の設定を行うなどの工夫をすること。
2年		

出典：「小学校学習指導要領」から抜粋、編集

音　楽	図 画 工 作		体　　育	
〔第1学年及び第2学年〕 2「内容」A「表現」 (3) 音楽づくりの活動を通して、次の事項を身に付けることができるよう指導する。 ア（ア）音遊びを通して、音楽づくりの発想を得ること。 ウ（ア）設定した条件に基づいて、即興的に音を選んだりつなげたりして表現する技能。	〔第1学年及び第2学年〕 1「目標」 (1) 対象や事象を捉える造形的な視点について自分の感覚や行為を通して気付くとともに、手や体全体の感覚などを働かせ材料や用具を使い、表し方などを工夫して、創造的につくったり表したりすることができるようにする。 〔第1学年及び第2学年〕 2「内容」A「表現」 (1) イ　絵や立体、工作に表す活動を通して、感じたこと、想像したことから、表したいことを見付けることや、好きな形や色を選んだり、いろいろな形や色を考えたりしながら、どのように表すかについて考えること。	第3「2　第2の内容の取扱いについての配慮事項」 (3) ア　第1学年及び第2学年においては、いろいろな形や色、触った感じなどを捉えること。 (6) ア　第1学年及び第2学年においては、土、粘土、木、紙、クレヨン、パス、はさみ、のり、簡単な小刀類など身近で使いやすいものを用いること。	〔第1学年及び第2学年〕 第2　「3　内容の取扱い」 (4) 学校や地域の実態に応じて歌や運動を伴う伝承遊び及び自然の中での運動遊びを加えて指導することができる。	〔第1学年及び第2学年〕 第2「2　内容」F「表現リズム遊び」 (1) 次の運動遊びの楽しさに触れ、その行い方を知るとともに、題材になりきったりリズムに乗ったりして踊ること。 ア　表現遊びでは、身近な題材の特徴を捉え、全身で踊ること。 イ リズム遊びでは、軽快なリズムに乗って踊ること。 (2) 身近な題材の特徴を捉えて踊ったり、軽快なリズムに乗って踊ったりする簡単な踊り方を工夫するとともに、考えたことを友達に伝えること。
【第3　指導計画の作成と内容の取扱い】 1 (4) 特に、小学校入学当初においては、幼児期における遊びを通した総合的な学びから他教科等における学習に円滑に移行し、主体的に自己を発揮しながら、より自覚的な学びに向かうことが可能となるようにすること。その際、生活科を中心とした合科的・関連的な指導や、弾力的な時間割の設定を行うなどの工夫をすること。				

レッスン 10

保育内容横断としてのESD

このレッスンでは、保育内容の領域を横断的に展開するESD（持続可能な開発のための教育：以下、ESD）について学びます。ESDという言葉は、まだ聞きなれないかもしれませんが、これからの日本を担う子どもたちには欠かせない日本の生活と遊びを次の世代に伝えていく活動となります。

1. 保育におけるESDとは

1 ESDという教育のこれまでの歩み

ESDとは何でしょうか。「知っている」という人もいれば「初めて聞いた」「聞きなれない」という人もいるでしょう。

ESDとは、Education for Sustainable Developmentの略称で**「持続可能な開発のための教育」**と訳されています。このESDの前身は「持続可能な開発」すなわちSD：Sustainable Developmentという考え方です。ESDは1992年に国際連合が開催した地球サミット・**アジェンダ21**[*]（リオデジャネイロ）における12歳のオーストリアの少女のスピーチ「誰もが永遠に足るように"enough for everyone"」がきっかけになり世界中で進められていった教育アプローチです。

この「持続可能な開発」について、さらにそれを実現するための3つの具体的な柱が示されました（図表10-1）。

※ 用語解説
アジェンダ21
アジェンダ21とは、1992年6月にブラジルで開催された、地球サミットで採択された、21世紀に向け持続可能な開発を実現するために各国および関係国際機関が実行すべき行動計画の総称である。

図表 10-1 ESDの3本柱

出典：国連地球サミット（リオデジャネイロ、1992年）をもとに作成

1つ目の柱は**環境の保全**で、これを主軸とします。2つ目の柱は**経済開発**、3つ目の柱は**社会開発を総合的に推進する**こととして、その実現を目指しました。この3本柱はそれぞれが相互依存的で、双方向的に強化しあって進められるホリスティック（包括的）な概念として機能することが求められたのです。

その後、2002年、南アフリカ共和国のヨハネスブルクで開催された国際連合の会議で、**「国連ESDの10年：2005〜2014年」**が提案・採択され、ESDが本格的に始まりました。

日本では、この採択を受け、2006（平成18）〜2008（平成20）年の3年間に「国連ESDの10年促進事業」が実施されました。そして、2014年名古屋市および岡山市において、10年促進事業の集大成として「ESDに関する**ユネスコ世界会議**[*]」が開催され、ユネスコ加盟153か国から政府関係者をはじめ教育機関の関係者も参集して、盛大に**ESDの10年のまとめ**が行われました。実は、このESDという言葉は、「日本」が生み出し、世界中に広まった言葉なのです。

しかし、実際の保育現場ではESDの取り組みはほとんどこの10年間実践されてきませんでした。ESDという言葉すらなじみがない人も多いと思います。このESDを主に推進してきたのが小学校や中学校で、多くの学校がそれぞれの地域の特色や自然を生かすカリキュラムを策定して実践し「**ユネスコスクール**」の認定を受けています。

保育におけるESDは、これからスタートラインに立つものと考えられるかもしれません。

2 ESDを支える5つの考え方（ESDの概念）とその意義

ESDには**5つの基本的な教育の考え方**（骨組み）があります（図表10-2）。

健全な自然環境を土台に人々の暮らしや経済活動、社会があることから、これからの環境・社会・経済を統合的かつ総合的にとらえ、持続可能な社会の実現に向けて行動できる人を育てる、と説明されています。

✴ 用語解説

ユネスコ世界会議
国際連合で採択された「持続可能な開発のための教育の10年」の最終年である2014年11月に、国連教育科学文化機関（ユネスコ）と日本政府の共催により、愛知県名古屋市および岡山市において開催された会議で、これからのESDの展望と、これまでの貢献への表彰などが行われた。

✚ 補足

ユネスコスクール
「人類の知的・精神的連帯の上に平和を築く」というユネスコの憲章の理念を実現するために、実験的な試みを行う学校の国際的なネットワークとその活動に参加する学校の日本での呼称である。

第4章　保育内容の展開

図表 10-2　ESDの概念図

出典：ユネスコスクールホームページをもとに作成

※用語解説
「子どもの権利条約」
正式名は「児童の権利に関する条約」で、子どもの基本的人権を国際的に保障するために定められた。1989年11月の国連総会で採択され翌年に発効された。

　この概念の根底にあるのが「子どもの権利条約*」で、「生きる権利」「育つ権利」「守られる権利」「参加する権利」の4つです。しかし今、子どもたちを取り巻く社会は、戦争、紛争、テロ、飢餓、貧困といった経済問題から、虐待や人種・民族・宗教・ジェンダー・身体的な機能などの異なる文化や気質から生まれる差別や排斥など、人間として生きることすら困難な状況にあります。

　さらに、地球温暖化や環境の汚染、日本では放射能汚染や気候変動による多くの災害が起こり、子どもを取り巻く環境の悪化は深刻な問題です。地球のどこかで、子どもたちが犠牲になっており、子どもの権利条約で掲げた柱は大人たちに踏みにじられています。

　このような社会を今後つくらないためにも、幼いうちからの「教育」が必要であり、そのためにESDという概念が生まれたといっても過言ではないでしょう。

3　なぜ、保育にESDが必要なのか

　なぜ、これからの教育・保育にESDが必要なのかという理由として「日本ユネスコ国内委員会（2014）」のホームページにESDを支える**5つの理由**が述べられています。その5つは「ESDは21世紀のニーズに応える教育を実現」「教育の革新を促進」「公平性と多様性の尊重」「気候変動対策への貢献」「環境に優しい社会の構築」で、地球規模の環境の保護と人類がこれからも平和な社会を築いていくという大きな目標がその背景にあることがわかります。

さらに、2014（平成26）年の「ESDユネスコ世界会議」の名古屋国際会議場のワークショップ（クラスターⅡ）のなかで、「ク. 乳幼児のケア及び教育・発達支援のためのESDイニシアチブの策定」という会合が開かれました。そして、この会合の概要報告によると「すべての国の乳幼児期のケアと教育において、ESDの確立が、理論的かつ非常に重要であることを確認していくため、参加者が意見を出し合いました。世界中の特定の地域への適合性の問題に焦点を当て、グループ討議を行いました」と記録されています。

このことからも、**乳幼児期こそESDが必要**であり、乳幼児教育だけではなく、地域や家庭も巻き込みながら進めていく**重要な教育アプローチ**であることが理解できると思います。

それでは、保育の実践のなかでどのようにESDを実現できるのでしょうか。

2. 保育内容の展開とESD

1 これまでの日本の保育とESD

ESDという教育の考え方は、これまでになかった新しいものでしょうか。日本の保育について考えてみると、一概にそうとはいえません。実際に地域の資源を有効に保育に取り入れ、日本の伝統的な遊び（折り紙、わらべ歌、あやとり、コマ回しなど）を積極的にカリキュラムに取り入れています。どこの園においても「環境」、とりわけ自然環境を重視し動植物を育てる活動は行われているのです。このような点からESDをとらえなおしてみると、日本の保育・幼児教育には**ESDはすでに内包されている**と考えることができるでしょう。

そして、持続可能な開発を実現するための発想力や行動力を育てることがESDであるならば、これまでに日本の保育で大切にしてきた視点、「生活：さながらの生活」「主体的活動としての遊び」「環境を通しての保育」「自然との関わりの重視」「園と家庭・地域との連携」「子どもと保育者の相互性」などの特徴を理解して推進する必要があるのです。

そして、これまでの保育のなかで、乳幼児期の学びの基盤は**倉橋惣三**による「**さながらの生活**」の重視や、「幼稚園教育要領」の「幼児期にふさわしい生活の展開」などで示されてきているように、子どもたちの「生活」を支えることがESDの実現につながると考えられます。

参照
倉橋惣三
→レッスン1

補足
さながらの生活
倉橋惣三は日常の生活こそを学びの原点ととらえ、子どもの遊び・学びは「生活を生活で生活へ」という言葉で表現し、日々のその子どもらしい生活のありさまを「さながらの生活」とよび大切にした。

2 日本の保育に息づくESDとは

それでは、上記に示したような日本の保育現場で大切にされている特徴や、その主な内容とESDとの関連を考えていきます。

①幼児期にふさわしい生活の展開

2017（平成29）年に告示された「幼稚園教育要領」の第1章第1「幼稚園教育の基本」においても「1　幼児は安定した情緒の下で自己を十分に発揮することにより発達に必要な体験を得ていくものであることを考慮して、幼児の主体的な活動を促し、幼児期にふさわしい生活が展開されるようにすること」と示されています。幼児期にふさわしい生活の重要性を説いた**「生活を生活で生活へ」**という言葉は倉橋惣三が示したもので、**現代の保育の理念の中核**にもなっている考え方です。

これらの内容からESDをとらえると、ESDが示す「持続可能な開発のための教育」の基盤は、その子どもの育つ文化に根差した生活、さながらの生活こそが、その出発点といえるのではないでしょうか。

②主体的活動としての遊び

次に、**主体的活動としての遊び**も日本の保育では大切にされてきました。このことは、上で述べた「幼稚園教育の基本」において「幼児が身近な環境に主体的に関わり、環境との関わり方や意味に気付き、これらを取り込もうとして、試行錯誤したり、考えたりするようになる幼児期の教育における見方・考え方を生かし、幼児と共によりよい教育環境を創造するように努めるものとする」と新たに示されています。教師の役割を強調し子どもの主体的な経験を重んじました。そして、第2章「ねらい及び内容」の前文においても「各領域に示すねらいは、幼稚園における生活の全体を通じ、幼児が様々な体験を積み重ねる中で相互に関連をもちながら次第に達成に向かうものであること、内容は、幼児が環境に関わって展開する具体的な活動を通して総合的に指導されるものであることに留意しなければならない」と示されています。

ESDの本質は、子どもたちの個々の課題に個別にアプローチするものではなく、**包括的（ホリスティック）にアプローチ**すべきものです。上で記したような「幼稚園教育要領」の示す主体的な遊びを重視しながらも、**遊びをとおして総合的な指導**をねらい、友だちとともに成長することを期待しているという点は、まさにESDそのものだと考えられます。

③環境を通しての保育

次に、環境を通しての保育です。ESDの3本柱にもある「環境の保全」から日本の保育をとらえると、現在の日本の保育の基盤は「環境を通し

レッスン10　保育内容横断としてのESD

て行う」ことがその中心に据えられています。環境の保全のためには、子ども時代から**自然環境**（地域の森、川、原っぱ、公園など身の回りの自然）、**社会環境**（地域の資源としての学校、幼稚園、保育所、児童館、社会的なつながりを支える環境）、**経済環境**（商業施設、銀行、産業、など経済活動を促したり支えたりするものや人、組織）などの、「日本の環境」への関心と理解を学ぶ体験を積み重ねる必要があります。子どもは**みずから環境に関わって学んでいく存在**なのです。この点からも、日本の保育において、ESDは保育内容に内在していると考えることができます。

④自然との関わりの重視

　環境教育はESDの重要な側面であり、学校教育ではこのESDは「環境教育」としてスタートしています。保育においても自然環境は「環境を通して行う教育」のなかでも最も中心的な役割を果たすもので、子どもの成長に不可欠です。共生するものとしての「自然環境」は、日本の保育のなかでは重要なファクターであり、すでにESDの実践でもあったのです。直接、草や虫などの命にふれて子どもの心がゆさぶられる体験こそ、ESDといえるでしょう。ESDは命をつなぐ教育だからです。

　「幼稚園教育要領」に新設の第2の3には**幼児期の終わりまでに育ってほしい姿**（10の姿）が示され、「（7）自然との関わり・生命尊重」では「自然に触れて感動する体験を通して、自然の変化などを感じ取り、好奇心や探求心をもって考え言葉などで表現しながら、身近な事象への関心が高まるとともに、自然への愛情や畏敬の念をもつようになる。また、身近な動植物に心を動かされる中で、生命の不思議さや尊さに気付き、身近な動植物への接し方を考え、命あるものとしていたわり、大切にする気持ちをもって関わるようになる」と、さらに自然との関わりが強調されました。

⑤園と家庭・地域の連携

　ESDは、親子、家族がともに持続可能な生活をいとなむための行動を起こしていくことを支援するものであり、その支援にあたり、ESDの課題はそれぞれの社会や地域・時代によって異なってきます。そのような状況のなかでESDを推進するためには**地域の特性を踏まえた保育の展開や園と家庭や地域との連携、子どもたちがともに育ちあうといった視点**が欠かせません。日本の保育はこの点においても力を注いできました。

　「幼稚園教育要領」の前文に新設された5において「伝統と文化を尊重し、それらをはぐくんできた我が国と郷土を愛するとともに、他国を

参照
幼児期の終わりまでに
育ってほしい姿
→レッスン1

145

第4章　保育内容の展開

尊重し、国際社会の平和と発展に寄与する態度を養うこと。」と郷土愛に加え、国際的な視野も含めた点は注目できます。

⑥子どもと保育者の相互性

最後に、子どもとの相互性です。保育は子どもだけのものではなく、**人的環境としての保育者の生活経験や生き方**までが、子どもとともに揺れたり響きあったりしながら展開されるという意味です。日本の保育はこの相互性を大切にしてきました。これもESDの重要な視点です。

3　日本の幼児保育内容総論としてのESD

それではこれまでに日本で取り組んできた保育内容の「事例」をESDの視点から概観して、具体的にESDについて考えてみましょう。

①木育とESD

日本は、以前は林業が盛んな国でした。そのために木の文化も国民に浸透していましたが、欧米化が進み、しだいに身近にあった「木材」という素材に触れる機会すら減少して、この木の文化を継承することも危惧されるようになりました。そのようななかで**木育**[*]が始まりましたが、ESDで大切にしている「**文化を継承する**」という要素を多分に含んでいることがわかります。

ここで紹介する事例は、埼玉県の取り組みです。埼玉県は面積の3分の1が森林で、県西部を中心に奥秩父の山脈をはじめとした多くの山や森林に囲まれています。森林は、埼玉県に住む大人や子どもにとっては身近な自然環境でしたが、あまりにも身近なだけに意識されませんでした。一方で、この膨大な面積の森林の維持には膨大な費用がかかるという課題もあり、木と共生する文化の創成を目指して「木育事業」が始まりました。日本の各地でこの取り組みが行われているのは、林業という産業の衰退と、日本の森林の維持・整備の必要性という現実的な地域の課題から生まれたものですが、森林を創る地域という点で、教育と結びついたESDの事例と考えることができるでしょう。具体的には、主に県産のさまざまな木材を使い、におい、肌触り、硬さ、軽さなどの木材のもつ特徴を、子どもに遊びのなかで感じ取ってもらい、木材への愛着を育もうというねらいで、木製の遊具を保育現場に提供するという取り組みを始め、木材を使った積み木、ボールを満たした「ボールプール」、いろいろな音の出る楽器、ままごと道具、パズルなど子どもの身近な遊びの道具が提供されました。

②地域の自然環境を活用した幼稚園の実践とESD

ここで紹介する園は、神戸市の最北に位置する田園風景が広がる自然

✳ **用語解説**

木育

2004年から北海道で始められた事業で具体的には市民や児童の木材に対する親しみや木の文化への理解を深めるための教育活動。2007年から林野庁の補助事業として岐阜、熊本、宮崎、埼玉、長野県などを中心に地域の特徴を生かした教育事業として展開をしてきた。

レッスン 10　保育内容横断としての ESD

豊かな地域での実践です。かつて、創設130年を迎えた長尾小学校の跡地を、2006（平成18）年に幼稚園として運用した園ですが、園舎、運動場、裏山や園庭にある明治時代の石碑、カイズカイブキなどの大木などの歴史がそのまま息づいています。この歴史ある場所を子どもたちの生活の場として「身近な自然に四季を通して触れる」「地域の特徴を知り、地域の人々と触れ合ったり散策したりする」「幼稚園の裏山『日歩が丘』で存分に遊ぶ」というねらいを立てて保育を実践しました。長い歴史のなかでさまざまな人々が守り、活用してきた場所を、地域の教育の場として、これからの（持続可能な）**地域としての「保存と創造」を保育を通して行う**ことはまさに ESD といえるでしょう。

　四季の変化がはっきりとした**日本の季節の特徴を十分に生かす**ことで、身近な自然の変化やその特徴にも積極的に気づき、その直接的な経験を継続して積み重ねることで自然を見る目が豊かになり、関わりも深まっていく。これこそ環境保全の基礎になる自然との共生への足場づくりでしょう。また、この地域では水田の害虫を駆除するのに殺虫剤を使わず、アイガモに食べてもらうアイガモ農法という**自然農法**[*]で米づくりを行っており、子どもたちや保護者もその農法を実際に見たり調べたりと、その地域を実際的に知り、理解するという活動も行っています。これも正しくは**地域文化（農法）との出会いと継承**という教育活動です。

③ねぶた祭りを取り入れた幼稚園の実践

　ESD は園と家庭・地域が連携して行われる教育活動です。その事例として、日本の伝統文化である**「祭り」を取り入れた「保育」**から、ESD について考えていきましょう。

　ここで取り上げるのは、「**ねぶた祭り**[*]」を夏の幼稚園の祭りの集大成として、1年を通しての取り組みを行った波打カトリック幼稚園の事例です。

　波打カトリック幼稚園がある青森市は、人口約30万人の県庁所在地で、縄文文化の大規模集落として残された三内丸山遺跡も近くに位置する、歴史的な町です。しかし、気候は厳しく、何mもの積雪がある豪雪地帯でもあります。そのような気候のなかで夏の到来は地域の人々にとって楽しみな季節で、夏祭りである「ねぶた」のために1年をかけて準備をするという風習は、一つの「生きがい」ともなっています。そのような地域で文化や生活についてこれからも持続可能な開発をしていくためには、「教育」が不可欠でしょう。

　この幼稚園は、園児数約100人の中規模幼稚園です。青森市が地域ねぶたを推奨するようになったことを契機に、1999（平成11）年から波打

✳ 用語解説
自然農法
自然農法とは、不耕起（耕さない）、不除草（除草しない）、不施肥（肥料を与えない）、無農薬（農薬を使用しない）を特徴とする農法である。

✳ 用語解説
ねぶた祭り
ねぶたとは、東北地方で行われる七夕行事の一つ。紙貼りの扇・人形・動物などのねぶたに火を灯して屋台や車に載せ練り歩く。なかでも、青森の「ねぶた祭り」は、日本屈指の大きな祭り。大きな張子を乗せた山車（ねぶた）と大勢の踊り子（ハネト）が跳ねる様子は有名である。

147

第4章　保育内容の展開

カトリック幼稚園でもねぶた祭りへの取り組みが行われるようになりました。以前から、園の保育の一環としてねぶたづくりをして、園内での披露は行っていましたが、地域の人と協力しながら町内を練り歩き、製作も子ども・保育者・保護者が協力して金魚ねぶたというキャラクターねぶたを毎年つくり、祭りに参画しています。

　ねぶたという地域の伝統文化を**乳幼児期から地域の一員**として肌で感じながら学び、それを幼稚園で仲間の子どもたちや保育者、保護者との相互性のなかで学びながら**実現し、創成しながら継続する**という持続可能な発展のための教育といえるでしょう。

④地域の産業とリンクした保育・ESD

　日本の産業は、明治維新を契機に諸外国から多くの技術が導入され、大きく発展しました。そのなかでも、製糸工業の発展は目覚ましく、富岡製糸場跡は世界遺産にもなりました。この製糸工業の発展が日本の経済基盤をつくり、その糸を運搬するために鉄道も大きく発展していきました。製糸業は従来から絹糸による絹織物として伝統的産業として日本中の多くの地域の産業を支えていたのですが、大型の製糸工場の発展は、絹糸の生産が身近な地域の人々の日々の暮らしのなかにあった時代から、工場でつくられるようになり実生活とは距離のある製品へと変化していきました。

参照
カイコの飼育
→レッスン8

　特に絹は、日本の多くの伝統的な織物であったにもかかわらず、子どもたちの生活から離れていってしまいました。日本が誇れる絹織物の伝統を子どもたちに伝える取り組みとして「**カイコの飼育**」を取り入れる幼稚園や保育所が近年増えてきました。忘れられそうな日本の伝統は実はこれからの持続可能な開発のためには欠かせない足場となるのです。その足場から子ども時代に学びとして体験することが、次の新しい産業への架け橋になるという点で、「カイコの飼育」もESDとしての重要な活動だと考えられます。

3.　領域の視点からとらえたESDと保育内容総論

　これまで、ESDとはどのような取り組みなのかという基本から実際の保育内容までを、ESDという教育の視点からとらえなおして考えてきました。ESDが、いかに日本の保育に内在しているかがイメージできたことでしょう。

　それではここで、日本の保育の基本的な内容である「幼稚園教育要領」

および「保育所保育指針」において示されている5つの領域について振り返ってみます。この5領域（健康、人間関係、環境、表現、言葉）がESDの保育内容とどのように関連しているかを確認しましょう。たとえば「木育」について考えてみます。木育では、その地域でとれた木材を使い、子どもの使う日用品から遊具まで子どもを取り巻く生活と遊びの環境に木材を使用し、木の肌触り、においなどの五感をとおして「木」の温もりを感じることができるようにしています。これを5領域でとらえれば、「木」の感触やにおいなど、木そのものが**領域「環境」**です。

そして、その体験を保育者と子どもが共有するなかで、言葉や絵画、歌などのさまざまな表現方法で共有されるでしょう。**「表現」と「言葉」の領域**も内包しています。そして、この木育では、地域の人々や保護者・保育者・友だちとの関わりも、多くの人との関係をとおして体験されますから**領域「人間関係」**も含まれ、さらにこのような体験は**「心と身体の健康」**を育むきっかけにもなると考えれば、**領域「健康」**も当然含まれます。

このように5領域は、どのような活動でもそれぞれの領域の内容が独立しているのではなく、遊びや生活といった子どもたちの実際的な体験のなかにすべて内包され有機的に関連し合って存在しているのです。

ESDという教育も5領域を有機的につなぎ、包括的な生活と遊びのなかで展開される教育の一つととらえることができるでしょう。

演 習 課 題

①子どもの権利条約を読み、あなたが感じた「大切にしたいこと」「子どもたちに伝えたいこと」を3つあげましょう。
②自分のこれまでの生活のなかから、これからも次世代に伝えたい日本の遊びを3つあげて、その理由を考えましょう。
③環境の保全で、大人も子どもも身近なところで心がけたいことにはどんなことがありますか。グループで話し合ってみましょう。

レッスン**11**

家庭・地域・小学校との連携

このレッスンでは、乳幼児期の子どもたちが健やかに育つために欠かせない「連携」について考えます。乳幼児期は、急速な発達を遂げる重要な時期ですが、まだ自分一人でできることは限られています。そこで、家庭や地域、そして小学校という次のステップとの連携を保育者が担うのです。

1. 家庭との連携

1 子ども理解と家庭理解の重要性

　保育において、**家庭との連携**はいうまでもなく欠かせない重要な**保育の守備範囲の一部**です。保育現場は多くのさまざまな子どもたちが集う集団生活の場です。そして、そこの生活は子どもたちにとって、**はじめての社会集団**による生活となります。しかし、乳幼児期の子どもたちはまだ発達の途上にあり、集団生活とはいっても、保育者は一様に同じ援助をしたり、一斉に同じ行動をとらせたりすることはむずかしいでしょう。なぜなら、乳幼児期の子どもたちは発達の様相もスピードも**個人差がとても大きい**のです。家庭での育ちも当然異なり、影響の受け方も千差万別です。その個々の子どもの発達に寄り添いながら一人ひとりの子どもの生活や遊びをより充実したものとし、子どもたちにとって主体的な体験となるよう配慮することが、保育者の使命でもあります。乳幼児期の子どもたちは、自分の発達について保育者に説明できる能力は、もちろん有していません。そのため、子どもたちの発達を支えるには、保護者との密接なコミュニケーションにより、家庭での生活や遊びの様子、発達に関わる情報の共有を行うことが重要な課題となります。

　しかし、近年、これまでの日本社会で育児を全面的に担ってきた女性のライフスタイルが変化してきました。女性の社会進出にともない、働きながら子育てをするという女性が増え、**ワークライフバランス**＊を整える働き方が提案されるようになってきました。しかし一方で、両親は朝早くから夜遅くまで、子どもと離れて生活せざるを得ず、保育者も家庭との連携に必要な情報の共有が困難になったり、コミュニケーションが希薄になるといった問題も出ています。

✳ 用語解説

ワークライフバランス
1970年代以降の欧米で、働きながら子育てする人や、長時間労働によるストレスで健康を損なう労働者が増大したことを背景として使われるようになった言葉。近年では、個人のライフスタイルや多様な働き方の実現を目指して使用されることが多い。

レッスン11　家庭・地域・小学校との連携

2　家庭のさまざまな状況と人間関係

　次に、具体的に子どもの発達に関係する人的資源としての家族について考えてみましょう。一口に家族といっても、父親、母親、子ども1人の3人家族（典型的な核家族）もあれば、子どもが3人の5人家族、祖父母や両親のきょうだい（子どもにとってはおじ、おば）などと同居するいわゆる大家族や、父親か母親または祖父母の一方と暮らすひとり親家庭など、本当にさまざまな家族が存在する時代になりました。そのために、子どもたちの経験してきている人間関係にも個人差が大きく、その結果、コミュニケーションの力量に大きな差が出てもしかたがないことでしょう。**家族形態の多様化**が子どもの育ちに影響を及ぼしていることが、保育においても配慮しなければならない重要な課題となっているのです。

　そこで、典型的にみられる家族の関係にふれておきましょう。家族は大きく3つの関係から成り立っています。まずは**「横の関係」**です。これは**同じステージにいる者同士の関係**で、家族でいえば父と母、祖父と祖母、おじとおば、きょうだいがそれにあたります。

　それでは親子関係はどうでしょう。これは上下の関係になるので**「縦の関係」**といえます。しかし、きょうだいは同じ家族の子どもたちという点では横の関係ですが、兄、姉、妹、弟となると**年齢の差**が生じるので「縦の関係」の要素ももち合わせています。この「きょうだい」特有にみられる二重構造を、**依田明**[*]はきょうだい関係を**「ナナメの関係**[*]**」**とよび、縦・横の両方の関係を学習できる重要な社会学習の場としての価値について取り上げています[†1]。

　以上のような家族関係の特徴や、家族の状況の特徴（家族の離婚、疾病、転勤・失業などの経済問題など）が、実は子どもの発達に大きく影響を及ぼします。そのため保育者は、プライバシーへの配慮をしながら、子どもの発達に関わる家庭内の情報を、保護者とのコミュニケーションをとおして分析・収集して、日常の保育における子どもへの配慮事項として援助の工夫に役立てることを求められるのです。

3　具体的な連携とその留意点

　この問題を解決するために、保育現場では平日の保育に保護者を招く**「保育参加」**などの試みを行っています。これは保護者に保育を体験してもらうなかで、**子どもの育ちに関する情報の共有**を図ったり、**家庭保育へのアドバイス**（保育指導）を行ったりするなど、家庭との連携を密にすることが目的です。

人物

依田明
1932〜2015年
東京生まれの心理学者。東京大学文学部心理学科卒業後、東京大学、横浜国立大学などで教授として学生を指導。「ひとりっ子」の日中比較研究から「きょうだいの心理学」を提唱した。

用語解説

ナナメの関係
家族の関係をわかりやすく示した言葉で、縦（タテ）の関係である親子関係や横（ヨコ）の関係である仲間関係と比較してとらえた。このナナメの関係がタテの関係とヨコの関係の橋渡しをするという意味がある。

出典

†1　依田明『きょうだいの研究』大日本図書、1990年

151

第4章　保育内容の展開

✳用語解説

ポートフォリオ
直訳すると「紙ばさみ」「折りカバン」「書類入れ」という意味。教育用語としては、ポートフォリオ評価法を意味する。学習過程で児童生徒が残したレポートや試行用紙、活動の記録動画や写真など、学習評価を質的に評価できる評価方法。

また、短時間でも保育現場での子どもたちの体験が一目で見られるようなポートフォリオ*や写真をフルに活用したその日の活動報告などによって、情報の伝達の可視化を積極的に行っている園も少なくありません。

連絡帳という家庭と園との子どもの情報交換用ツールを使い、園からの伝言や、家庭から園へのお願い事項などのやりとりができるような方法も一般的に行われています。

4 「幼稚園教育要領」および「保育所保育指針」における家庭との連携

「幼稚園教育要領」の第3章1（2）では、「家庭や地域での幼児の生活も考慮し、教育課程に係る教育時間の終了後等に行う教育活動の計画を作成するようにすること。その際、地域の人々と連携するなど、地域の様々な資源を活用しつつ、多様な体験ができるようにすること。（3）家庭との緊密な連携を図るようにすること。その際、情報交換の機会を設けたりするなど、保護者が、幼稚園と共に幼児を育てるという意識が高まるようにすること」とあります。

また、「保育所保育指針」の第4章1（1）「保育所の特性を生かした子育て支援」では、「ア　保護者に対する子育て支援を行う際には、各地域や家庭の実態等を踏まえるとともに、保護者の気持ちを受け止め、相互の信頼関係を基本に、保護者の自己決定を尊重すること。イ　保育及び子育てに関する知識や技術など、保育士等の専門性や、子どもが常に存在する環境など、保育所の特性を生かし、保護者が子どもの成長に気付き子育ての喜びを感じられるように努めること」とあります。「幼稚園教育要領」と違い、子どもと保護者の両輪を外から支える役割を担っている点が特徴的です。

以上のように、子どもの発達を支援するためには保育現場においては、家庭との連携が**土台となるような重要な役割や機能**を担っていて、その土台との連携なくして保育はあり得ないということになるでしょう。

2.　地域との連携

1 地域資源とは（人的・物的）

子どもたちにとって、地域にはどのような価値があるのでしょうか。レッスン10で紹介したESDという教育の推進はまさに**地域に根ざした**

レッスン11 家庭・地域・小学校との連携

教育の実践と実現です。子どもにとって、地域は大きなゆりかごや大きな巣（ネスト[*]）のような存在なのではないでしょうか。生まれた土地の文化をそこで暮らす人々のなかにとけこみながら学び、摂取していく過程がその子の生き方にまで影響を及ぼすものと考えられます。

　地域の資源には物的資源と人的資源があります。この資源とは、子どもたちの成長のための資源で、**乳幼児期は人的資源が重要**といわれます。家族を取り巻く近所や親戚、同級の子どもの家族や保育者がその資源です。

　一方で、物的資源は地域の風景を構成しているすべてのものを指すので、自然環境から町に立ち並ぶビルや駅、道路、信号、田畑、公園などさまざまな資源が思い浮かぶと思います。しかし、それぞれ、たとえ同じ樹木であってもその人の体験のあり方（その木にのぼった、その木のまわりで鬼ごっこをしたなど）によってその樹木への感じ方もイメージも個々に違ってきます。心のなかに残る風景は同じ風景でも、それぞれ違った記憶として残り、それが「その人らしさ」として心の支えとなるのです。

　皆さんはどうでしょうか。子ども時代の目で見つめた風景は「原風景」といって心のなかに根を下ろし、心の支えやふるさとになるものだと思います。生活や暮らしをともにした人々との情緒的な関わりやコミュニケーションも、その風景に埋め込まれながら心に刻まれると考えると、本当に**地域は子どもにとっての重要な資源**だといえるでしょう。

2　地域資源を知り、生かす

　地域の資源は、地域によってさまざまな特徴をもっていて、実に個性的です。しかし、大人になってしまうと、その地域資源はあって当たり前のものになってしまい、その結果、**子どもにとっての地域資源の価値を見極めて**教育に生かそうというとらえ方が、一般の人たちにはできなくなっている場合が多くあると感じています。雑草が生い茂った原っぱは、子どもの好奇心をかき立てる絶好の環境です。水たまり一つでも子どもには夢の入り口になります。大人たち、特に子育て中の父親や母親、そして子どもの教育に携わる人たちは「**その地域だからこそある資源とその資源の価値**」に目をむけて、積極的に子どもたちの**アフォーダンス**[*]を引き出して有効な学びにする配慮が必要です。

3　具体的な連携とその留意点

　ここで、イタリアのレッジョ・エミリア市の保育を紹介しましょう。

✳ 用語解説

ネスト
直訳をすると巣、居心地がよくて安心できる場所、を意味する。ここでは子どもたちの安全で心地のよい家庭的な場所を意味している。

✳ 用語解説

アフォーダンス
環境には、人が環境に出会うとき、その環境がその人の行動を促進させたり、制限させたりする性質が備わっているという考え方である。ジェームズ・ギブソンはこのような性質、環境が動物に提供するもの、環境が用意したり備えたりするものを「アフォーダンス」とよんだ。
→レッスン8

153

第4章　保育内容の展開

レッジョ・エミリア市では、地域の人々が積極的に保育に参加し、自然環境はもちろん、工業製品や石材、木材など、産業で余った製品まで保育現場に寄付をしています。この寄付されたさまざまな素材を、子どもたちは造形や遊びの道具などに使うため、結果的に、地域資源を理解し、有効に活用するという**リサイクルの精神を具体的に保育のなかで実践**できています。

　子どもたちが主体的に動き自由に発想したものを、大人が積極的に支援して、主体的な学びを保障しようというものです。これを「プロジェクト活動」といい、地域の名前をとり**レッジョ・エミリア・アプローチ**[*]ともよばれます。地域の活動が**保育のアイディア**として生かされ、その**体験が地域に再び還元される**という**学びの連続性**が生まれ、連環的な地域との連携になっているようです。

　この「プロジェクト活動」を取り入れている幼稚園や保育所が、日本でも増えています。お祭りや、地域のシンボルとなった橋や、商業施設など、すべてが子どもの学びの場として生かされています。ある幼稚園では、いただいた花束から「におい」というプロジェクトがスタートし、しだいに「よいにおいをつくろう」と目的が変化し、香水づくりにまで発展しています。そして次は「変わったにおい、強いにおい」に発展し、最終的に地域の韓国料理屋さんに目が行き、キムチづくりをし、地域の人と試食会をしたようです。このような地域での学びは、重要な心の糧になるでしょう。

3.　小学校との連携

1　小学校との連携の必要性

　小学校との連携の重要性がいわれ始めたのはいつごろからなのでしょうか。実はこの問題の背景には1990（平成2）年後半から、**学級崩壊**[*]という言葉で小学校のクラスが成立しない状況が報じられるようになり、特に小学校1年生の子どもたちが集団に適応できない学級崩壊状態を**「小1プロブレム」**とよばれた状況があります。そして、その原因は幼稚園や保育所の遊び中心の活動から学習中心の学校教育への**移行、接続に問題がある**からだと指摘され、この問題を少しでも改善するための方策として**「保幼小の連携」**が検討されるようになりました。

✛ **用語解説**
レッジョ・エミリア・アプローチ
レッジョエミリア市で始まった、豊かな想像力と創造力を育む0から6歳までの乳幼児のための教育方法。創設者の教育学者のローリス・マラグッツィ（1920〜1994年）の「子どもたちの100の言葉」は有名である。

✛ **用語解説**
学級崩壊
日本では1990年代後半からマスコミで取り上げられ広まった、学級がうまく機能しない状況を示す用語。学級が集団教育の機能を果たせない状況が継続し、通常の手法では問題解決が図れない状態に陥った状況を指す。

参照
小1プロブレム
→レッスン1

154

レッスン11 家庭・地域・小学校との連携

2 接続期とは

　接続期は、大きく分けて2つの場面で論じられます。まずは、幼稚園を例にとれば、3歳児（年少）から4歳児（年中）への接続期、4歳児（年中）から5歳児（年長）への接続期における連携があります。つまり、**新しい年齢グループへの移行**と、新しい保育者などの**人的関係の変化や移行期**のことで、それまでの保育との切れ目がないように配慮する必要があるという点で接続期としてとらえられています。もう一つは、幼稚園や保育所の就学前の段階（5歳児：年長）から、小学校入学への**接続期**における連携があります。

　この接続期はいうまでもなく、これまでの**準拠集団**から新しい**準拠集団への移行**であり、年齢グループの移行よりも大きな変化となり、適応に何らかの**ストレスや障壁をともなう**と考えられています。この接続期では、切れ目のない新しい環境への移行が求められ、さまざまな取り組みが行われています。

3 保幼小連携の推進

　保幼小連携の重要性は、2008（平成20）年3月の「保育所保育指針」と「幼稚園教育要領」「小学校学習指導要領」の改定（訂）から唱えられました。改訂の基本的な内容について「保育所保育指針」では「保育所の保育が、小学校以降の生活や学習の基盤の育成につながることに留意し、幼児期にふさわしい生活を通して、創造的な思考や主体的な生活態度などの基礎を培うようにすること[2]」「（ア）子どもの生活や発達の連続性を踏まえ、保育の内容の工夫を図るとともに、就学に向けて、保育所の子どもと小学校の児童との交流、職員同士の交流、情報共有や相互理解など小学校との積極的な連携を図るよう配慮すること。（イ）子どもに関する情報共有に関して、保育所に入所している子どもの就学に際し、市町村の支援の下に、子どもの育ちを支えるための資料が保育所から小学校へ送付されるようにすること[3]」と具体的な連携内容が示されました。

　つまり、保育者には、子どもの生活や遊びを通しての発達を、**連続性**という視点からとらえ、**小学校を視座して交流する**ことが求められています。

　一方で、「小学校学習指導要領」の改訂に関しては、2008年の「幼稚園、小学校、中学校、高等学校および特別支援学校の学習指導要領の改善について」という中央教育審議会の報告書において、小1プロブレムの問題から幼稚園と小学校の接続のあり方に着眼し、幼児教育と小学校教育を別々に考えるのではなく、**双方の教育的つながりを意識する**こと

▶ 出典

[2]「保育所保育指針」第3章2（4）「3歳以上児の保育に関わる配慮事項」ケ、2008年

▶ 出典

[3]「保育所保育指針」第4章1（3）エ「小学校との連携」（ア）（イ）、2008年

155

第4章　保育内容の展開

▶出典

†4 「幼稚園教育要領」
第3章第1 1「一般的な留
意事項」(9)、2008年

†5 「幼稚園教育要領」
第3章第1 2「特に留意す
る事項」(5)、2008年

の必要性が述べられています。

　また、「幼稚園教育要領」では「幼稚園においては、幼稚園教育が、小学校以降の生活や学習の基盤の育成につながることに配慮し、幼児期にふさわしい生活を通して、創造的な思考や主体的な生活態度などの基礎を培うようにすること†4」「幼稚園教育と小学校教育との円滑な接続のため、幼児と児童の交流の機会を設けたり、小学校の教師との意見交換や合同の研究の機会を設けたりするなど、連携を図るようにすること†5」と**小学校以降の学習や、生活の基盤づくりが幼児教育**であり、小学校との交流も子どもだけではなく、**教師も交流の場をもつことの必要性**が言及されています。この、2008年の改訂時に新たに取り入れられた「保幼小の連携」の取り組みは、「学習指導要領」(2017年告示)、「保育所保育指針」(2017年告示)「幼稚園教育要領」(2017年告示)においても受け継がれ、より充実した内容になっています。

4　幼稚園・保育所や認定こども園と小学校の交流アプローチ

①交流会

　ここで紹介する交流会は、主に幼児と児童との交流会です。この交流の必要性が叫ばれたのは30年以上も前です。現在は、地域の小学校と幼稚園、保育所、認定こども園が協同して小学校との交流を企画して、さまざまな交流事業を実施しています。保育所等の七夕会に招待する、小学校から幼稚園に遊びに行く、幼児が小学校に招待されて合同でさまざまな遊びをする、体験授業を受けるなど、近年になり盛んに実施されています。

②保幼小連絡会

　小1プロブレムが話題になったころから、幼稚園や保育所と小学校が**連絡協議会を開き**、**教員同士の交流**と実際に就学する予定の**子どもたちの現状に関する情報交換**の機会を設け、お互いの理解を深める努力をしてきました。このような会の開催も地域によってさまざまです。入学前年の4月から1年をかけて教員と保育者の会合の場を設けているケースもありますが、一般的には就学前の健康診断が実施される時期が近づくと行う場合が多いようです。また、小学校の先生が幼稚園や保育所等に赴き、保育現場で実際の子どもたちを観察して、そのあとにカンファレンスを開くといったケースもあります。このように、実際に子どもを観察してその園の物的・人的環境と保育活動そのものを自分の目で見て、幼児期の子どもの学びの実態を肌で感じて理解してもらうことは大変有益なことなのです。今後はこのような**双方向型の教員交流**と**子ども理解**

レッスン11　家庭・地域・小学校との連携

が求められるでしょう。

③研修会や共同研究授業の推進

　連絡協議会のような具体的な情報交換の場を設けられない場合もあります。地域によってはそれぞれの事情により年に1回の連絡会しか開かれないこともあります。このような場合、相互理解がなかなか進まないので、有効な情報共有や関係づくりを合同の研修会といった教員研修として取り入れているケースもあります。**教員どうしの関係づくり**は、いかにお互いの学びの内容や子どもの発達の相互理解ができるかに意味がある活動です。

5　保幼小の連携の充実に向けた取り組み

　小学校入学前から入学後の6月までを「**移行期**」としてとらえ、スムーズな移行を目指し、保幼認定こども園と小学校が緊密な連携をとり、双方のカリキュラムを見直す取り組みが行われています。この入学前のカリキュラムを「**アプローチカリキュラム**」、小学校で取り組んでいる移行期のためのカリキュラムを「**スタートカリキュラム**」とよびます。2つとも移行期の連携の充実を図ろうとするもので、各地の教育委員会などで取り組まれはじめました。

①アプローチカリキュラム

　このカリキュラムは、年長児を対象に小学校入学前のおおむね3か月（1月〜3月あるいは10月〜3月）をかけ、卒園式や卒園活動といった集大成の行事を取り入れて**就学への期待を高める工夫**をしています。「幼稚園教育要領」のなかでも「(1) 幼稚園においては、幼稚園教育が、小学校以降の生活や学習の基盤の育成につながることに配慮し、幼児期にふさわしい生活を通して、創造的な思考や主体的な生活態度などの基礎を培うようにするものとする」と、小学校教育との接続に当たっての留意事項でその配慮の重要性を示しています[6]。このアプローチカリキュラムは試験的な段階で、その確かな効果の検討はまだされていませんが、就学への準備カリキュラムとして注目されています。その一部を紹介しましょう。

　まず、小学校に入ると「教科」ごと学習が進められますが、この教科というとらえ方は幼児にとって**はじめての体験**となりますので、それぞれの教科と関連のある遊びや生活を取り入れています。

　たとえば、国語との関連では「自己紹介をしよう」「反対の言葉で考えよう」「ひらがなと自分の名前」「鉛筆で書いてみよう」などです。算数との関連では「丸い形はどれ？」「どっちが長い？」「数字を数えましょ

▶**出典**
[6]「幼稚園教育要領」第1章第3「教育課程の役割と編成等」

第4章　保育内容の展開

う」「形をまねて書こう」などです。このように、幼稚園や保育所のカリキュラムの骨子である5領域（健康、人間関係、環境、言葉、表現）の内容を、小学校の教科（国語、算数、理科、社会など）の枠組みと関連づけて、遊び（学び）の内容として再編成して取り組むものです。

　もう一つの取り組みが、**生活時間の切り替え**です。これまでの生活時間を小学校の生活時間に少しずつ移行させようとするもので、たとえば登園時間は8時半から9時だったものが、登校となると8時となり、1時間近く生活時間が早まります。学習時間に関しても、幼稚園ではおおむね10時くらいを目途に中心的な活動が据えられていますが、小学校では9時から始業と、やはり早まってきます。このような生活時間の段差について、保育者が意識的に**年長児の後半の活動を見直す**工夫も行われています。

②スタートカリキュラム

　スタートカリキュラムでは、小学校入学時から3か月間をその対象と考えているケースが多く、それは入学後の3か月は、これまでの幼稚園や保育所などの学びのスタイルとは大きく変化するからでしょう。学習のスタイルも、幼稚園や保育所などでは比較的自由に自分たちの遊び（学び）を深めるケースが多いですが、小学校では、**スクール形式**とよばれるように全員がいすに座り一斉に教師の方向を向いて学ぶというスタイルが多く、その違いが大きな段差になっていると考えられます。この段差を少しでも緩やかにするために、学習や活動時間を30分や15分などを組み合わせたり、学習スタイルもスクール形式と自由な形式を組み合わせるなど、柔軟な工夫を施しています。仲間づくりなど楽しんでできる活動も積極的に取り入れています。

➕補足

スタートカリキュラム
文部科学省「スタートカリキュラムスタートブック」2015年において、国の方針として「小学校へ入学した子どもが、幼稚園・保育所・認定こども園などの遊びや生活を通した学びと育ちを基盤として、主体的に自己を発揮し、新しい学校生活を作り出していくためのカリキュラムです」と位置付けられている。
→レッスン7

[演][習][課][題]

①自分の家族についてそれぞれのメンバー（両親やきょうだいなど）の性格傾向や行動の特徴を箇条書きにして、個人差について考えましょう。

②ポートフォリオやラーニングストーリーといった保育の記録・評価の実践事例を2つ以上集めて、どのような点が記録としてよいかなどグループで話し合いましょう。

③小学校と幼稚園・保育所などとの間にある「子どもにとっての段差」とはどのようなものがあるかを、3つ以上あげて検討しましょう。

参考文献

レッスン7

大庭三枝ほか　「福山市の保幼小連携に関する研究（平成24年〜26年度）の分析 —— 地域の特性を生かした連携構築と実践知の共有に向けて」『平成26年度福山市立大学重点研究報告書』　2015年　17-44頁

レッスン8

秋田喜代美　『保育の温もり——続保育の心もち』　ひかりのくに　2014年

大庭三枝　「フランスとの交流による幼児の異文化理解の検討」　日本保育学会発表要旨集第70回大会（CD-ROM）　2017年　531頁

佐々木正人・三嶋博之編　『アフォーダンスと行為』　金子書房　2001年

レッスン9

大庭三枝ほか　「伝統芸能『二上りおどり』と運動教材『二上りリズム』」『福山市立女子短期大学研究教育公開センター年報』　第7号　2010年　7-13頁

福山市立女子短期大学現代GP報告書　「無形文化財を活用した教育プログラムの展開 —— 広島県福山市の『二上りおどり』を題材にして共生のまちづくりをめざす」　2009年

文部科学省国立教育政策研究所教育課程研究センター　『スタートカリキュラムスタートブック』　2015年

レッスン10

『ESDに関するユネスコ世界会議開催支援計画』　ESDユネスコ世界会議　あいち・なごや支援実行委員会　2013年

倉橋惣三　『幼稚園真締』（倉橋惣三文庫）　フレーベル館　2008年

冨田久枝・上垣内伸子・片山知子ほか　『地域で育つ・地域を創る「乳幼児教育におけるESD」日本の保育における継承と創造を目指して』『千葉大学教育学部研究紀要』　第62巻　2014年

文部科学省「持続可能な開発のための教育（ESD）に関するユネスコ世界会議」の概要報告　2015年

文部科学省　「幼稚園教育要領」　2017年

文部科学省・日本ユネスコ国内委員会ホームページ
http://www.mext.go.jp/unesco

レッスン11

柴崎正行編著　『保育内容の基礎と演習』　わかば社　2015年

松浦俊弥・冨田久枝編著　『ライフステージの発達障害論——インクルーシブ教育と支援の実際』　北樹出版　2016年

無藤隆・民秋言　『ここが変わった！　NEW幼稚園教育要領　NEW 保育所保育指針ガイドブック』　フレーベル館　2008年

依田明　『きょうだいの研究』　大日本図書　1990年

おすすめの1冊

佐々木正美　『完　子どもへのまなざし』　福音館書店　2011年

児童精神科医師の著者が、どの子どもも健やかに幸せに育つ社会を希求して、危機感をもちながら現代社会における子どもの育ちと生活について、わかりやすい言葉で語りかける書。

第5章

保育の多様な展開

本章では、保育内容と密接に関わるさまざまな要素について学んでいきます。まず、今後重要視されることになる3歳未満児の保育について学んでいきます。その後、長時間保育の問題や、特別な支援を必要とする子どもの保育や多文化共生についても理解していきましょう。

レッスン12	乳児の発達と保育内容
レッスン13	長時間保育のあり方と保育内容
レッスン14	特別な支援を必要とする子どもの保育内容
レッスン15	多文化共生としての保育内容

レッスン **12**

乳児の発達と保育内容

このレッスンでは、乳児の発達と保育内容について学びます。0・1・2歳児という乳児期の発達にはどのような特徴があり、保育ではどのようなことが行われ、何が大切にされているのか、何が求められているのかを知り、理解を深めます。

1. 現代における乳児保育

1 乳児保育を取り巻く現代社会

1960年代以降、都市部を中心に働く女性が増え、保育所における乳児保育を求める声が高まりました。また**1.57ショック**[*]による本格的な少子化問題から、母親が子どもを産み育てやすい環境をつくるため、保育所における**乳児保育の整備**が進められてきました。最近では**待機児童問題**が注目されており、2015（平成27）年に厚生労働省がとりまとめた年齢区分別待機児童数では、0〜2歳の3歳未満児が**85.9%**を占めています[†1]。つまり待機児童の解消には、乳児保育を行う施設の増加や保育士の確保が大きな課題となっています。

また、保育や子育て支援の量の拡充や質の向上を進めるために、2015年4月にスタートした**子ども・子育て支援新制度**[*]により、これまでは主に保育所が担っていた乳児保育は、さまざまな形で拡充されました。まず、親の就労にかかわらず0〜5歳の子どもの教育と保育を一体的に行う**幼保連携型認定こども園の普及**が図られました。これにより幼保連携型認定こども園へと移行する幼稚園もあり、乳児保育の受け皿が増えました。また国の認可事業として位置づけられた小規模保育では、主に**3歳未満児**を対象としており、施設数も少しずつ増加しています。施設の形態も、民家やマンションの一室を利用したものもあり、乳児保育は今後も**多様化**していくだろうと考えられています。

このように、今後保育者は、乳児保育に携わる機会が増えるとともに、よりよい乳児保育の質を保証することが求められています。

2 乳児期の保育とは

日本の現代社会において、乳児期、つまり0・1・2歳児の子ども（以

✳ 用語解説

1.57ショック
1989年に合計特殊出生率が戦後最低の1.57を記録した。これを「1.57ショック」という。

▶ 出典

†1 厚生労働省「保育所等関連状況取りまとめ（2015年4月1日）」

✳ 用語解説

子ども・子育て支援新制度
2012年8月に日本の子ども・子育てをめぐるさまざまな問題を解決するために、「子ども・子育て支援法」という法律ができた。この法律と、関連する法令に基づいて、幼児期の教育や保育、地域の子育て支援の量の拡充や質の向上を進めるため、2015年4月より子ども・子育て支援新制度がスタートした。

レッスン12　乳児の発達と保育内容

下、3歳未満児）を対象とした保育は、最も求められている**保育ニーズ**の一つです。これには量と質の両方が求められているのですが、この3歳未満児を対象とした保育はどこで行われているのでしょうか。

　3歳未満児の保育は、保育所と幼保連携型認定こども園、保育所型認定こども園、地域裁量型認定こども園、**認可外保育施設**[*]などで行われており、幼稚園、幼稚園型認定こども園では行われておりません。保育所や幼保連携型認定こども園、保育所型認定こども園、地域裁量型認定こども園で働く保育者は保育士資格を有し、保育所では保育士、認定こども園では保育教諭と位置づけられています。そして、保育を利用している保護者の多くは、共働き、核家族、家族の介護などによって、日中子どもの面倒が見られないなどの理由で、子どもを預けています。

　では、3歳未満児の子どもにどのような保育を行っているのでしょうか。2017年改定（訂）の**「保育所保育指針」**と**「幼保連携型認定こども園教育・保育要領」**（以下、教育・保育要領）では、乳児保育および1・2歳児の保育に関わるねらい、内容の記述が充実されました。特に乳児（0歳児）の保育については、5領域ではなく子どもの育ちに合わせた3つの視点による「ねらい」と「内容」の記述になりました。

　3つの視点とは、身体的発達に関する視点「健やかに伸び伸びと育つ」、社会的発達に関する視点「身近な人と気持ちが通じ合う」、精神的発達に関する視点「身近なものと関わり感性が育つ」であり、この3つの視点で子どもの育ちを理解し、評価するということです。もともと5領域もそれぞれが独立したものではなく、相互に関連し合って子どもの育ちを支えているのですが、特に0歳児の場合は明確に5領域のように分けられないため、このような3つの視点があげられました。

　また、保育の「ねらい」とは「○○ができる」という到達目標ではなく、「やってみたい」「なぜだろう」「楽しい」という心情・意欲・態度などの心を育てることを大切にしています。保育所や認定こども園では、0歳児からこのような保育のねらいをもち、一人ひとりに応じた温かく適切な援助によって、自主性、主体性、自発性などをていねいに育てる保育が行われています。

2.　発達過程と保育内容

1 ▶ 発達過程とは

　発達過程とは、子どもの心身の成長にみられる主な特徴を示したもの

✳ 用語解説

認可外保育施設
児童福祉法に基づく都道府県知事などの認可を受けていない保育施設。

☑ 法令チェック

「学校教育法」第26条
幼稚園に入園することのできる者は、満3歳から、小学校就学の始期に達するまでの幼児とする。

163

第5章　保育の多様な展開

で、発達の道筋ともいえるでしょう。保育の目標を達成するためには、発達過程を的確に把握しつつ、一人ひとりの子どもの状態に合わせて保育を行うことが大切です。しかし、3歳未満児は月齢や生育歴による発達差が大きいため、家庭とは違う保育という集団生活のなかで、一人ひとりの欲求や発達に合わせて子どもと相互に関わることは容易なことではありません。では、保育者は、一人ひとりの子どもたちと実際にどのように関わっているのでしょうか。インシデント①をみてみましょう。

▶出典
†2　松谷みよ子『いないいないばあ』童心社、1967年

インシデント①【0・1歳児】「ばあー!!」

　ある日、A先生が『いないいないばあ[†2]』を、サキ（0歳11か月）とタクマ（1歳2か月）をひざの間にいれて読み聞かせをしました。サキもタクマもこの絵本が大好きです。すると、サキがA先生の顔を見て「ばあー!!」とするので、A先生も笑顔で「ばあー」と応えました。一方、タクマは絵本をめくることに興味をもったようで、先にページをめくろうとします。そこでA先生は、「タッくん、サキちゃんがばあーだって。タッくんもばーできるかな？」と声をかけると、タクマは「ばあー」と笑顔で応えました。それから、タクマと一緒にページをめくり、また「ばあー」とお互いの顔を見合いながら絵本を楽しみました。

　同じ環境で同じ絵本を見ていても、サキとタクマの関心は異なっていますが、それぞれに絵本の読み聞かせを楽しんでいるとA先生はとらえています。そのため、一人ひとりが満足できるように適切に関わりながら、サキとタクマの接点にも配慮しています。

　3歳未満の乳児保育では、4月入園だけでなく、保護者の都合などで途中入園や退園が多くあります。一律に〇歳〇か月という発達過程と照らし合わせて、発達が早い、遅いと判断したり、〇〇か月だから△△を始めよう、と援助を決めつけたりすることはできません。その子どもが、これまでにどのような発達の過程を進んできて、今どんな時期にあるのか、そのためにはどんな援助や環境が必要なのかと考えることが、一人ひとりの子どもの**発達過程をとらえる視点**として大切にされています。つまり、3歳未満児の乳児保育で重視することは、暦年齢ではなく、発達上の連続性や発達のつながりをとらえた個々への援助なのです。

▰▰ 2　子どもの発達と保育者の関わり

　保育者は、子どもの発達をどうとらえ、一人ひとりにあった援助、関

わりをしているのでしょうか。ある2歳児の着替えの場面でのインシデントを紹介します。

インシデント② 【2歳児】「じぶんでやっていたのに…」

　午睡前、排泄をすませたユキは、A先生のそばで服を脱ぎ始めました。A先生は、ほかの子の着脱を手伝いながら、ユキが自分で服を脱ごうとする姿を見て、「ユキちゃん、自分でお着替えできてえらいね」と声をかけました。するとユキは、A先生の言葉がけには応えませんでしたが、はりきって自分で着替えをしはじめ、服を全部脱ぐと、今度は1枚ずつていねいに服をたたみ始めました。それを見てA先生は、（かぜをひくといけないから、パジャマを着てからたたんだほうがいいかな）と思い、「ユキちゃん、先にパジャマ着ようか？」と声をかけました。するとユキは、ムッとした表情でA先生を見て、また服をたたみ始めました。A先生はその表情を見て（しまった、せっかく自分でがんばっているところだったのに）と反省しました。

　ユキは、最近、特に身の回りのことを自分でやろうとしており、この日も意欲的な姿がみられました。そのため、A先生は多少時間がかかってもユキのペースで着替えて、自分でできたという達成感を感じてほしいと思いました。そして、手は出さずに、「自分でお着替えできてえらいね」とほめ、認める言葉がけで温かく見守りました。しかし、寒い時期だったため、A先生は体が冷えてかぜをひいてはいけないと思い、ユキに「先にパジャマ着ようか？」と声をかけました。これは、感染症などにかかりやすい3歳未満児にとっては、保育のねらいである「養護」の「生命の保持」の面からも大切な配慮です。しかし、ユキは、はりきってやっている気持ちに横やりを入れられたような気分だったのか、ムッとしてしまいました。2歳児のこの時期は、自我の芽生えとして、何を言っても「イヤ」「ダメ」「ヤダ」という姿をよくみかけます。ユキは、ちょっと機嫌を損ねましたが、最後までやり通すことができました。また、A先生のそばにきて着替えをしている姿から、ユキは、A先生との信頼関係があったので最後までやり遂げることができたともいえます。その後の反省で、A先生は「ユキは、保育者にやれる姿を見せたくて、自分のそばで着替えていたのかもしれないから、ほめる言葉がけはよかったが、中断させてしまうような言葉がけは、やる気を損なってしまいかねなかった。もし、声をかけるなら、たたみ始める前に声をかけ

第5章　保育の多様な展開

た方がよかった」と考えました。

　このように、子どもの発達と保育者の関わりは、いつも**探り合いで、正解はありません**。特に3歳未満児の成長には心身ともに目覚ましいものがあります。今日うまくいった関わりや言葉がけが、明日も通じるとは限りません。それは、子どもが日々**成長している証し**であり、保育者がその成長に気づいている証しでもあるのです。そのため、A先生のように**自分の保育に謙虚**になり、子どもが今どの発達段階にあり、この子には何が必要なのか、何を求めているのかということを試行錯誤しながら考え、実践することが大切です。それが、子どもの発達をとらえ、一人ひとりに合った保育を行うことであり、保育の質をよりよくする**最善の手立て**なのです。

▋3▐　個別性のある生活リズム

　乳児保育において、子どもたちが心も体も満たされた心地よい生活を送るためには、その一人ひとりの子どもに合った**生活のリズム**を考えることも大切になってきます。生活のリズムとは、食事・睡眠・活動といった1日の生活時間の流れが、毎日同じように繰り返されることをいいます。3歳未満児は発達の個人差も大きく、クラスで生活の流れをそろえるよりも、**一人ひとりに合った生活**を送ることが、心と体の育ちにつながります。

　たとえば0歳児クラスでは、午前寝をする子ども、ミルクを飲む子ども、離乳食を食べる子どもなどさまざまで、その時間もバラバラです。早朝保育を利用すれば、登園の早い子どもと遅い子どもで、朝ご飯に2時間の差ができることもあります。給食の時間を一律とした場合、朝が早い子どもは、空腹から不機嫌になり、満足に遊べないでしょう。逆に朝が遅い子どもは、給食の時間が早すぎて、食事への興味が薄れてしまうかもしれません。つまり、保育所などに通う子どもの生活は、園での生活だけではなく家庭生活も含めた24時間が連続していなければなりません。そのため、保育者は家庭と密に連携をとり、一人ひとりの子どもに合った生活リズムを整えることが必要です。ただし、一方的に保護者へ指示するのではなく、保育者は保護者と信頼関係を築きながら、子どもが安心して生活できる方法を保護者と一緒に考えるような保護者支援が求められています。また、特に0歳児は愛着が形成される大切な時期であるため、保育所などでは母親の代わりとなる特定の保育士が子どもの個々の欲求に応答的に応えられる担当制をとるなど、保育形態にも工夫がみられます。子ども一人ひとりが心も体も満たされた生活を送る

レッスン 12　乳児の発達と保育内容

ためには、一人ひとりの生育歴の違いに留意しつつ、**個別の生活の流れを整える**ことが重要なのです。

4 ▶ 主体的な生活

　乳児保育において大切にすることは、一人ひとりの発達や生活リズムだけではありません。一人ひとりの**気持ち**も尊重されなければいけません。インシデント②では、発達過程と合わせて子どもの気持ちを大切にする保育について説明しましたが、そもそも乳児保育での子どもの自発的な活動、つまり、子どもが自分でしようとする気持ちや行動は、どのように育まれるのでしょうか。

　まずは、前項で述べた生活の流れが、**毎日同じように繰り返される**ことが大切です。3歳未満児は、「今、ここ」を精いっぱい生きています。しかしそれは、見通しが立ちにくいともいえるのです。保育者に「この次は○○をするわよ」といわれても、うまく生活の流れをイメージすることができません。毎日同じ生活の流れのなかで生活するからこそ、自分の生活に**見通しをもって生きていくこと**ができます。大人も、誰かに毎日違う生活の流れをさせられたら、次は何をするのかわからず、落ち着かない毎日を送ることでしょう。そのような生活は、子どもが主体的に活動する保育とは、ほど遠い生活であると考えられます。

　毎日が同じ生活の流れだからこそ、次に何をするのかがわかるようになり、次に何をするのかがわかるからこそ、自分でやってみよう、という気持ちも育まれるのです。また自分でやってみようとしたからといって、すぐにできるわけでもありません。大人がやってしまったほうが早いときもあります。しかし、自分でやってみようとする姿を認めるからこそ、その子どもは自立へと向かうことができるのです。ですから、毎日同じ生活の流れを整えながら、自分でしてみようという意欲を引き出すことが大切になります。時間がかかったり、「イヤ」「ジブンデ！」と援助を拒否されたりすることもあるでしょうが、そうした姿にも**根気よく付き合う**ことで、**子どもの自立**へとつながり、子どもの気持ちを尊重した**主体的な生活**、活動が保障されます。

5 ▶ 安全と健康

　子どもたちにいろいろな経験をさせてあげたい、好きなことは思いきり楽しませてあげたいと思うことは、子どもの成長を願う保育者なら誰もが経験するでしょう。

　しかし、乳児保育では、自分で自分の身を守ることがまだできない幼

167

第5章　保育の多様な展開

い子どもたちが生活をする場であるため、保育者にとって子どもたちの**安全や健康維持**に努めることは重要な役割となってきます。では、実際の乳児保育では、どのようにして、子どもの安全や健康を守っているのでしょうか。インシデント③をみてみましょう。

> **インシデント③　【2歳児】「お熱かな？」**
>
> 　A先生は、いつも「ハルちゃん、おはよう」「タケルくん、ごはんいっぱい食べたね。すごいね」と言って子どもをギュッと抱きしめるスキンシップを大切にしています。子どもたちも、先生にギュッとしてもらうことが大好きです。ある日、A先生は、午睡から目覚めたサヤちゃんにいつものように「サヤちゃん、いっぱい寝たね。おはよう」と声をかけギュッとすると、サヤちゃんは「うん」とうなずくだけでした。いつもなら「せんせい、おはよう‼　ギュッてして‼」と元気に自分からかけ寄ってくるのですが、いつもと様子が違います。A先生は心配になり、「サヤちゃん、お熱かな？」といって、検温を行いました。しかし、熱はありませんでした。それでも、気になったA先生は、それから、1時間ほどして再度検温をすると、案の定、平熱より1度も高くなり、降園警告体温に達していました。A先生は園長先生に報告をして、保護者に早めにお迎えに来てもらうように連絡を入れ、サヤちゃんを安静にして様子をみました。

　インシデント③では、A先生がふだんから、子ども一人ひとりの様子を**スキンシップ**をとりながらよく把握していたので、いつもと何かが違うという変化に気づき、発熱の**早期対応**につなげることができました。子どもは、急に体調が悪くなることも多く、体の不調を言葉で的確に伝えることもまだ十分にできません。そのような子どもたちを預かる乳児保育では、子どもの**疾病や応急処置の正しい知識と方法**、そして家庭からの連絡などの情報以外にも、担当保育者がいつもと違うと感じる、一人ひとりの把握による気づきはとても頼りになります。

　また安全面では、以下のようなインシデントもあります。

> **インシデント④　【0歳児】「たっちできたね」**
>
> 　ユウキくんは、昨日からつかまり立ちができるようになりました。まだまだおぼつかない足腰ですが、視界が広がった喜びを満面の笑みで表現していて、保育者たちも、ユウキくんが立ち上がると「ユ

ウくん、たっちできたね」といって両手を叩いて喜び、ユウキくんはますます上機嫌です。しかし、その瞬間、ガクッと足が崩れ、ユウキくんはつかまっていたテーブルの縁であごを打ち、けがをしてしまいました。

インシデント④は、保育者がそばについていながら、ふとした瞬間に起こってしまった出来事です。頭が大きく、足腰が十分に安定していない時期の子どもは、けがが多くなりがちで、思わぬことから大けがにつながることがあります。また、かみつきやひっかきなども成長の過程でよくみられる姿で、保育者を悩ます原因の一つとなっています。

まさかこんなことは起こらないだろう、きっと大丈夫だろう、ではなく、ひょっとすると危ないかもしれないという**万が一を考える**という気持ちで**安全に配慮**し、かつ、**のびのびと活動**できるような**環境構成と保育者の援助**が大切です。

また事故防止の取り組みとしては、特に睡眠中、プール活動・水遊び中、食事中に重大事故が発生しやすいため、環境の配慮や指導の工夫が必要です。特に乳児保育では毎日午睡が行われるので、**乳幼児突然死症候群**などの予防としても、こまめに睡眠時の呼吸、顔色、体位の確認などの睡眠チェックを、必ず子どものそばに近づいて行います。

子どもが安心して生き生きと生活する保育の場で、子どもの不幸な事故が起こらないように努める責任が保育者にはあります。

参照
乳幼児突然死症候群
→レッスン2

3. 乳児保育を支える連携

乳児保育において、子どもが心身ともに健やかに成長していく環境において、**大人の援助**は欠かせません。近年の少子社会では、子どもを安心して産み、育てられる社会を整備するために、子どもを取り巻く大人や組織社会がお互いに支え合い、協力することが必要になってきています。では、乳児保育で行われている連携とは、具体的にどのようなものがあるのでしょうか。

■1 家庭との連携

孤立育児、育児不安、育児放棄、虐待など、現代の子育て家族がかかえる悩みや不安は多様です。では、子どもの快適な生活と発達保障のために園や保育者にできることや、すべきことは何でしょうか。

第5章　保育の多様な展開

✚ 用語解説

保育の必要性の認定

市町村が客観的基準に基づき、保育の必要性を認定するしくみ。主に就労、就労以外の事由（保護者の疾病・障害、産前産後、同居親族の介護、災害復旧、求職活動および就学など）、その他これらに類するものとして市町村が定める事由、がある。

☑ 法令チェック

「児童福祉施設の設備及び運営に関する基準」第33条

保育所には、保育士（特区法第12条の5第5項に規定する事業実施区域内にある保育所にあつては、保育士又は当該事業実施区域に係る国家戦略特別区域限定保育士。次項において同じ。）、嘱託医及び調理員を置かなければならない。ただし、調理業務の全部を委託する施設にあつては、調理員を置かないことができる。
2　保育士の数は、乳児おおむね3人につき1人以上、満1歳以上満3歳に満たない幼児おおむね6人につき1人以上、満3歳以上満4歳に満たない幼児おおむね20人につき1人以上、満4歳以上の幼児おおむね30人につき1人以上とする。ただし、保育所1につき2人を下ることはできない。

今日、保育所や幼保連携型認定こども園に3歳未満児を預ける保護者は、**保育の必要性の認定**＊を市町村から受けて、必要な時間や日数、子どもを預けています。そのため、早朝保育や延長保育などの**長時間保育**や、夏季保育、冬季保育、春季保育を利用して園に通い生活をする子どもがほとんどですので、**子どもの安定した心身の発達のためには、園と家庭が協力し、連続した生活が不可欠**となります。では、子どもの連続した生活を保障するために、園と家庭は具体的にどのような連携を行っているのでしょうか。

たとえば、園と保護者が毎日子どもの様子を書いて伝え合う連絡帳が大変有名です。3歳未満の子どもたちは年間を通して午睡を行います。しかし、入園してまもない4月～5月ごろの子どもたちは、まだ園生活に不安を感じたり、担任の先生との信頼関係が十分ではなかったりして情緒的に不安定な時期のため、十分な午睡がとれるとは限りません。そこで、もし、園で機嫌が悪く、午睡が十分にとれなかった場合は、毎日保護者とやりとりをしている連絡帳などで「今日は、○○ちゃんの機嫌が悪く、十分なお昼寝ができませんでした。いつもより早く眠くなってしまうかもしれません」と保護者に伝えます。そうすると、保護者は「今日は早めに夕食やお風呂をすませて、そのあとにゆっくり絵本でも読んであげようかしら」などと考えられます。または、家庭から「昨夜は夜泣きがひどくあまり寝ていません。午前中から眠くなってしまうかもしれません」という連絡をもらった場合、担任保育者はその日の活動を変更して、室内でゆったり過ごし、必要に応じて午前寝を設けることもできます。

このように乳児保育を利用する子どもの生活の場は、園と家庭、さらに養育者も保育者と保護者とに分かれてしまいますが、園と家庭とが**子どもの様子をていねいに伝え合い**、心身のわずかな揺らぎ、変化をとらえ、子どもの生活リズム、生活習慣を連続させることが大切です。そうすることにより、心身への負担が減り、子どもの**安定した生活と発達**につながります。また、保護者が安心して子どもを園に預けて仕事をし、家庭では楽しく育児ができるということは、保護者の就労と子育ての両立を支援することにつながります。

２　職員の協働

子どもの健やかな成長と安全な保育を行うために、**職員間の連携**、共通理解などにおいて**協働の体制**は欠かせません。特に乳児のクラスでは、**複数担任制**でクラス運営が行われていることが多く、保育の質の向上、

170

レッスン 12　乳児の発達と保育内容

保育内容の充実のためにはその特徴を共通理解することが重要となってきます。では、複数担任とはどういったものでしょうか。

まず、乳児クラスの職員体制ですが、「児童福祉施設の設備及び運営に関する基準」と「幼保連携型認定こども園の学級の編制、職員、設備及び運営に関する基準」によると、子どもの年齢と人数によって図表12-1のように配置される保育者の割合が異なります。たとえば、1歳児17人のクラスだと担任保育者はおおむね3人配置されます。しかし、17人の子どもを3人の保育者が一斉に保育をするのではなく、月齢や個々の発達を考慮して**5～6人を1人の保育者が主担当**として受け持ちます。ただし、自分の担当以外の子どもは見ない、ということでもありません。3人の保育者で生活場面や子どもの様子に合わせて役割を分担しながら、17人の子どもたちを分け隔てなく保育します。しかし、特に月齢の低い子どもにとっては、母親のようにいつも同じ保育者が食事や排泄、身の回りの世話をしてくれることによって、信頼関係や愛着が形成され、心身の安定にも欠かせない関わりとなるので、適度な仕事の分担と主担当として子ども一人ひとりに関わる際の**バランス**が大切になってきます。たとえば、排泄の援助を例に複数担任での保育者の連携をみてみましょう。

図表 12-1　保育者の配置基準

	子ども	保育者
0歳児	おおむね3人	1人以上
1、2歳児	おおむね6人	1人以上

出典：「児童福祉施設の設備及び運営に関する基準」をもとに作成

インシデント⑤　【1歳児】「B先生がいい」

ユウトは、最近トイレトレーニングを始めたばかりで、まだトイレで排泄をすることに慣れていません。ある日、A先生が子どもたちのトイレの援助をしていると、ユウトは「イヤー」といって便座に座ろうとしませんでした。そこで、ユウトの主担当であるB先生に援助を代わると、ユウトは安心した様子で便座に座り、排泄を行うことができました。

インシデント⑤では、ユウトは、遊びの場面ではA先生とも機嫌よく遊べますが、いつもと違うことが生じると不安になりやすく、そんなときは母親代わりになる「自分の先生」が一番安心できるようです。

複数担任によるクラス運営は、少人数での対応が可能となり、子ども

☑ 法令チェック

「幼保連携型認定こども園の学級の編制、職員、設備及び運営に関する基準」第5条

幼保連携型認定こども園には、各学級ごとに担当する専任の主幹保育教諭、指導保育教諭又は保育教諭（次項において「保育教諭等」という。）を1人以上置かなければならない。

2　特別の事情があるときは、保育教諭等は、専任の副園長若しくは教頭が兼ね、又は当該幼保連携型認定こども園の学級数の3分の1の範囲内で、専任の助保育教諭若しくは講師をもって代えることができる。

3　幼保連携型認定こども園に置く園児の教育及び保育（満3歳未満の園児については、その保育。以下同じ。）に直接従事する職員の数は、次の表の上欄に掲げる園児の区分に応じ、それぞれ同表の下欄に定める員数以上とする。ただし、当該職員の数は、常時2人を下ってはならない。

171

第5章　保育の多様な展開

一人ひとりに目が行き届きやすく、きめ細やかな対応ができる一方で、しっかりとした**連携、協働の体制**が整っていなければ、子どもは安全基地を見つけられず不安定になったり、充実した活動ができなかったりするなど保育の質を落とすことになります。また子どもの変化の見落としや、報告、連絡、相談の不足などによって、子どもを危険にさらしてしまう可能性もあります。保育者同士の協働の姿勢は、**乳児保育の質そのもの**なのです。

3　さまざまな子育て支援

出産して母親になった女性にとって、育児は喜びとともに、不安や負担を感じる原因にもなります。その理由は、家事や育児の大変さだけでなく、社会とのつながりが少なくなったり、自分の時間がなくなったりすることによる**孤独感や疲労感**だったりします。また、入園してからも子どもが集団生活になじめるか、友だちができるかなど不安を感じる保護者も多く、地域で行われている園庭開放や子育てサークルなどは、いつも賑わいをみせています。さらに最近は、男性が育児休暇をとったり、**イクメン、育パパ***として積極的に育児を行ったりする家庭も増えてきました。このような子育て中の家庭への支援が、保育所や幼保連携型認定こども園などと連携することによって、子どもとその家族の安心した生活をより保障します。

そのような地域や社会的ニーズを把握し、対応することは、乳児保育の充実につながっています。以下に未就園の子どもや保護者を対象にした子育て支援の取り組みを紹介します。

①一時預かり事業

保育所や幼保連携型認定こども園などに、3歳未満児の保育を申し込む場合は、**保育の必要性の認定**を受けることが条件となります。しかし、そのような条件以外で一時的にこどもを預かってほしい場合は、一時預かり事業として子どもを幼保連携型認定子ども園などに預けることができます。たとえば、保護者の疾病や事故、災害、冠婚葬祭などの緊急性による理由はもちろん、保護者の心的、肉体的負担の解消やリフレッシュなどの私的な理由として預けることも可能です。金額や利用時間、日数は、各園などによって規定がありますが、地域や各家庭の**ニーズに合わせた子育て支援**の取り組みとなっています。

②地域における子育て支援

保育所や幼保連携型認定こども園などは、地域の子育て支援の拠点としての機能を有しています。具体的な取り組みとしては、就園前の子ど

✴ 用語解説

イクメン、育パパ
「イクメン」「育パパ」とは「イケメン」をもじった、子育てをする男性（メンズ）、パパ（父親）の略語。育児休暇をとったり、積極的に父親の勉強会に参加したりするなど、子育てを楽しみ、親としての成長を目指す男性。

もとその保護者が利用するために、**施設や園庭の開放**、子育てなどに関する**相談や援助の実施、保護者同士の交流の場の提供**などを行っています。

　このような場を利用することによって、保育者に気軽に育児相談ができたり、安全に配慮された環境で子どもをのびのびと遊ばせたり、季節の行事などの活動を経験させたり、子育てに関するセミナーや講座に参加したりして、保護者の育児力の向上にもつながっています。また最近では、入園する園を保護者が選択することができるため、一時預かり事業や園庭開放の場を利用して園の様子を見に来たり、入園準備の相談をしたりして、こどもが園に慣れるのと同じように、園生活を事前によく知って、安心できる園選びを行っている保護者も多くみられます。保育所や幼保連携型認定こども園などの支援をとおして身近な地域社会とつながることが、**子育ての大きな支え**となっています。

③父親への子育て支援

　内閣府では、**さんきゅうパパプロジェクト**として男性の休暇取得を推進しています。しかし、家庭のなかでは育児は母親が中心となりがちなため、父親として、子どもや母親である妻にどう関わっていいのかわからず困っている男性も多いようです。そのような父親への支援として、各地域では、男性保育士や先輩パパなどによる父親ならではの子どもとの遊び方、子どもの好きな歌や絵本の紹介、男性の料理教室などが行われています。はじめは照れながら参加していた父親も、子どもと一緒に歌ったり、体を動かしたりすることによって、父子の距離も縮まり、育児、家事にも協力的になれると人気を集め、注目されています。

④発達支援

　育児をしていると、「うちの子はほかの子と違うのではないか」「歩くのが遅いみたい」などの不安は尽きないものです。特に、心身の発達の遅れなどの早期発見や家族支援には専門家のアドバイスが有効です。地域の中核的な療育支援施設としての**児童発達支援センター**などでは、保育士や医師などの専門家が、子どもの発達で悩んだり、はじめての子育てに戸惑いを感じたりする保護者とともに考え、不安を解消していく場となっています。

　また、障害のある子どもたちが地域のなかでともに成長できるよう、総合的な**発達支援や保護者支援**、地域の幼稚園、保育所や幼保連携型認定こども園など、さらには小、中学校など関係機関に対して**専門的支援、指導**も行っています。さらに、発達に心配をもつ未就園の親子を対象として、保育所などと同じような活動を経験し、子どもも保護者も集団生

✳ 用語解説

さんきゅうパパプロジェクト
内閣府では、「少子化社会対策大綱」（2015年3月閣議決定）で掲げた目標である、5年後に「男性の配偶者の出産直後の休暇取得率80％」に向け、男性の休暇取得を推進している。妻の出産直後に男性が休暇を取得し、家族との時間を過ごすことで、父親であることを実感し、家族の結び付きを深め、育児や家事のきっかけにし、これまでの働き方や生活を見直す機会としての啓発活動である。

活に慣れていけるような取り組みも行われています。新しい環境が苦手な子どもや、気持ちの切り替えに時間のかかる子どもなど、母親一人では困ってしまう場面でも、専門家と理解してくれる仲間の支えによって、子育て家族を支援しています。

演 習 課 題

①少子社会となった日本社会で、なぜ待機児童問題が深刻な社会問題となっているのでしょうか。働き方や家族形態の変化、施設基準などに着目して考えてみましょう。

②乳児保育で行われている複数担任制のよい点と、注意すべき点を具体的な場面を想定して考えてみましょう。

③あなたの市町村で行われている子育て支援の場や、その内容を調べてみましょう。

レッスン**13**
....
長時間保育のあり方と保育内容
....
この章では、耳慣れている「長時間保育」という用語に、どのような意味が込められ、日々変動する社会情勢において、「長時間保育」を実施する保育現場で実際どのような取り組みが行われているのかなど、現代社会における「長時間保育」の実態を探っていきます。

1. 少子化対策から子育て支援への転換

　少子化の原因として考えられるものの一つに、女性の高学歴化にともなう職場進出ならびに経済的自立により、**晩婚化が**進んでいることがあげられます。またもう一つの原因として、たとえ子どもを産んだとしても、**子育て支援体制が不十分**であることから、子育てと仕事を両立させることに負担や拘束感を抱き、理想とする子どもの数だけ産めないといった問題もあげられるでしょう。とはいえ、こうした問題の背景には、1999（平成11）年に内閣府によって制定された「**男女共同参画社会基本法**＊」が大きな要因を担っていることにも目を向ける必要があります。男女共同参画社会基本法とは、性別に関係なく、誰もが自分の個性と能力を社会の場において発揮できる取り組みであることは、皆さんご存知のとおりです。しかし、この政策の根底には、経済情勢の変化に対応していく目的も込められていたのです。

　当時、縦社会の考えを誇示していた日本においては、女性は家庭を守り、育児をするものといった**性別役割分業的な考え**が政府のなかにも根付いており、高度経済成長の時代に女性の社会進出が拒まれていたという事実があります。こうした歴史的背景を経て制定された、「男女共同参画社会基本法」では、制定より1年後の2000（平成12）年、「第一次男女共同参画基本計画」の第2部「施策の基本的方向と具体的施策」において、「5　男女の職業生活と家庭・地域生活の両立の支援（1）多様なライフスタイルに対応した子育て支援策の充実」といった考えを示し、**女性の社会進出を支援する体制**を整備していくことが示されました。これを機に、幼稚園や保育所には、さまざまな**保育サービスの拡大**が求められるようになっていったのです。

　しかしながら、こうした現状に至るまでにはいくつかの課題があり、

⊠ **用語解説**
「男女共同参画社会基本法」
内閣府制定。性別に関係なく誰もが自分の個性や能力を社会の場で発揮できるような取り組みについての法律。

175

第5章 保育の多様な展開

図表 13-1 子育て支援策の経緯

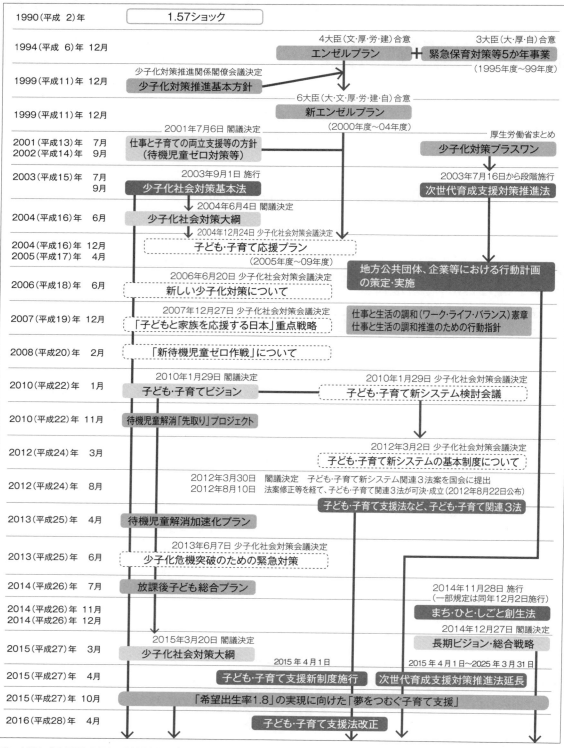

出典：内閣府「平成28年度版少子化社会対策白書」をもとに作成

そのたびに、さまざまな施策がとられてきました。図表13-1は、これまで政府が少子化対策のために取り組んできた施策の一覧です。この図を見ればわかるように、さまざまな取り組みが実施されてきたにもかかわらず、これらはいずれも、国や地方公共団体で講じられてきた取り組みばかりで、根本的な解決策として機能しなかったのです。そこで誕生したのが、今回の、社会全体で子育てを支援していこうとする「子ども・子育て支援新制度」です（図表13-1）。

2012（平成24）年8月に内閣府が制定した「子ども・子育て支援法」の第1条では、「この法律は、我が国における急速な少子化の進行並びに家庭及び地域を取り巻く環境の変化に鑑み、児童福祉法（中略）その他の子どもに関する法律による施策と相まって、子ども・子育て支援給付その他の子ども及び子どもを養育している者に必要な支援を行い、もって一人一人の子どもが健やかに成長することができる社会の実現に寄与することを目的とする」と規定されています。また、第7条第2項において、「〔教育〕とは、満3歳以上の小学校就学前の子どもに対して義務教育及びその後の教育の基礎を培うものとして教育基本法第6条第1項に規定する法律に定める学校において行われる教育をいう」とし、「保育」とは、「児童福祉法第6条の3第7項に規定する保育をいう」とあります。また、第3条三には「多様な施設又は事業者から、良質かつ適切な教育及び保育その他の子ども・子育て支援が総合的かつ効率的に提供されるよう、その提供体制を確保すること」と述べられています（下線は筆者）。

すなわち、この法律は、これまで家族や親が個人で解決せねばならなかった過重な負担を、**社会全体で子育てを支えていくことにより**、個人の**生活と仕事と子育ての調和が実現できる社会（ワークライフバランス）**を目指していくために設けられたものとなっているのです。それでは、子どもを保育・教育する保育現場において、どのような施策内容が設けられているのか、具体的にみていくことにしましょう。

2. 保育サービスの充実

少子化問題を発端に保育現場の整備や拡充が図られていった理由は、先に説明した通りです。ここでは、幼稚園・保育所・認定こども園において、**長時間保育**の位置づけで実施されている保育のうち、最も中心となっている、①**預かり保育**と②**延長保育**について、その基本的考え方と

参照
子ども・子育て支援新制度
→レッスン12

参照
ワークライフバランス
→レッスン11

役割を整理していきたいと思います。

1 幼稚園における「長時間保育」の基本的考え方と役割

　2018（平成30）年より施行された第五次改訂の「幼稚園教育要領」第1章第3 3「教育課程の編成上の基本的事項」では、「（3）　幼稚園の1日の教育課程に係る教育時間は、4時間を標準とする」と、幼稚園の標準教育時間が**4時間**であることが明記されています。また、第3章 「教育課程に係る教育時間の終了後等に行う教育活動などの留意事項」においては、「1　地域の実態や保護者の要請により、教育課程に係る教育時間の終了後等に希望する者を対象に行う教育活動については、幼児の心身の負担に配慮する」ことが述べられています。

　つまり、これらの文言が意味するものは、近年、増加傾向にある**女性の社会進出**に対応するため、**1日4時間の標準教育時間終了後**に保育を希望する者を対象に、「**預かり保育**」**を実施すべき**ことが示されているのです。ですが、ここで注意すべきは、「教育課程に係る教育時間の終了後等」（以下、傍点は筆者）となっており、この「等」が意味するものに目を向けていくことが重要になってきます。ここで述べられている「等」には、教育時間終了後に実施される活動が、標準の教育活動と同じく**教育的意味合いを含んだ一貫性のある活動**であり、単に子どもを預かっているだけの薄っぺらな活動ではないことを示唆したものとなっています。

　さらにそのうえで、子どもたちを長時間、不安にさらすことのないよう、①標準教育後の活動は、**幼児期にふさわしい、無理のないものとなるようにすること**、②教育課程に基づく活動を担当する**教師と緊密な連携を図る**こと、③教育課程に係る教育時間の終了後等に行う**教育活動の計画を作成**すること、④**家庭との緊密な連携を図る**こと、⑤幼児の生活リズムを踏まえ、実施日数や時間などについて、**弾力的な運用に配慮する**こと、⑥**適切な責任体制と指導体制を整備**した上で行うことなどが、「預かり保育」の実施上の留意点として掲げられているのです。

　以上のことから、幼稚園における「長時間保育」とは、保育所で実施されている「延長保育」と同様の役割を担ってはいるものの、行政の区分によって「**預かり保育**」という名目で定められ、全国各地の幼稚園において実施されているということになります。

2 保育所における「長時間保育」の基本的考え方と役割

　「延長保育」とは、その名のとおり、**通常の保育時間を延長して保育**

を実施するサービスのことで、保育所における「長時間保育」を代表する用語として広く浸透しています。

広田[†1]によれば、「延長保育」が必要とされるに至った歴史的経緯は1960年代の高度経済成長期にまでさかのぼります。女性の労働が一般化していったこの時代、フルタイムの就労やパートタイムといったさまざまな勤務形態で仕事に就く人が増えていきました。これをきっかけに国に保育時間の延長を求める声が強くなっていったのです。しかしその一方で、子育ては家庭教育であり、母親が行うことが望ましいとする日本の子育て観も根強く残っていました。また、これに併せるかのように保育所の保育時間が1日8時間であることが「**児童福祉施設最低基準**」（現：「児童福祉施設の設備及び運営に関する基準」）において定められていたことなどから、国の延長保育に対しての取り組みは消極的なものでした。

1970年後半から80年代、女性の勤務形態がますます多様化していくと、「延長保育」への供給はさらに高まっていきました。にもかかわらず、国の取り組みは変わらなかったのです。そこへ目をつけたのが**民間保育所**（無認可保育園含む）でした。民間保育所は、保育の需要を満たそうと「延長保育」を試みました。しかしその結果、乳幼児の事故が相次いだことから、国は、国が管轄する保育所において「延長保育」の措置をとらなければならなくなったといわれています。

こうした紆余曲折を経て1981（昭和56）年、**保育対策等促進事業**[*]が制度化されると、ようやく利用者のニーズに対応した保育時間と開所時間の延長が促進されるようになっていきました。1994（平成6）年には子育てと仕事との両立化を図る目的で、「**今後の子育て支援のための施策の基本方針**[*]」および「**当面の緊急保育等を推進するための基本的考え方**[*]」が制定され、「延長保育」の量的拡大が政策に盛り込まれることになりました。また4年後の1998（平成10）年には、利用者の利便性を図るために**特別保育事業**[*]が設けられ、保育所における1日の保育時間は原則8時間と定めながらも、すべての保育所に11時間の開所時間が規定されることになっていったのです。

こうした経緯を踏まえ、「保育所保育指針解説書」（2008年）には、第4章1（1）保育課程の①では、「保育所の保育時間は、児童福祉施設最低基準第34条に基づき、1日につき8時間を原則とし、地域における乳幼児の保護者の労働時間や家庭の状況等を考慮して、各保育所において定めること」とされています。さらに「延長保育、夜間保育、休日保育などを実施している場合には、それらも含めて子どもの生活全体を

▶ **出典**
†1　広田寿子『現代女子労働の研究』労働教育センター、1979年、205-223頁。

✚ **用語解説**
保育対策等促進事業
国が自治体に財政を援助している特別な保育事業。

「**今後の子育て支援のための施策の基本方針**」
別名「エンゼルプラン」。文部・厚生・労働・建設4大臣合意による施策。

「**当面の緊急保育等を推進するための基本的考え方**」
別名「緊急保育対策5か年事業」。「エンゼルプラン」の施策を具体化した事業で、大蔵・厚生・自治3大臣合意のもとに策定された。

特別保育事業
各自治体が地域の需要を踏まえて子育て支援を実施する取り組み。

第5章　保育の多様な展開

捉えて編成します。（中略）。なお、入所児童の保護者への支援、地域の子育て支援は、保育課程に密接に関連して行われる業務と位置付けられます」と示されました。

　つまり、これらの文言を整理すると、保育所において実施されている「延長保育」は、1日8時間を標準保育の原則と定めながらも、保護者の就労形態の多様化にともない、**保育所の開所時間を延長すること**、さらには延長した開所時間が**子どもの発達を保障できるもの**となるような指導計画を作成することが求められているといえるでしょう。そして今日、「延長保育」は**次世代育成支援対策交付金事業***として実施され、保育所の児童や放課後の児童を対象に展開されています。

3 認定こども園における「長時間保育」の基本的考え方と役割

　認定こども園とは、2006（平成18）年に、文部科学省と厚生労働省の告示によって制定された、**就学前の子どもと保護者のための施設**で、都道府県の知事が認定します。この施設の主な特徴は、①幼稚園と保育所の機能を一体的に提供できること、②保護者の就労の有無に関係なく利用できること、③地域の子育て家庭すべてに支援を提供できることにあります。

　しかし、ここで注意すべきことは、この措置は**幼保一元化***ではなく、幼稚園・保育所ともに現行の位置付けを保持しながら、互いの機能を拡大して社会のニーズに対応していこうとするものだということです。そもそもこの施設ができた背景には、これまで説明してきたとおり、少子化や就労女性の増加、就労形態の多様化など、さまざまな要因があげられますが、ここには**待機児童の問題***も含まれています。少子化といわれながらも待機児童問題に悩まされる問題を解決するには、**保育の必要性**がある子どもの範囲について検討していくことが重要だったのです。

　従来、保育所への**入所判定**は、共働き家庭などで乳幼児が保育に欠ける状態であること、かつ保護者の就労が長時間労働であることが最優先事由とされてきました。その結果、これらの条件を満たさない家庭は子どもを入所させることができませんでした。また、条件を満たしていても受け入れ施設が不足して入所できないなどといった問題も多発していたのです。一方で、幼稚園では**入園者が減少する**といった現象が起きていました。このように、もはやこれまでの保護者の就労の有無だけで入園先を決定していては、社会の保育ニーズに応えられない状況にまで、問題は膨れ上がっていたのです。

　こうした状況を踏まえ、認定こども園には4つの類系（図表13-2）

※用語解説
次世代育成支援対策交付金事業
2005年、次世代育成支援対策の推進を図ることを目的として、国が導入した制度。市町村行動計画に定められている子育て支援事業の一つで、地域の特性や創意工夫を活かした事業支援が行われている。

※用語解説
幼保一元化
幼稚園や保育所の所管・制度・内容などすべてを統合しようとする政策。

※用語解説
待機児童の問題
これまでの「認可保育所への入所を希望したのに定員超過で入所できなかった児童」との定義が、2001年に、認定を受けて入所を希望したが、認可の待機や第一希望以外の園への入所を拒否している場合は、待機児童に含まないと改められた。

参照
保育の必要性
→レッスン12

が定められ、保育を必要とする家庭には、保育の必要性における認定を受けることが義務付けられました。したがって、**保育時間**[*]は、保育の必要性に基づいて決定されています。

　これらの考えは、2018（平成30）年に施行された第二次改訂「幼保連携型認定こども園教育・保育要領」の第1章第1節1「幼保連携型認定こども園における教育及び保育の基本」において、「幼保連携型認定こども園における教育及び保育は、就学前の子どもに関する教育、保育等の総合的な提供の推進に関する法律」に基づいて行うと規定されています。また、第1章第2節1の（3）「教育及び保育の内容並びに子育ての支援等に関する全体的な計画の作成上の基本的事項」において、「ウ　幼保連携型認定こども園の1日の教育課程に係る教育時間は、4時間を標準とする」ことや、「エ　幼保連携型認定こども園の保育を必要とする子どもに該当する園児に対する教育及び保育の時間は、1日につき8時間を原則とし、園長がこれを定める」ことが述べられています。つまり、認定こども園における「長時間保育」の役割は、これまで説明してきた幼稚園や保育所の考えを踏襲しつつ、**社会のニーズに沿って深化されたもの**といえます。これらについてを図表13-3に示します。

✳ 用語解説
保育時間
保育の必要性の認定基準に基づき、両親がフルタイム就労の場合は「保育標準時間」。両親またはどちらかの親がパートタイム就労の場合は「保育短時間」と区分する。

図表 13-2　認定こども園の類系と特徴

類　系	保育の必要性	対象年齢	施設の特徴
幼保連携型認定こども園	・保育を「必要とする」子どもが対象	0歳〜就学前	・両親の就労の有無にかかわらず教育・保育が受けられる
	・保育を「必要としない」子どもが対象	満3歳〜就学前	・両親の就労の有無にかかわらず教育・保育が受けられる
幼稚園型認定こども園	・保育を「必要とする」子どもが対象	満3歳〜就学前	・教育・保育が受けられる
	・保育を「必要としない」子どもが対象	満3歳〜就学前	・教育・保育が受けられる ・「預かり保育」によって長時間保育が可能である
保育所型認定こども園	・保育を「必要とする」子どもが対象	0歳〜就学前	・満3歳以上の子どもは幼稚園教育が受けられる
	・保育を「必要としない」子どもが対象	満3歳〜就学前	・幼稚園教育が受けられる
地域裁量型認定こども園	・保育を「必要とする」子どもが対象	0歳〜就学前	・満3歳以上の子どもは幼稚園教育が受けられる
	・保育を「必要としない」子どもが対象	満3歳〜就学前	・教育・保育が受けられる

図表 13-3　保育の必要性に応じた入園基準

認定区分	利用可能施設	保育区分	保育時間
1号	幼稚園 認定こども園	教育標準時間	開所時間の1日4時間（＋保育が利用可能）
2号	保育所 認定こども園	保育標準時間 保育短時間	開所時間の1日8時間＋前後3時間＝計11時間の保育が可能 開所時間の1日8時間（＋延長保育が利用可能）
3号	保育所 認定こども園 認可外保育施設	保育標準時間 保育短時間	開所時間の1日8時間＋前後3時間＝計11時間の保育が可能 開所時間の1日8時間（＋延長保育が利用可能）

※1号認定：満3歳以上〜就学前までの子どもが対象で「保育を必要とする事由に該当しない」場合
※2号認定：満3歳以上〜就学前までの子どもが対象で「保育を必要とする事由に該当する」場合
※3号認定：0歳〜3歳未満の子どもが対象で「保育を必要とする事由に該当する」場合

第5章　保育の多様な展開

　これまで述べてきたさまざまな「長時間保育」のあり方は、いずれも現代の子育て事情に必要な取り組みであり、どれ1つとっても決して**安易に否定できるものではない**ということが理解できたでしょう。子ども・子育て支援新制度が導入された今、保育現場における「長時間保育」の役割は**社会情勢を立て直す根源**となっているのです。

3. 「長時間保育」における配慮

　先に現代社会における「長時間保育」の役割について述べましたが、「長時間保育」を利用している子どもたちのほとんどが、みずから希望して長時間の保育を受けているわけではありません。子どもたちは、親の事情によって長時間にわたる保育を受けているのです。そのため、子どもたちの**育ちを阻まない**ことが大前提になります。そこで、子どもたちにとってより望ましい「長時間保育」の環境や保育者の役割について考えてみたいと思います。

　皆さんは、幼稚園に通っていましたか。それとも保育所でしたか。幼稚園の場合、標準教育時間は4時間になるので、家に帰れば、好きな友だちを家に呼んで戸外や室内で自由に遊んだりしたことでしょう。時には、家族と買い物に行ったり料理をしたりして、仕事に出かけている家族の帰りを家で待っていたりしたことがあるかもしれません。家庭で過ごしているとき、子どもは少なくとも集団という場から離れ、住み慣れた自由な空間のなかでリラックスして生活することができるわけです。ここに拘束はありません。時間の自由、おもちゃの独占、甘えたいときに甘えられる環境、これらすべてが手に入ります。しかし、これが園生活となるとどうでしょう。園生活のなかでは、家庭で生活しているよりも多くの刺激を受け、当然その枠に自分を合わせていくことが求められるため、我慢を強いられることも少なくありません。それぞれの園で物理的な条件の差があるので一概にはいえませんが、平常保育が終了したあとの長時間保育においては**家庭的な雰囲気のなかでゆったりと過ごせる場**をつくっていくことが大前提になります。

1 心身ともにくつろげる場

　平常保育を終え、「長時間保育」の時間帯を迎えた子どもたちは、心身ともに疲れているはずです。そのため、何はさておきゆったりとした生活ができる場を設けていくことが望まれます。それを**家庭的な雰囲気**

のある場と言い換えることができるでしょう。

　私たち大人もそうですが、家に帰るとホッとします。なぜホッとするのでしょうか。気持ちが安らぐのは、それぞれの家に慣れ親しんだ物的環境や雰囲気があるからです。帰った瞬間の玄関の様子や香り、家にあるすべてのものを目にすることで気持ちがほぐれていきます。また畳の上で寝転んだり、ソファーに身を委ねることで、体もくつろいでいくわけです。そして仕事での緊張感や疲れが癒されていきます。

　これらの条件は、集団保育で疲れている子どもたちにも当てはまります。もちろん、家庭そのものにはなりようがありませんが、「長時間保育」の場は、**家庭との間にある中間的な時間と空間**を提供しなければならないのです。

2 室内環境を変える

　施設的にゆとりがある場合、長時間用の保育室を別に設けてあるところもありますが、多くの場合は、平常保育と「長時間保育」のための部屋は区別されていません。そのため、本来、平常保育をする部屋が、長時間保育の時間になると**模様替え**をして、その機能を果たす部屋として使われることが多いのです。また、平常保育と「長時間保育」が時間を空けることなく継続して行われると、時間的にも区切りがありません。よって、**子ども自身や保育者の気持ちの切り替え**が必要になってくるのです。

　なかには、子どもたちがその部屋に集まった時点で、担当保育者が絵本や紙芝居を読んだり、子どもと一緒に環境づくりを行い、気持ちの切り替えを図っているケースもあります。環境づくりでは、畳やカーペットを敷く、天井から布を吊るす（天蓋）などを試してみてはどうでしょう。ちょっとした工夫で、子どもたちに家庭を連想させ、気持ちをリラックスさせることができるかもしれません。

　いずれにしても、室内環境を変えることで、子どもたちは平常保育と「長時間保育」を自然と区別していきます。ただし、「長時間保育」の人数によっては、複数のクラスの子どもたちが1つの部屋に集まって合同で行ったり、異年齢で集まったりすることもあります。また、時間が経つにつれて人数が少なくなると、部屋を移動し、1箇所に集まることもあります。このように「長時間保育」は物理的な要因によってそのあり方は異なりますが、施設側の都合だけで判断し、子どもたちに負担をかけたり振りまわしたりしないように、十分な配慮をすることが大切です。

第5章　保育の多様な展開

❸　甘えられる関係性

　「長時間保育」の子どもたちのなかには、**さみしい思いを抱いている子どもたちがいる**ものです。早朝登園し、クラスの友だちがいないことで不安になることもあります。また平常保育を終え、保護者と帰っていくクラスメイトをうらやましそうに見て、さみしそうにする姿もみられます。そうした子どもたちは、**平常保育のときの様子とは異なる姿**をみせることもあります。

　たとえば、そのさびしさを癒すために保育者の手を握ってきたり、エプロンをつかんではなさなかったり、急に抱きついて甘えてくることがあります。その一方、乱暴な言葉を使ったり、他児とささいなことでトラブルを起こすこともあります。このような姿は、本当は甘えたくとも、それがうまく表現できない気持ちの裏返しとして現れることもあります。「長時間保育」の時間帯に、平常保育とは違う子どもの姿を目にしたときは、その子なりにさまざまな思いや葛藤を乗り越えようとしているのだろうととらえ、子どもの行為を寛容に受け止め関わっていく援助や配慮が必要になるのです。また、あえて保育者が**子どもと触れ合う遊び**を取り入れていくこともよいでしょう。身体が触れ合う遊びなどを積極的に導入し、互いにより親しみを覚え、それが子どもにとって安心して「長時間保育」にいられる状態をつくることにもなります。

　「長時間保育」では、子どもたちが保育者に入れ替わり立ち代わり甘えてくることがあります。それは皆、自分が甘えられる順番を待っているからです。もしかしたら、甘えたくても甘えられない子どももいるかもしれません。我慢している子どもたちにも気持ちを向け、**自然体でいられる状態**をつくっていくことが大切なのです。

❹　落ち着いて遊べる空間の確保

　リラックスしてゆったりと過ごすためには、一人ひとりの遊びが、落ち着いて**自分のペース**で進められるような**空間や環境構成づくり**に努める必要があります。そのため、長時間保育用の棚に、個人あるいは少人数で遊べる玩具を準備するとよいでしょう。もちろん、それらのものが年齢発達に応じていることはいうまでもありません。子どもたちにとっては、「長時間保育に行けば、あの玩具で遊べる」という**見通し**がもてることで、その時間への**期待と安心感**が生まれます。「いつもそこにある」という、固定された環境も大切だということです。一方、子どもの興味や関心に応じて**遊びの環境を変えていく**ことも求められます。それは、子どもたちに「いつも同じものでつまらない」という気持ちをもた

184

レッスン 13　長時間保育のあり方と保育内容

せないということです。時には、平常保育で体験した遊びを再現できるような環境を整備していくこともおもしろいでしょう。そのために、平常保育の担当者と長時間保育の担当者が密に連携をとり、相互に情報を共有することが大切になってきます。

5　先生の手伝いをする

「長時間保育」では、保育者と子どもが何かを**一緒に作業をする場**があるのもよいことです。保育者と行動をともにすることで、子どもは体験の幅を広げることになります。これは子どもにとってとても楽しいことであり、喜びにつながることです。また手伝いを通して、ほめられる経験が、**子どもに誇りをもたせる**ことにもつながるのです。さらに何よりも、家庭で家族の**手伝いをしている感覚**を味わうことになるのです。

6　「長時間保育」の子どもはかわいそう？

「長時間保育」は子どものためのシステムではなく、第一義的には**保護者のための支援システム**です。保育者のなかには、長時間保育を受けている子どもをかわいそうだと思い、そのために少しでも早く迎えに来てあげてほしいと願っている人も多いのです。こんな話を聞いたことがあります。

いつも長時間保育の終了時間ぎりぎりにお迎えにくるお母さんがいました。そのお母さんの勤務時間は 1 時間半前には終わっているはずなので、通勤時間を含めても 1 時間前にはお迎えに来られるはずなのに……と担当保育者は疑問に思っていたのです。ある日、お迎えに来たお母さんの車の助手席を偶然見ると、そこにはスーパーの買い物袋が載せられていました。保育者としては「買い物する時間があるのなら、一刻も早くお子さんを迎えに来てほしい」という気持ちになったという話です。

皆さんは、このことに対してどのように考えますか。子どもの立場からでは、一刻も早くという気持ちになるのは当然でしょう。保育者は、まずは子どものことを第一に考えるということでよいと思います。保育者は子どもの味方であってほしいからです。しかし、お母さんの立場からすれば、おなかをすかせたわが子のために買い物をすませ、そのままさっと料理ができるようにという思いから、そうしているのかもしれません。その 1 時間のために、家庭で子どもに対してゆとりをもって対応できるのであれば、最終的には子どもにとって幸せな状態をつくることになると考えることもできます。

このように考えると長時間保育は、**保護者に子育てのエネルギーが湧**

185

第5章　保育の多様な展開

いてくる**システムを与える足場**だととらえることもできるのです。ただ、保育者は子どものことを第一に考える人が多いので、葛藤することも多いのです。しかし、そうした保護者支援と子どもの幸せの狭間で起きる葛藤は、むしろ**保育者がもち続けて当然の葛藤**だと考えますが、皆さんはどうでしょうか。

■7■ 報告・連絡・相談（ホウ・レン・ソウ）の大切さ

　長時間保育においてはとくに、保育者どうしの報告・連絡・相談（ホウ・レン・ソウ）が重要になります。早朝保育に対応するこんな素敵な先生に出会ったことがあります。彼女は必ずしゃがんで子どもを抱っこし、抱っこしたまま保護者に「行ってらっしゃい」と声をかけ、子どもと一緒に手を振るのです。皆さんは、この対応をどのように考えますか。また保護者はこうした対応をどう思うでしょうか。子どもは好きな人にしか素直に抱かれません。保護者は抱かれているわが子の姿から、わが子が大切にされていること、わが子が先生を慕っていることを感じるでしょう。

　しかし、必ずしもこうした保護者を安堵させるような出来事ばかりが起こるわけではありません。長時間保育の際、**保護者からのクレーム**が多いのも事実です。その多くが**職員間の連携ミス**です。多くの施設では、長時間保育用の名簿を作成し、そこに必要事項をメモして連携を図っていますが、これが事務的な手続きに終わってしまうことのないよう注意しなければなりません。

演 習 課 題

①あなたの「長時間保育」に対するイメージをグループで話し合ってみましょう。そのとき、支援を受ける立場（保護者）と支援をする立場（保育者）の両側面から考えてみましょう。

②幼稚園や保育所では、実際どのような環境構成で長時間保育が実施されているのか、フィールドワーク活動を通して調べてみましょう。

③下記の図表13−4、13−5は、とある保育所で実施されている延長保育の実際です。図表13−4に示された2つの異なる保育時間から、保護者の就労状況について話し合ってみましょう。次に図表13−5では、保育時間によってグループ分けされた4つのクラスにおいて、自分

が延長保育の担当者であったら、どのようなことに配慮して保育を行うのか話し合ってみましょう。

図表 13-4 保育所の保育時間

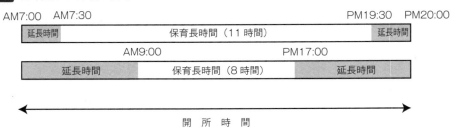

図表 13-5 保育所の延長保育の利用者数

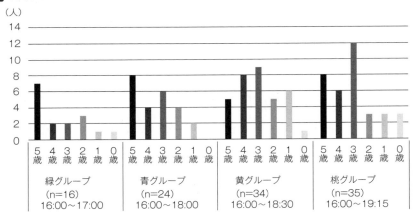

レッスン **14**

特別な支援を必要とする子どもの保育内容

近年、幼稚園・保育所・幼保連携型認定こども園のいずれにも、特別な支援を必要とする子どもが多数在籍しており、そうした子どもたちを理解し、適切な支援を行うことが求められています。このレッスンでは、特別な支援を必要とする子どもを含めた保育をどのように行うべきか学びましょう。

1. 特別な支援を行う必要性

　乳幼児期は**個人差の大きい時期**であるため、すべての子どもに対して一人ひとりに合わせた保育が基本となります。それに加えて、特別な支援を必要とする子どもに対しては、**より一層の配慮**が求められます。一方で、すべての子どもを**差別なく「平等」に保育すべきである**という考えもあります。たとえば、障害のある子どもに対する保育において、ほかの子どもと「同じように」接するべきであるという意見が聞かれます。では、ここでいう「平等」や「同じように」とはいったいどういうことなのでしょうか。

　遠視や近視など視力の問題を抱えている場合、多くの人がメガネやコンタクトレンズをして生活しやすくしています。それに対して、「同じではないからずるい」「平等ではない」と感じる人は少ないでしょう。メガネやコンタクトレンズは視力を「同じように」して、見える世界を「平等」にするために有効な支援の一つです。同じように障害のある子どもなどそのままでは生活がしにくい子どもに対しては、**その子どもに応じた特別な支援**が必要です。つまり、すべての子どもたちに対して同一の保育をすることが「平等」なのではなく、子どもたちの**「できた」「わかった」「楽しい」**という思いを**「平等」**にできるように、時には個別に異なる支援を行うなど柔軟な保育が大切なのです。

　このように、特別な支援を必要とする子どもの保育を行う際には、特に個々に合わせた保育を意識しておかなければなりません。これは、以下のようにコップにたとえると意識しやすいでしょう。

　図表14-1のように、子どもたちはサイズも形も一人ひとり違ったコップをもっています。また、コップに入っている水の量も違います。保育者に求められるのは、すべての子どもたちのコップを水で満たす保

育です。X児のように大きいサイズのコップをもった子どもには、たくさんの刺激や経験が必要です。Z児のようにほかの子どもとは異なる形のコップをもった子どもには、水を入れるときに工夫が必要です。もともと入っている水の量が少ない子どもには、より意識して多くの水を注ぐための関わりをする必要があるでしょう。このように一人ひとりに応じて異なる関わりをすることが、本当の意味で「平等」な保育だといえます。

図表 14-1 一人ひとりのコップの違い

特別な支援を必要とする子どもは、図表14-1のコップのたとえでいうと、Z児のような、**ほかの子と違う形のコップをもった子ども**と考えられます。違う形のコップをもっているため、ほかの子どもと「同じように」水を注いでも、うまく水が入りません。水の注ぎ方、つまり保育の仕方や関わり方に工夫が必要なのです。

では、特別な支援を必要とする子どもとは、どのような子どもたちなのでしょうか。以下ではその特徴をみていきましょう。

2. 特別な支援を必要とする子どもとは

1 障害のある子ども

特別な支援を必要とする子どもとしてまずあげられるのが、**障害のある子ども**です。障害にはさまざまな種類がありますが、平均的な発達に比べて発達のペースが遅かったり、発達に歪みや偏りがあったり、身体機能が制限されていたりすることで、**生活のなかで困ることが多いの**です。しかし、これはその子たちのせいではありません。現代社会は、障害のない子どもに合わせて構成されていることが多いため、**障害のある子どもが生活しにくい**のです。また、障害の種類は非常に多く、同じ障

◆補足
障害のある子ども
障害のある子どもへの支援については、「障害児保育」や「特別支援教育」などの科目で詳細に学ぶ。ここでは、主に発達障害や気になる子どもの理解を通して、特別な支援を必要とする子どもの保育について考える。

第5章　保育の多様な展開

◆補足

発達障害

2005年に施行された「発達障害者支援法」では、発達障害とは「自閉症、アスペルガー症候群その他の広汎性発達障害、学習障害、注意欠陥多動性障害その他これに類する脳機能の障害であってその症状が通常低年齢において発現するもの」と定義されている。しかし、発達障害の診断基準として用いられるDSMが2013年に改訂され（DSM-5）、これらの名称や診断基準が変更された。特に、広汎性発達障害は、自閉症やアスペルガー症候群などの下位分類が廃止され、自閉スペクトラム症に統一された。

害であっても一人ひとり特性が異なるため、マニュアル的対応ではうまくいきません。そのため保育者は、障害の理解と同時にその子自身を理解し、その子どもに合わせた支援を行う必要があります。

　発達障害は、障害のある子どものなかでも保育者が出会う確率の高い障害といえます。文部科学省は、知的障害をともなわない発達障害に該当する子どもが、通常の**小・中学校に6.5％在籍する**と推定しています。つまり、単純に計算しても25人クラスに1人か2人在籍していることになり、多くの保育所にも在籍しています。

　発達障害には、**自閉スペクトラム症**（Autism Spectrum Disorder：以下、ASD）、**注意欠如・多動症**（Attention-Deficit/ Hyperactivity Disorder：以下、AD/HD）、**学習症**（Learning Disability：以下、LD）などがあります。これらの障害の原因はまだ特定されていませんが、育て方の問題ではなく脳の機能の問題であるといわれています。しかし、発達障害は周囲の人にも本人にもその**症状がわかりにくく**、特に乳幼児期には、わがままやしつけの問題ととらえられがちで、**正しく診断することが難しい**のです。

　ASDは、**社会的なコミュニケーションや他者との関係において困難を示します**。具体的には、視線が合わない、独特のイントネーションで話す、言葉どおりに受け取ってしまい冗談や皮肉などがわからない、他者の表情や気持ちが理解しにくいなどがあります。また、こだわりが強く、ふだんどおりの状況や手順が急に変わると混乱し、パニックを起こすことがあります。聴覚・触覚・味覚などの感覚に異常がみられ、偏食が激しかったり、手が汚れることを極端に嫌がったりすることもあります。一方で、視覚的な情報の理解が得意であることが多く、文字や数字などを早くから読めたり書けたりする場合もあり、発達の凹凸が大きいのも特徴の一つです。

　AD/HDは、不注意、多動性、衝動性が同じ精神年齢の子どもに比べて**著しく顕著**である場合に診断されます。幼児期には、不注意の特徴として、話を聞いていない、忘れ物やなくしものが多い、多動性の特徴として、じっとしていられない、走り回る、衝動性の特徴として、順番を待てない、興味のあるものを見ると飛び出していってしまう、などがみられます。こうした特徴は、幼児期の子どもによくみられるものであるため、それが正常範囲のものなのか、AD/HDの症状によるものなのかを判別するのは難しいのです。

　LDは、全般的な知能に問題がみられないにもかかわらず、聞く、話す、読む、書く、計算する、推論する、の6つの能力のうち**1つ以上の**

習得や使用に困難を示します。LDは、主に学習面で困難を示すため、乳幼児期での発見は難しいのですが、言葉の聞き間違いが多い、工作が苦手、文字への興味が乏しいといった特徴が乳幼児期からみられます。

　発達障害の子どもたちが保育所の生活で困ることは数多くあります。しかし、発達障害の症状はわかりにくいため、子どもの示す行動が単なるわがままととらえられやすく、叱責されるなどの**不適切な対応**を受けてしまいやすいのです。発達障害の子どもが不適切な対応を繰り返し受けると、子どもは自信を失い、不登校やひきこもり、非行などの**二次的な問題につながり**ます。そのため、保育者はこうした子どもたちが困っていることに早期に気づき、適切な対応や支援を行わなければなりません。

2　気になる子ども

　「気になる子ども」という言葉は、明確な障害の診断は受けていないものの、何らかの障害の可能性がある子どもとして保育現場で用いられてきました。2005（平成17）年に「発達障害者支援法」が施行され、発達障害が注目されるようになるころには、「気になる子ども」の多くが発達障害の可能性がある子どもであると考えられるようになりました。先に述べたように、発達障害は乳幼児期に診断することが難しいため、保育所在籍中には障害であるかどうかわからず、「気になる子ども」として認識されることが多いのです。

　障害が明確でなくとも、保育者にとって「気になる子ども」であるということは、その子どもが保育所での生活につまずいたり、困ったりすることがあると考えられます。そのため、障害が明確になるまで待つのではなく、生活のなかでその子のつまずきや困りごとを明らかにし、**特別な支援を開始する必要**があります。早期から適切な支援を行うことで、子どものつまずきが増大するのを防ぐことができ、二次的な問題も予防できます。

　ただし、「気になる子ども」は保育者の思いどおりにならない子どもではありません。保育者の思いどおりになるかどうかではなく、子どもの立場にたち、**子ども自身が生活のなかで困ったり、つまずいたりしていること**はないかをよく観察しましょう。

3. 特別な支援を必要とする子どもの保育

1 子どもの問題行動の意味を考える

　特別な支援を必要とする子どもは、保育のなかで問題となる行動を起こすことがあります。また、保育者が問題と感じていなくても、子ども自身が生活のしにくさや理解のしにくさを感じていることもあります。まずは子どもがなぜそのような問題行動を起こすのか、なぜ生活がしにくいのかということを**掘り下げて考える必要**があります。

　たとえば、子どもが突然ほかの子どもを叩いた場合、叩くのを制止して叱るだけではその場しのぎにしかなりません。その場しのぎの対応を続けていると、問題行動はエスカレートし、保育者も、対応に追われて疲労し、不適切な対応に陥ってしまうという悪循環になります。根本的な対応をするためには、保育者がいったん立ち止まって、「なぜほかの子どもを叩くのか」という**理由や背景**を考えなければなりません。では、以下の事例を参考に、「なぜ」という視点をもって、子どもの行動の理由や背景を考えてみましょう。

インシデント① 片づけができない子ども

　トモヤは、いつもなかなか遊びを切り上げることができません。園庭での自由遊びの時間が終わり、保育者が子どもたちに「片づけて保育室に戻りましょう」と声をかけても、トモヤは黙々と砂遊びを続けています。そこで保育者は、トモヤが使っていたバケツを片づけようと持ち上げました。すると、トモヤは突然怒ったように泣き出し、保育者を叩き始めました。

　トモヤは、なぜ保育者を叩き始めたのでしょうか。それを理解せずに、「叩いてはいけません。片づけなさい」というだけでは、根本的な解決にならず、遊びを切り上げられない状態に変化はみられないでしょう。まず、トモヤは片づけの時間であることが理解できていたのかということから考える必要があります。言葉の理解はできているか、全体への言葉がけが聞こえているか、その言葉を自分に関係のあるものとして受け取っているか……と、遊びを切り上げられない理由を順に考えていきます。このように子どもの行動を単なるわがままととらえるのではなく、トモヤが**どこでつまずいているのか**をていねいに考えることが大切です。

レッスン14 特別な支援を必要とする子どもの保育内容

「なぜ」を考えるときには、ほかの**保育者と話し合う**ことも効果的です。いろいろな視点から考えることで、一人では気がつかなかった子どもの困りごとに気がつくことがあるからです。保育者が悩んだときに、すぐに相談できる体制や、定期的に事例検討を行う体制を整えておきましょう。

また、障害の特性に関する知識も「なぜ」を理解するためのヒントになります。問題行動と思われる行動の裏には、障害特性からくる子どもの困りごとが隠れていることが多いからです。トモヤの場合、先の見通しが立たないことで不安になり、今やっていることにこだわってしまうというASDの特性によって片づけができない可能性もあります。この場合、**事前に終了時刻を告知する**ことや、**片づけたあとに何をするのかを視覚的に示す**ことなど、先の見通しが立つようにすることで、スムーズに片づけができることがあります。

言葉でコミュニケーションがとれる子どもの場合には、子ども自身にその理由を聞いてみることもできるでしょう。しかし、特別な支援を必要とする子どもの場合、その理由を言葉で十分に表現できないことも多いため、保育者が代弁することが求められます。

保育者が正しく代弁したり、「なぜ」を理解したりするためには、子どものそのときの様子だけではなく、**ふだんの様子**をよく見て知っておかなければなりません。その子どもの好きなこと、嫌いなこと、得意なこと、苦手なことを理解し、情報を整理しておくことは、「なぜ」の理解にも、次に述べるような支援の検討にも役立ちます。

2 保育を子どもに合わせる

子どもの問題行動の意味を理解したら、それに合わせて保育を柔軟に変えていく必要があります。ここでは、3つの支援について説明します。

まず1つ目が「**子どもの特性を生かす**」支援です。これは、特別な支援を必要とする子どもの特性を理解し、それを保育環境や保育内容、保育方法に生かすことです。たとえば、以下のインシデント②のような支援があります。

インシデント② 子どもの特性を生かす支援

ヒデトは、歌の時間にふざけることが多くありました。そこで、保育者がヒデトの様子をよく観察してみると、ヒデトは口を動かして歌っているように見えますが、口の形が歌詞と違い、歌詞を正しく理解していないことがわかりました。ヒデトはふだんから保育者

193

第5章　保育の多様な展開

の言葉を聞き返すことが多く、聴覚的な理解が苦手であると考えられました。反対に、文字には興味があり、下駄箱に書いてある子どもたちの名前を見て読もうとする姿がみられました。そこで保育者は、文字と絵を用いた歌詞カードを作成し、歌の時間には毎回それを見せるようにしました。するとヒデトはふざけることなく、自信をもって歌うようになりました。

　このインシデントでは、聴覚的な理解よりも**視覚的な理解のほうが得意**だというヒデトの特性を理解し、それを生かした支援を行っています。このような支援を行うことで、ヒデトも「できた」「わかった」という達成感をもつことができます。また、ヒデト個人に対してのみ支援するのではなく、クラス全体に対して支援することで、ヒデトと同じような苦手さをもった子どもたちも理解しやすくなります。特にこうした**視覚支援**[*]を行うことは、どんな子どもにとってもわかりやすい**ユニバーサルデザイン**[*]の保育につながります。

　2つ目の対応方法は、「**子どもの力を伸ばす**」支援です。これは、子どもの問題行動の原因となる発達的課題を理解し、保育のなかに特別な活動を設定することで、子どもの力を伸ばし課題を改善していこうとする支援です。たとえば、以下のインシデント③のような支援があります。

インシデント③　子どもの力を伸ばす支援

　アユミは、ほかの子どもが使っているおもちゃを奪い取ってしまったり、気に入らないことがあるとほかの子どもを叩いてしまったりというトラブルを起こすことが多くありました。保育者は、アユミのこうした行動は、語彙数が少なく、うまく自分の気持ちを言葉にできないことから起こると考えました。同じような課題を抱える子どもがクラスに複数いたため、保育者は、語彙数を増やすための言葉遊びをクラス全体で継続して行うことにしました。朝の集まりでは、「『あ』から始まる言葉を集めよう」などの言葉遊びを、おかえりの集まりでは、「今日の出来事」を発表する時間を設けました。すると、アユミは他児とトラブルになったときにも、すぐに手を出すのではなく、少しずつ自分の気持ちを言葉で表現するようになりました。

　アユミのように、**ほかの子どもに対して危害を加える場合**は、その場で制止したり仲介したりすることが**必要不可欠**です。しかし、それだけ

✳ 用語解説

視覚支援
写真や絵、文字などの視覚的な情報を使って、目で見てわかることを目的とした支援のこと。たとえば、保育の一日のスケジュールを絵カードで示したり、着替えの手順を絵で示したり、一人ひとりのマークを決め、それぞれのロッカーにそのマークを貼って目印にするなどがある。

ユニバーサルデザイン
障害の有無と関係なく、すべての人にとってわかりやすく、使いやすいデザインであること。

レッスン 14 特別な支援を必要とする子どもの保育内容

では根本的な解決にならない場合も多く、これと並行して、子どもの力を伸ばす支援が必要です。この支援は、特別な支援を必要とする子ども個人に対して個別に行う場合もありますが、インシデント③のように**クラス全体で取り組む**ことで、複数の子どもの力を伸ばすことができます。

3つ目の対応方法は、「**子どもの気持ちに共感する**」支援です。これは、特別な支援を必要とする子どもに限らず、すべての子どもに対して保育者が日常的に行っていることでしょう。しかし、問題行動を起こしてしまう子どもに対しては、注意や指導をすることに偏ってしまい、共感することを怠ってしまうことがあります。そこで、問題行動を起こしてしまう子どもの気持ちを理解したうえで、その気持ちを否定せずに受け止め、保育者がそれを理解していることを**意識的に伝える**ことが重要です。

インシデント④ 子どもの気持ちに共感する支援

ユウジは、うまくいかないことがあると衝動的に保育室から飛び出していってしまいます。その日は朝の集まりでしりとりをしており、子どもたちが順番に答えていました。そこでユウジが勢いよく「ライオン！」と言うと、ほかの子どもたちが「『ン』がつくからだめだよ！」と指摘しました。その途端、ユウジは立ち上がって保育室から飛び出していきました。保育者が追いかけるとユウジは廊下の隅にしゃがみ込んでいました。保育者はユウジの隣に座り、「ライオンって一生懸命考えたのに、『ン』がつくからダメって言われて悲しかったね」と言うと、ユウジは「うん……」と言いました。保育者とユウジはしばらく一緒にしゃがみ込んでいましたが、ユウジは気持ちが落ち着くと、自分から保育室に戻っていきました。

ユウジの保育室を飛び出すという行動は問題行動ととらえられますが、 飛び出してしまったユウジの気持ちを理解し、受け止めたり代弁したりすることで、保育者と**子どもとの信頼関係**が築かれていきます。こうした信頼関係があるからこそ、ユウジが保育室から飛び出さずに**自分の思いを表現できる**ような支援をしていくことができます。

また、ユウジが保育室を飛び出してしまう理由として、衝動性が強く、自分の行動をコントロールすることが苦手であるということも考えられます。そのため、気持ちに共感する支援とともに、**子どもの特性を生かす支援**や、**子どもの力を伸ばす支援**も同時に行わなければなりません。この際、すぐに「保育室から飛び出さない」ことを求めるのではなく、**スモールステップ**で目標設定をすることも重要です。たとえば、はじ

✳ 用語解説
スモールステップ
目標を細かく分け、少し努力すればできる程度の小さな目標を少しずつクリアしていくことで最終的な目標達成につなげること。

195

第5章　保育の多様な展開

めは「飛び出しても自分で保育室に戻ってくる」ことを目標とし、それ
ができるようになったら、次に「保育室を飛び出す前に保育者に伝える」
ことを目標にするなど、徐々に目標を高めていくことで、最終的な目標
に到達するように支援します。スモールステップで目標設定することは、
「〜してはいけない」という否定的な言葉がけではなく、「〜できた」と
いう**肯定的な言葉がけをする**機会を増やし、子どもの自己肯定感を高め
るためにも重要です。

　以上のような支援を個々の子どもに合わせて柔軟に行っていくことが、
特別な支援を必要とする子どもに対する保育となります。これを意図的
に行うためにも、次に述べる**個別の指導計画**を作成する必要があります。

4.　個別の指導計画の作成と活用

1　個別の指導計画の意義

　特別な支援を必要とする子どもに対しては、必要に応じてクラス全体
の指導計画とは別に**個別に計画**を作成します。これに関しては、「保育
所保育指針」に、以下のように明記されています[1]。

> キ　障害のある子どもの保育については、一人一人の子どもの
> 発達過程や障害の状態を把握し、適切な環境の下で、障害のあ
> る子どもが他の子どもとの生活を通して共に成長できるよう、
> 指導計画の中に位置付けること。また、子どもの状況に応じた
> 保育を実施する観点から、家庭や関係機関と連携した支援のた
> めの計画を個別に作成するなど適切な対応を図ること。

　個別の指導計画に決まった様式はありませんので、保育者や関係者に
とって書きやすく、わかりやすい様式を使用することが大切です。個別
の指導計画を作成するためには、まず**特別な支援を必要とする子どもの
状態を把握**し、何に困っているのか、なぜそうした行動をとるのかを考
えなければなりません。次に、そうした子どもの困りごとに対してどの
ような支援を行うのか、**具体的に考えて明記**します。こうした計画作成
のプロセスを経ることは、その場しのぎの対応ではなく、根本的な支援
を意識的に行うことにつながります。つまり、個別の指導計画を作成す
ることが、保育者がいったん立ち止まって自分の保育を振り返り、落ち
着いて保育を行う助けになるのです。

▶ 出典
†1「保育所保育指針」第
1章3（2）「指導計画の作
成」

◆ 補足
**障害のある子どもの個
別の指導計画**
「幼稚園教育要領」第1章
第5　1「障害のある幼児な
どへの指導」に述べられて
いる。また、第1章「総則」
第2の3（1）にも明記さ
れている。

レッスン14　特別な支援を必要とする子どもの保育内容

2 個別の指導計画の作成における連携

　こうした計画を作成する過程で、園内の職員、家庭、外部の**専門機関などと連携を行う**ことが重要です。個別の指導計画をもとに連携を図ることで、縦にも横にも連続性のある支援を行うことができます。

　個別の指導計画を職員間で協議しながら作成することは、子どもを多様な視点からみることにもつながります。また、作成した計画を共有することで、園内での連携もとりやすくなり、子どもに対して**一貫した支援**を行うことができます。

　個別の指導計画の作成には、保護者にも関わってもらうことが重要です。園内の様子は、保護者にはわかりにくいものです。個別の指導計画をもとに、保育者と保護者が話し合うことで、子どもの園での様子、家庭での様子を共有できるとともに、それぞれの立場で子どものためにできることを明確にすることができます。

　さらに、外部の専門機関で支援を受けている場合には、どのような支援を受けているのか、どのような評価を受けているのかを、計画に明記します。子どもの生活の場は、保育所だけではありません。子どもの生活すべてを整理し、それを踏まえた計画を作成することで、**横の連続性**をもった支援ができ、子どもの発達によりよい影響を与えることができます。また、個別の指導計画を小学校などの進学先に引き継ぐことで、**縦の連続性**をもった支援につながります。

5. 特別な支援を必要とする子どもの保護者に対する支援

　特別な支援を必要とする子どもの保護者に対しては、**よりていねいな個別の支援**が必要です。「保育所保育指針」にも「子どもに障害や発達上の課題が見られる場合には、市町村や関係機関と連携及び協力を図りつつ、保護者に対する個別の支援を行うよう努めること[†2]」と明記されています。

　障害のある子どもをもつ保護者は、子どもの障害に対して複雑な心情を抱いています。「**障害受容**」という言葉があり、障害のある子どもをもつ保護者は、子どもの障害を受け入れ、前向きに行動することが期待される傾向にあります。保育者も、子どもの支援をともに行う「**共同支援者**」としての役割を保護者に対して強く期待してしまいがちです。しかし、多くの保護者は、子どもが障害を抱いていることに対する**悲しみを常に胸に抱き続けている**ともいわれています。保育者は、保護者を「共

▶ **出典**
†2 「保育所保育指針」第4章2（2）「保護者の状況に配慮した個別の支援」イ

✛ **補足**
親の障害受容
親の障害受容にはさまざまな考え方がある。著名なものは、ドローターの障害受容段階説、オーシャンスキーの慢性的悲嘆説、中田洋二郎の螺旋型モデルなどである。

197

第5章　保育の多様な展開

同支援者」としてみるだけではなく、保護者も悩みを抱える一人の**「要支援者」**であることを意識しなければなりません。

　特に、「気になる子ども」や発達障害のある子どもの場合、保育者は、子どもに障害があるかどうか明確ではない段階から、保護者と関わることがあります。以下のインシデントで、その場合の支援について考えてみましょう。

インシデント⑤　発達障害の可能性がある子どもの保護者に対する支援の事例

　ナツは、予定の変更が苦手で、雨天でプールに入れない日にはパニックになり、しばらく泣き続けています。触覚の過敏もみられ、のりや絵の具などが手につくのを嫌がり、製作に参加しないこともしばしばみられます。順番にもこだわり、クラスで並ぶときには必ず1番でなければ気がすまず、先に並んだ子どもを平気で突き飛ばしてしまいます。保育者はこうしたナツの様子が気になっていましたが、保護者には特に心配している様子がみられません。これまでの乳幼児健診でも特に発達上の問題を指摘されたことがないとのことでした。ナツの就学前に、保育者は小学校との連携を密にするためにも保護者に子どもの様子を理解してほしいと考えました。そこで、個別面談の際に、保育者は保護者に「ナッちゃんの様子で気になるところがあるので、専門機関に相談に行ってください」と伝えました。すると、保護者は「うちの子がおかしいというのですか」と声を荒げ、途中で帰ってしまいました。

　インシデント⑤のように、保育者が保護者に子どもの課題を伝えることで、**両者の関係が悪化**してしまうことがあります。保護者は、子どもの課題を伝えられると、自分自身の子育てやしつけの問題だととらえてしまいがちです。そのため、保育者は保護者を責めるつもりでなくとも、保護者を傷つけてしまうことがあります。また、保護者が子どもの育ちに不安を感じていると、その不安を否定したいという思いから、**子どもの課題に向き合うことを拒否**することがあります。

　そのため、保育者は、保護者に障害の可能性や子どもの課題を気づかせようとするのではなく、保護者の**不安や揺れ動く思いに寄り添う必要**があります。重要なことは、早期に診断を受けることではなく、早期から子どもに**適切な対応をする**ことです。そのため、子どもの障害の有無にこだわらず、子どもの困りごとに対して、保育者が適切な支援を行っ

198

ていくことを優先しましょう。並行して、保育者の支援による子どもの
変化や成長を保護者にていねいに伝えていくことで、**保護者と保育者の
信頼関係**を築き、保護者の気づきのタイミングに合わせて、ともに**子ど
もの課題に向き合っていく**ことが大切です。

　一方で、保護者が子どもの様子を不安に思い、相談してきた際には、
安易に「大丈夫」と言わないことも重要です。保育者が無責任に「大丈
夫」と言うことで、保護者は子どもの課題に向き合うことを後回しにし
てしまいます。むしろ保護者に不安を語ってもらい、その**不安を共有し**
ながら、子どものためにできることをともに考えていきましょう。必要
に応じて専門機関につなぐことは重要ですが、専門機関に丸投げするの
ではなく、**保育者も保護者に寄り添う存在**として一緒に相談しましょう。

演 習 課 題

①インシデント①のトモヤに対し、どのように支援するか具体的に考え
　てみましょう。その際、複数の人とグループを組み、担任役、園長役
　など役割を決めて、園内カンファレンスのつもりで話し合ってみま
　しょう。
②参考文献などを利用し、個別の指導計画の作成例や様式を集めてみま
　しょう。そのなかで、どの指導計画がわかりやすく、書きやすいかを
　考えてみましょう。
③インシデント⑤のナツの保護者は、どのような気持ちを抱いているの
　でしょう。ナツの保護者の立場にたち、その気持ちを想像し、話し
　合ってみましょう。

レッスン **15**

多文化共生としての保育内容

現代社会にはさまざまな人や文化が共生しています。子どもたちが互いに多様性を認め合い、自分らしく生きられる力を身につけることのできる保育環境づくりが大切です。本レッスンでは、多文化のなかで生きる子どもたちへの保育内容を考えていきましょう。

1. 多文化共生の保育を考える

1 多文化が混在する現代社会

法務省発表の2016（平成28）年「法務省在留外国人統計」による在留外国人数は230万7,388人で、統計をとり始めた1959（昭和34）年以降、最も多くなっています[1]（図表15-1）。2008（平成20）年をピークにリーマン・ショックによる景気の後退や東日本大震災の影響などで減少していましたが、2013（平成25）年から**再び増加**に転じています。このように、現代は国境を越えた移動・居住が活性化していますが、人々の生活は、経済状況や天災などによって影響を受け、それは家族とともに生活する幼い子どもたちにも及ぶものであることを理解する必要があります。

在留外国人を国・地域別でみると、中国・韓国・フィリピン・ブラジル・ベトナムの順に多く、居住地は東京・大阪・神奈川・愛知・埼玉・千葉などの**都市圏に集中**していますが、全国47都道府県すべてに外国籍の人たちが住んでいます。少子化傾向で父母とも日本国籍の子どもの数が増えないのに対し、父母あるいは双方とも外国籍である子どもの数は増加傾向にあり、日本で育つ子どもの文化的背景はますます**多様化**しているといえます。

日本国内でも身近なところで多文化が共存する状況が広がる一方、情報化社会の今日では、ニュースや報道などを通じて海外の情勢や事情も映像を通じて知ることができます。自国の文化はもちろん、多文化を理解しようとする意識をもち、現代社会の状況や歴史・地理・文化的背景を十分知ることが、**深い相互理解**につながっていきます。**保育者自身**が異文化に興味・関心をもち、視野が広がっていくことを楽しみながら、多国籍の子どもや家庭とふれあうことに**前向きに取り組む姿勢**が重要となってきます。

▶ **出典**
† 1　法務省「平成28年6月末現在における在留外国人数について（確定値）」公表資料

図表 15-1 在留外国人数の推移（総数）

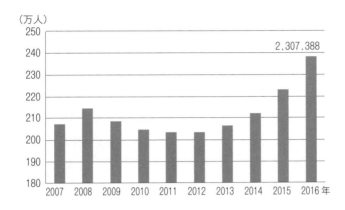

出典：法務省「平成28年6月末現在における在留外国人数について（確定値）」公表資料（http://www.moj.go.jp/content/001220573.pdf）をもとに作成

2 多文化共生保育の考え方

　保育現場においても、増加する外国籍の子どもやさまざまな文化背景をもつ子どもたちが一緒に生活しています。

　2008（平成20）年改定の「保育所保育指針」では第3章（2）イ「人間関係」のなかに、「外国人など、自分とは異なる文化を持った人に親しみを持つ」と明記されていました。また、保育の実施上の配慮事項として、「子どもの国籍や文化の違いを認め、互いに尊重する心を育てるよう配慮すること」とあり、文化の違いを遠ざけるのではなく、親近感をもって認め合う保育環境への配慮が明記され、文化の多様性を尊重しながら保育を展開することが求められていました。

　この内容は2017（平成29）年改定の「保育所保育指針」においては、3歳以上児の保育に関するねらい及び内容の「環境」の領域に移って「日常生活の中で、我が国や地域社会における様々な文化や伝統に親しむ」となり、内容の取扱いについては、「異なる文化に触れる活動に親しんだりすることを通じて、社会とのつながりの意識や国際理解の意識の芽生えなどが養われるようにすること」と、変化しています。

　海外の状況として、移民を多く受け入れてきたフランスをみてみましょう。フランスの『保育学校プログラム（*Programme d'enseignement de l'école maternelle*）2015年版[†2]』において、保育学校は、子どもたちが「ともに学び、ともに生きる（Apprendre ensemble et Vivre ensemble）」場とされ、学びの共同体は世界の文化の多様性に対して開

▶出典
†2　Ministère de l'Éducation Nationale, *Programme d'enseignement de l'école maternelle,* 2015

かれていると述べています。そして、「あらゆる次元において言語を活用する（Mobiliser le langage dans toutes ses dimensions）」領域、および「世界を探検する（Explorer le monde）」領域において、子どもにとって世界中のさまざまな国々や言語を含む多様な文化形態を見いだす経験が、多文化に対する感受性と理解につながると言及され、保育における多文化共生を意識した姿勢がうかがえます。また、障害など「違い」を肯定的にとらえる態度を育てることも明記されています。

またフランスの保育学校（写真15-1）は、法律により3歳児からの**就学が保障**されています。ほぼすべての3～5歳児が通い、条件によっては2歳児も通う保育学校は、国民教育省が管轄し、義務教育ではありませんが保育料は無償です。子どもたちは、午睡も含めおおむね8時半から16時半（帰校時刻は自治体によって異なります）を保育学校で過ごします。給食や延長・早朝保育もあり実費負担ですが、親の所得によって減免されます。幼児期の子どもを抱える家庭にとって、発達保障としての教育的側面だけでなく、経済的側面からも子育て支援の重要な柱となっています[3]。

> **出典**
> [3] 大庭三枝「保育学校現場の視点から考える幼児期の学び」『フランス教育学会紀要』28、2016年、19-26頁

写真 15-1　フランスの保育施設

保育学校の園庭

小さなベッドが並ぶ午睡室

3　多文化共生保育に携わる保育者の役割

多文化に応答的な保育者・教員養成について、文化的多様性への対応が必修となっているアメリカの保育者・教員養成課程をみてみましょう。授業のなかに**「偏見なく異文化をとらえるための知識を学ぶ機会」**や、マイノリティゲストスピーカーを授業に招くなどの**「異文化接触機会」**を含めるなど、養成課程のなかに**「多様性経験の保障」**が、なされている事例が報告されています[4]。概念としての多文化理解と、実習など現場での多文化経験との連続性に留意された授業も行われています。

また、「多民族国家アメリカという文脈で誕生したアンチバイアス教

> **出典**
> [4] 内田千春「多文化に応答的な教員・保育者養成──アメリカの実践例」『日本保育学会第66回大会発表要旨集』2013年、333頁

育」では、多様な人々がともに生きる社会で、個々人の属性である差異を「自然なもの」「当然なもの」ととらえ、**差異に対して偏見や固定観念をもったりしない人間を育成**することが目指されています。

多様な人種が混住するアメリカでは、肌や髪の色の「可視的差異」による差別や偏見が生じないよう、幼児期のうちから配慮されます。日本や韓国などアジア地域においては、「可視的差異」に加えて、住んでいる場所や家庭環境など**「不可視的差異」による差別や偏見が存在**するといわれ、地域の特性に応じた配慮が必要だと考えられます[5]。

では、多文化保育に携わる保育者が留意すべきことを考えていきましょう。まずあげられるのが、**母語の重要性**に対する認識です。日本語の習得を最優先に考えるあまり、親切心で「家でも日本語を使うように」という指導を幼稚園の教師が行ったところ、母語の保持に致命的なダメージを与えてしまい、**「自分の言葉」をもたない状態に子どもを追いやってしまった事例**が報告されています。

次に、文化によって**「いい子」像に違いがある**ことを、自覚的に認識しておく必要が指摘されています。たとえば、気に入ったおもちゃを友だちに貸さないという幼児の行動をどう解釈するかは、文化によって異なります。日本の場合、多くは「わがまま」と解釈されがちですが、アメリカや中国では「幼児の自然な姿」ととらえ、否定的に解釈されない傾向にあります。そのような日本とは異なる文化背景で育った子どもと接する際、子どものもつ多文化を知らなければ、**無意識のうちに日本人側の一方的な見方で決めつけてしまう危険性がある**[6]ことに気をつけなくてはなりません。

こうあってほしいという文化的参加と習熟を教育的に支援すべきという観念に支配されることなく、保育者は子どもがみせる姿から子どもの内的世界を学ぶ必要があります。「発達の連続性を保ちつつ、文化間の協働を被養育者である子どもが能動的に実現していく」ために、子どもそのものの育ちに目を向け、**「子どもの実践知」から大人が学ばなくてはならない**といえます[7]。

このほか留意する必要があるのは、**宗教に関する認識の違い**です。また、食に関する配慮および行事についても注意が必要です。日本人が宗教行事として意識していないような行事（豆まき、七夕など）に対しても、「異教の祭り」として抵抗を覚える宗教観の存在も認識しておきましょう。いずれにしても、子ども観や子育てについて外国の文化的背景をもつ保護者への**ていねいな説明や密な連絡**による**相互理解**は、多文化共生保育に欠かせない要因となります。

▶ 出典

[5] 山田千明「乳幼児期における多様性尊重の教育」『多文化に生きる子どもたち』明石書店、2006年、129頁

▶ 出典

[6] 宮崎元裕「日本における多文化保育の意義と課題」『京都女子大学発達教育学部紀要』7、2010年、135頁

▶ 出典

[7] 廿日出里美「子どもの実践知」『多文化に生きる子どもたち——乳幼児期からの異文化間教育』2006年、255頁

第5章　保育の多様な展開

多文化共生保育の実現には、子どもをみる視点に**社会文化的アプローチが必要であり、子どもだけでなく保育者も自己の文化や異文化への意識を高め理解を深める**ことが重要となります。保育者の言動やふるまいが多文化の**幼児や保護者に大きな影響や誤解を与える**可能性があることや、よかれと思った言動が逆の影響を与えてしまう危険性を認識しておきましょう。多文化の子どもにとっての最善の利益を考慮し、「**保護者とともに子どもの成長の喜びを共有すること**」のできる保育環境づくりが望まれます。

2.　日本の保育に取り入れられた多文化

日本人は長い歴史のなかで、さまざまな国と交流しながら**異文化を取り入れ、日本風にアレンジして、生活のなかに上手に溶け込ませています**。私たちが日本固有のものだと思っていたものが、実は外国から入ってきて日本風に変化したものだったという例はたくさんあります。奈良時代にシルクロードを通って伝来した**唐草文**^{からくさもん}＊の文様もその一つです。

その後、鎖国の江戸時代を終えた明治期には、異国の文化を積極的に取り入れ新しい国づくりに邁進します。当時、唱歌として導入された外国の歌のなかには、現在、保育現場でよく使っている手遊び歌などに変化したものが多いことに気づかされます。いくつか原曲をさかのぼってみましょう。

・「むすんで　ひらいて」

「むすんで　ひらいて」は、世代を超えて一緒に楽しめる手遊びとして、日本中の保育現場で活用されています。この歌を作曲したのは、フランスの啓蒙思想家ジャン・ジャック・ルソーで、彼は音楽家として活動していた時期もあり、その代表作のなかの旋律がイギリスでピアノ曲として親しまれ、日本には明治期に「唱歌遊戯」として導入されたといわれています[8]。自分のつくった曲がイギリス経由で日本に入り、日本の子どもたちに親しまれているとは、ルソーが知ったら驚くことでしょう。

・「グーチョキパーでなにつくろう」

「グーチョキパーでなにつくろう」も保育現場で大変よく用いられる手遊び歌です。これはフランスの童謡「フレール・ジャック」が原曲です。修道僧のジャックが朝の祈りの鐘を鳴らす内容で、フランスの保育現場では輪唱の形式で楽しまれています。日本では歌詞を変え、グー・チョキ・パーを使う手遊び歌として親しまれ、同じメロディーで「とう

✱ 用語解説
唐草文
起源は古代エジプトのスイレンの文様にあるといわれ、イスラム美術のアラベスク文様に連なる（濱田信義企画・編集／ルーシー・マクレリー訳『日本の文様』Nobuyoshi Hamada、パイ・インターナショナル、2013年、144頁）。

▶ 出典
†8　安田寛『「唱歌」という奇跡　十二の物語』文春新書、2003年、12-15頁

さんゆびどこです」という違った手遊びとしても楽しまれています。

・「あたま・かた・ひざ・ポン」

　体の部位を遊びながら覚えるのに役立つ「あたま・かた・ひざ・ポン」の原曲は、イギリスのわらべ歌集として名高い「マザーグース」のなかの「ロンドン ブリッジ」です。日本でも「ロンドン橋」という題で、「ロンドン橋がおちた♪」と歌われる有名な曲です。このメロディーだけを利用し、原曲の歌詞とはまったく関係ない体に関する替え歌にし、体遊びに応用したものといえます。

・「ごんべさんのあかちゃん」

　手遊び「ごんべさんのあかちゃん」の原曲は、アメリカ南北戦争のときに歌われた「リパブリック讃歌」で、日本では「ともだち讃歌」（作詞：阪田寛夫）という曲でも歌われています。この曲のメロディーは、日本でCMソングに多用されるなど各国で替え歌として親しまれています。手遊びのバリエーションも「おはぎのよめいり」のほか、子どもたちの大好きなキャラクターやヒーローが登場するようアレンジされたものもあります。

・「おにのパンツ」

　原曲のイメージから一番変化の大きいものが「おにのパンツ」といえるかもしれません。楽しい歌詞で子どもたちが大好きな体遊びですが、原曲はイタリア歌曲「フニクリ フニクラ」です。ナポリのヴェスヴィオ火山に1880年設置された登山電車の宣伝ソングとしてつくられたこの曲は、発表後人気を博しました。1944年のヴェスヴィオ火山噴火により登山電車は廃止されましたが、この曲はテノール歌手などに好んで歌われ、現在でもイタリア歌曲として親しまれています。

　このように、私たちが保育現場でよく用いる遊び歌には、外国のわらべ歌や童謡、宣伝ソングなどさまざまな起源をもつことがわかります。このほかにも保育現場で使う遊び歌には、外国に由来するものがありますが、同時に**日本固有の遊び歌・わらべ歌・童謡**についても理解を深め、子どもたちが**多様な文化的背景の遊びや歌**を楽しめるよう保育者の**幅広い教材研究**が必要とされます。現代は保育内容的にすでに多文化が混在しているといえますが、日本由来の情趣豊かな文化財として、子どもたちに唱歌やわらべ歌・遊び歌などを伝承していくことは、子どもたちが日本固有の文化にふれる機会を保障する意味で大切なことです。

　商業文化のなかから生まれた遊び（ゲーム、カード、テレビ番組に関連したグッズなど）が氾濫する現代社会においては、大人たちが意識的**に自国の文化や遊びにふれる環境**をつくらなければ、子どもたちは伝統

第5章　保育の多様な展開

的なものや文化財にふれる機会をもたないまま大人になり、文化的ないとなみを伝える者がいなくなってしまいます。多文化保育を考えるうえで、保育者には日本における児童文化財への造詣も必要で、深い理解が求められています。ここで、子どもの権利に関する国際条約である「児童の権利に関する条約」を見てみましょう。

> 「児童の権利に関する条約」
> 第31条「休息・余暇・遊び、文化的・芸術的生活への参加」
> 　1　締約国は、休息及び余暇についての児童の権利並びに児童がその年齢に適した遊び及びレクリエーションの活動を行い並びに文化的な生活及び芸術に自由に参加する権利を認める。
> 　2　締約国は、児童が文化的及び芸術的な生活に十分に参加する権利を尊重しかつ促進するものとし、文化的及び芸術的な活動並びにレクリエーション及び余暇の活動のための適当かつ平等な機会の提供を奨励する。

また、異文化を広義で考えていけば、**世代間の文化の違いも異文化**といえ、多世代間には多文化が存在することになります。多文化共生というとき、国籍が違う人どうしの共生を考えますが、**世代間の相互理解と文化の継承**も広い意味での多文化共生ととらえられます。

3.　多文化共生保育を目指した取り組み

2017（平成29）年改定の「保育所保育指針」では、「外国籍家庭など、特別な配慮を必要とする家庭の場合には、状況等に応じて個別の支援を行うよう努めること[9]」とあります。外国籍の子どもたちだけでなく、外国につながりをもつ子どもたち（両親のいずれかが外国人など）とその保護者への対応も必要といえます。

1　外国籍家庭、外国人児童などの保育

外国人児童の保育を行ううえでは、意思疎通や大切な書類のやりとりといった、保護者とうまくコミュニケーションをとることの難しさ、食習慣や文化の違い、トラブル解決や緊急時の対応への不安、通訳や保育者の不足などの課題があげられています[10]。行事の内容や必要な物の

▶ 出典
†9　「保育所保育指針」第4章2（2）「保護者の状況に配慮した個別の支援」ウ

▶ 出典
†10　日本保育協会「保育の国際化に関する調査研究報告書」2008年

レッスン 15 多文化共生としての保育内容

連絡など、細かいことがうまく伝わらず忘れ物が多くなったりすると、差別されたと受け取る保護者もいるなど、保護者も保育者も不安やストレスを感じていることが報告されています。通訳を介しての話は、保育の微妙なニュアンスが伝わらなかったり、細かい部分がうまく伝えられなかったりするもどかしさがあるようです。

そこで、カメラやビデオで保育所での生活を撮影し保護者に見せると、子どもの表情や遊んでいる実際の様子を保護者に伝えることができ安心につながります。映像や写真は言葉よりも雄弁に物語り、子どもの楽しそうな姿は、保護者にとっても保育者にとってもうれしいことです。その気持ちを共有できることが家庭との連携につながります。

2 保育現場における対応

健康保険などの社会保障の枠組みから外れている外国人家庭の場合、病気やけが、失業など、親の生活状況によって子どもの生活に影響が及び、負担となっていることもあります。長時間労働や残業、不安定な雇用などの労働環境や経済状況も、外国人家庭に直接的な影響を及ぼします。保育者はそれぞれの家庭の事情を理解することを求められます。

また、日本の保育所とはどういうところか、子どもたちはどのような生活を送るのか、保育所生活のルールなどを各国語で説明した基本的な案内や、それぞれの宗教や信仰、地域に応じた保育のマニュアルも、今後ますます必要とされるでしょう。自治体のなかには、すでに英語・中国語・ポルトガル語・スペイン語などによる入所の手引きや簡単な日常会話の冊子を作成したり、保育所だより・保健だより・献立表などの翻訳や通訳の配置などを行ったりしているところもありますが、細かく十分に対応しきれていないのが現状です。

保育現場では、宗教上の理由で禁止されている食材の除去食や代替食への配慮や工夫、保護者との意思疎通には写真を使用したり、漢字には読みがなをつけるなど、連絡帳やお便りを通して保護者に伝えるための努力や知恵が蓄積され始めています。保育者や行政が外国人家族の立場にたって理解しようとし、異国の地で生活する外国人家庭に対し、保護者や子どもの気持ちを汲んで考える「血の通った」対応が、今後ますます求められるでしょう。

保育現場では、多文化の保護者の参加を促して、自国の文化に関する話や遊び・料理を紹介してもらったりしています。子どもたちが異文化にふれ、文化の多様性に気づくとともに興味や関心を高めていくよう配慮しながら活動が展開されています。

207

外国籍の子どもの文化を尊重することは、日本のどの家庭にもみられるそれぞれの文化を理解することにもつながります。保育者自身の感性や価値観だけにとらわれず、子どもや家庭の多様性を肯定的に受け止め、互いに尊重し合える雰囲気がある保育環境であれば、日本人であろうと外国人であろうと、子どもも保護者も安心して過ごすことができるのではないでしょうか。

3 日本の保育所の事例

酒どころに立地し、保育所から林立する酒造のレンガの煙突が見えるH市のS保育所では、地場産業である酒づくりの工程で伝統的に用いられた樽歌と、蔵人の生活から編みだされ伝統芸能となった樽踊りを中心に保育活動を展開していました。歌いながら踊る全身運動である樽踊りは、地域の盆踊りでも踊られることが多いようです（写真15-2）。

当時、0～5歳まで111人が在籍していたこの保育所には16人の外国籍児童がおり、その国籍もマレーシア、バングラデシュ、モンゴルなど7か国にわたっていました。外国籍児童の保護者は、市内にある大学の留学生がほとんどで、通常の保育も樽踊りの指導も日本語で行われていました。ただし、「酒づくり」がテーマの表現活動であること、4・5歳児は10月の「酒まつり」へ参加しステージで発表することについては、宗教的な配慮から、イスラム教圏の保護者にはていねいな説明と確認を欠かさない努力がされていました。

近年開発が進み、地場産業である酒づくりの文化になじみの薄い市民が増えていましたが、発表する5歳児の姿を見て、家で練習していたのが樽歌であり、仲間と行う樽踊りを見て、それが酒づくりの歌であることを、親や祖父母が認識する場面がありました。子どもたちは、酒造のレンガの煙突を見ながら日々生活する保育所で、子どもたちなりに学んだことを、酒づくり文化を知らない親・祖父母世代に体全体で伝える力

写真 15-2 樽踊り・樽歌の発表（米とぎ場面）

を身につけていました。子どもたちが今住んでいる**生活地域の文化を取り入れた保育活動**が、多文化共生だけでなく**異世代間理解**をももたらし、その**主体者として子どもが育っている**興味深い事例[†11]です。

4 フランスの保育学校の事例

　フランスの首都パリから南西に位置するアルフォールヴィル市のオクトーブル保育学校は、2〜5歳の25の国籍の子どもたちが在籍し、全校で250人を超える大規模校です。社会的にはさまざまな課題を抱えた地域にあり、アフリカ系・イスラム系・東欧系・アジア系などさまざまな文化背景をもつ子どもたちは、家庭に帰ったらそれぞれの生活文化のなかで暮らしています。この保育学校では、年度の終了する6月末の土曜日、保護者や家族を招いて、「小屋づくり」をテーマに親子で中庭に小屋をつくる試みを行いました（写真15-3、15-4）。

　当日、中庭には、教員が用意した素材（木材、段ボール、布、発泡スチロールなど）と道具（のこぎり、はさみ、金づち、カッターなど）、ペンキ、はけが、子ども用ヘルメットの横にずらりと並べられました。保護者のなかには、材料（不要シーツ、木箱などの廃材）のほかにも、自宅から「マイ道具箱」持参で集まる人もいました。

▶ **出典**
†11　大庭三枝「郷土の芸能を活用した子どもたちの身体表現活動の展開」『福山市立女子短期大学教育公開センター年報』2009年、71-76頁

写真15-3　「小屋づくり」行事の様子

写真15-4　さまざまな文化や年齢の親子が一緒に「小屋」を製作する様子

第5章　保育の多様な展開

校長先生が「多様な文化背景の保護者どうしが顔を合わせ、話したり共感したり笑顔を交わし合う、こうした機会をつくるのも保育学校の役割です。子どもどうしの人間関係構築、保育学校と保護者の意思疎通はもちろん大切ですが、保護者間の交流は**子どもを支え**、**保育学校での学びや育ちを保障するためにきわめて重要**です」と話してくれました[12]。

4.　幼児期における異文化交流の事例

広島県福山市F保育所（2〜5歳児が対象）は2013（平成25）年よりフランスの保育学校と5歳児クラスを中心に交流を行っています[13]。フランスから届いた写真や手紙・作品などは誰でも見ることができる場所に掲示され、2〜4歳児クラスの子どもたちだけでなく、迎えに来た保護者や来訪した地域の人たちにとっても、フランスの子どもたちの様子にふれる機会となっています。保育者に説明してもらったりしながら、子どもたちは遠い国に住む友だちに興味を抱いていました（図表15-2）。

F保育所では所全体で交流活動に対する意識を共有し、協同体制で取り組んできました。2014（平成26）年4月、日本側は新しいクラス編成となりましたが（フランスの学事暦は9〜6月末）、合同クラスで前年度に交流活動の経験のある5歳児は、交流を楽しみにしていました。この年、所長の異動も重なりましたが、新所長は子どもたちや保護者の気持ちを尊重し、2年越しで交流活動を継続し、学事暦の違いと管理職の異動にともなう二重の不連続性を保育者が協力して克服しました。

交流は継続し、2016（平成28）年度の5歳児クラスは、低年齢（2歳児クラス）のころから、保育所内に掲示されたフランスの友だちの写真などを日常的に目にしながら生活し、4歳児クラスでは、フランスに送るため、自分たちの保育所の紹介や遊びの絵・折り紙作品などを作成しています。年間2回程度、子どもたちの写真や手紙（カード）、絵・折り紙・造形作品などを交換しており、遠くフランスから届いたものは、封筒に至るまで大切に扱われています。また、フランスと交流があることから、フランス人学生やカナダ・ケベックからの来訪者もあり、外国の人々とふれあう機会がある生活を送ってきました。

2016年、福山市内各保育所・幼稚園などが製作して**平和アピール展**へ出展する作品として、F保育所では、この年のテーマ「手をつなごう」に基づき皆で手をつなぐ絵を描いていると（写真15-5）、例年にはみられない気づきが子どもから出てきました。

▶ **出典**
†12　大庭三枝「フランスの保育学校における表現活動」『福山市立大学教育学部研究紀要』2013年、15-22頁

▶ **出典**
†13　OBA Mie, Apprendre à se connaître au-delà des frontières, 88ème Congrès AGEEM（全国公立保育学校教員協会第88回研究大会）2015（実践研究論文集CD–ROM）

◆ **補足**
平和アピール展
福山市における「市民平和のつどい」の関連事業として1999年以来、市内の幼児・児童・生徒・市民が平和への願い、生命・人権・仲間の大切さなどへの思いを込めて制作した絵画・ポスター・作文・折り鶴・壁新聞などの作品を市内各所に展示している。

レッスン15 多文化共生としての保育内容

図表 15-2 幼児期における国際交流の事例

2013年　【福山の保育所】　　　　　　　　【フランスの保育学校】
　　　　平和学習の様子（写真左）　　「折り紙を教えてほしい」
　　　　（紙芝居、折り鶴）　　　　　　　「お昼寝しますか？」

　　　　「顔の色の違う子がおるよ」　　　手紙（写真右）
　　　　「いろいろな友だちができて　　写真
　　　　うれしいな」　　　　　　　　　　好きな遊びの絵

全児童・保護者・地域に公開

・ニュースで「フランス」と聞くと反応する
・フランスの選手を応援している
・サッカーをするとき、「私はフランスチームよ！」

好きな遊びの絵
福山城遠足の写真　　郵便局まで歩いて投函しにいく

2014年　　　日仏大型建造物の比較
　　　　「大きなエッフェル塔を折り紙でつくろう！」
　　　　参観日に保護者に活動を見てもらう
　　　　　4～5歳児が製作　　　　　　　　「すごすぎる！」
　　　　　　　　福山市立大学フランス研　「ぼくたちのために日本のお友だちがつくったの？」
　　　　　　　　修の教員・学生が持参　　子ども・保護者が毎日通る玄関ホールに掲示

出典：大庭三枝「フランスの保育学校との交流が育む相互理解——生活と遊びから」『日本保育学会第69回大会発表要旨集』2016年、476頁

211

第5章　保育の多様な展開

> 〈子どもたちの気づきと話し合いの展開〉
> 「この間、保育所に来た人の目は青かった」
> 「髪の毛の色も僕らと同じじゃなかった」
> 「世界の人が手をつなぐのなら、日本人だけじゃあいけんなぁ」
> 「髪の毛の色は同じ色ができんけど、黄色でええかなぁ」
> 　　　　　　　　　　↓
> 自分たちがこれまでに関わってきた人たちを一緒に描きたい。
> 世界中の子どもが仲よく手をつなぐためには、外国の友だちも一緒に描きたい。

　これまでの平和アピール展製作では、子どもを描くとき、自分たちと同じように黒い髪・黒い目であったものが、異文化との交流から人物の多様性を認識しており、それを表現しようと行動したのです。

写真 15-5 異文化交流の影響

作品「手をつなごう」　　　　　　　　一部拡大したもの

　5歳児クラスは、小さいころから写真や手紙をとおしてフランスの子どもたちにふれ、体の形態や言語・文化に違いがあることが感受されていたうえに、作品製作の直前に外国の人たちとじかに交流する機会がありました。間近に目や髪の色、言語の違いに遭遇しましたが、折り鶴という共通の作業をとおして、言葉が通じなくても心が通じ合う達成感・心地よさも実感していました。

　相互理解や連帯を考えるとき、こうして培われた異文化への意識が、世界的視野をもって多様な人物を描こうとする発語となって現れ、実際に表現活動にも表れたといえます。2014（平成26）年にはじめてヨーロッパからの来訪者を迎えた子どもたちは、慣れていないこともあり驚き興奮しましたが、2度目の訪問では落ち着いて歓迎し、まったく自然

体で接していたそうです。

　F保育所の子どもたちは、フランスから飛行機で手紙が運ばれてくることにわくわくしていましたが、保育者も子どもたち同様異文化との交流を楽しみ、「フランスの子も日本の子と同じようなことを楽しいと感じていることがわかった」「手紙を書く楽しさ、手紙をもらう喜びを再認識した」「最初はできるか不安だったけど、やってみると楽しくてわくわくした」という感想を述べています。この姿勢は子どもたちにも伝わり、子どもたちの「他者を思う気持ち」「違いを認める意識」「新しいことに挑戦する意欲」などの形成につながっています。

　このように、保育のいとなみのなかでは、環境構成に配慮して子どもの心身の発達を促していきますが、子どもたちは自分のまわりの環境から何を受け取り、子どもたちのなかに何が形成されたかを、保育者は子どもが表すもの（表情、発語、態度、作品、表現など）から随時教えてもらう、学ぶという姿勢が必要だと思います。環境をとおした保育で育つのは子どもだけではなく、保育者も子どもの姿から学び育つことができます[14]。

　最後に、この交流を通じて子どもや保護者が感じた気づきを抜粋して掲載します（図表15-3）。両国の5歳児や保護者の心に何が育ったのかを考えてみてください。違いを排除するのではなく、互いに認め合い理解しようとすることで育つものは、多文化と接しながらこれからの時代を生きていく子どもたちにはきわめて重要な資質であり、保育者はそのことに敏感であると同時に、柔軟な対応を求められています。

▶**出典**

[14]　大庭三枝「フランスとの交流による幼児の異文化理解の検討」『日本保育学会第70回大会発表要旨集』2017年、531頁

第5章　保育の多様な展開

図表 15-3 交流を通した気づき

〈子どもたちの気づき〉

（保育者が聞き取って書いた子どもたちの手紙から抜粋）

○：発見・興味、◎：共通性・親近感、□：自分の文化の紹介

【フランス ⇒日本】

○折り紙をしていましたね。どうやって折るのか教えてもらえますか？

○皆さんは違った字を書きますね。日本語で書いたものを送ってもらえますか？

◎午後はお昼寝をしますか？

○私たちはときどき米を食べますが、毎日は食べません。

□私たちのクラスは31人で、28人が学校の食堂で給食を食べます。

□バカンスは約2か月あり、9月から小学校に行きます。

○紙芝居は日本特有のお話の技術で、私たちも大好きです。

◎皆さんとお友だちになれたことを、とてもうれしく思っています。

◎学校の玄関ホールに飾った折り紙のすばらしいエッフェル塔を見るたびに、皆さんのことを思い出します。そして、大きなキスを送ります！

【日本 ⇒フランス】

□保育所では、折り紙や凧あげ、こま回しやカルタのような昔遊びもします。

◎フランスにも昔遊びがありますか？

○お昼は何を食べますか？　給食ですか？　お弁当ですか？

○フランスにお城はありますか？

□福山城に遠足に行った写真を送ります。

◎遠く離れたところに住む皆さんとお友だちになれたことを、皆とてもうれしく思っています。

□フランスからお手紙がきたことに、家の人たちはとても驚いていました。

◎皆がエッフェル塔の前で「ありがとう！」と言っている写真が、私たちのお気に入りです。皆が喜んでいる様子や大切に思ってくれていることがわかり、私たちもうれしいです。

□日本の保育所は4月に始まります。新しい友だちを迎え、いつも一緒に遊んでいます。

□私たちの保育所には大きな桜の木があります。

〈保護者の気づき〉

【日本の保育所】

・フランス国旗やエッフェル塔のイラストを見つけて喜ぶ。

・他国の国旗にも関心が広がった。世界地図を広げ、「世界ってすごい」と関心をもっている。

・ニュースで「フランス」という言葉に敏感になり、出てくると心配して「今、世界は平和？」と聞いてくる。

・自分と同じ年齢の友だちがフランスという遠い国にいる意識や親しみがあり、オリンピックでは友だちの国フランスを応援する姿がみられた。

【フランスの保育学校】

・違う文化や生活様式の国を知り、世界への窓を開いてくれた。

・日本の友だちからの手紙や写真、絵のことを、興奮していきいきと、家で話してくれる。

・日本は地理的には遠くても、心情的にはとても親近感をもつようになった。

・同じ年の友だちがしていることに興味をもつようになった（折り紙が好きになった）。

・身近な生活レベルの情報交換が、子どもの興味・関心・意欲をかきたてた。

・交流するために、先生の話をよく聞く、自分の名前を書くなど、「話を聞き取る」「字を書く」ことに意欲的になった。

・交流をとおして日本のあいさつ、言葉、折り紙などに興味をもった。贈られたエッフェル塔は、いつまでも子どもの心に鮮明に刻まれている。

第5章 保育の多様な展開

演 習 課 題

①あなたの自治体では、保育所などへの外国籍の子どもの受け入れについて、どのような配慮や工夫がされているか調べてみましょう。まわりの人たちと事例を持ち寄り、当該の子どもや家庭に対する援助について考えられることを、実現可能性に応じて整理してみましょう。

②F保育所の交流の例から、フランスと日本の保育環境の違いを話し合ってみましょう。図表15-5にある子どもや保護者の気づきから、お互いの心に芽生えているものについて考察し、まわりの人と話し合ってみましょう。

③私たちの身のまわりの異文化について、日本に入ってきた文化背景や現在の状況などもあわせて調べてみましょう。また、日本と外国でマナーや振る舞い方に違いがみられるものを調べてみましょう。
（例：そばを食べるときは音をたててもよい⇔音をたてて食事をしない）

参考文献··
レッスン12
　丸山美和子 『保育者が基礎から学ぶ──乳児の発達』 かもがわ出版 2011年
　吉村真理子・森上史郎ほか編 『0〜2歳児の保育──育ちの意味を考える』 ミネルヴァ書房 2014年

レッスン13
　一般社団法人全国保育士養成協議会監修 『ひと目でわかる基本保育データブック2016』 中央法規出版 2015年
　柏女霊峰 『子ども・子育て支援制度を読み解く──その全体像と今後の課題』 誠信書房 2015年
　中山昌樹・汐見稔幸 『認定こども園がわかる本』 風鳴舎 2015年
　広田寿子 『現代女子労働の研究』 労働教育センター 1979年

レッスン14
　文部科学省 「通常の学級に在籍する発達障害の可能性のある特別な教育的支援を必要とする児童生徒に関する調査結果について」 2012年

レッスン15
　大庭三枝 「総合的な学びとしての幼児の身体表現指導に関する事例研究」『福山市立女子短期大学教育公開センター年報』 2009年 77-82頁
　大庭三枝 「フランスにおける子ども主体の『保育学校（l'école maternelle）』」 安川悦子ほか編 『子どもの養育の社会化』 御茶の水書房 2014年
　大庭三枝 「フランスとの交流による幼児の異文化理解の検討」『日本保育学会第70回大会発表要旨集（CD-ROM）』 2017年 531頁
　金田一晴彦・安西愛子編 『日本の唱歌〔上〕明治編』 講談社 1977年
　金田一晴彦・安西愛子編 『日本の唱歌〔中〕大正・昭和編』 講談社 1979年

こわせたまみ編　『世界のどうよう』　講談社　1990年

おすすめの1冊

神田英雄　『保育に悩んだときに読む本──発達のドラマと実践の手だて』ひとなる書房 2007年

多くの保育エピソードを紹介しながら、子どもの発達と保育者の関わりについてわかりやすく解説している。若手保育者からベテラン保育者のそれぞれの悩みや、失敗談に保育者として共感し、悩みを解決する糸口がみつかる1冊。

さくいん

●かな

あ
愛着・・・・・・・・・・・・・・・・・・・・・ 5
アジェンダ21 ・・・・・・・・・・・・・ 140
預かり保育 ・・・・・・・・・・・ 89, 178
遊びの3つの間 ・・・・・・・・・・・ 97
アタッチメント ・・・・・・・・・・・・・ 5
アフォーダンス ・・・・・・・・ 111, 153
アプローチカリキュラム ・・・・・ 157

い
生きる力・・・・・・・・・・・・・・ 20, 47
生きる力の基礎 ・・・・・・・・・・・・ 99
イクメン・・・・・・・・・・・・・・・・ 172
一時預かり事業 ・・・・・・・・・・・ 172
一斉保育 ・・・・・・・・・・・・・・・・ 75
1.57ショック ・・・・・・・・・・・・ 162

う
動きの洗練化 ・・・・・・・・・・・・・ 98
動きの多様化 ・・・・・・・・・・・・・ 98

え
エピソード記録 ・・・・・・・・・・・・ 85
エリクソン, E. H. ・・・・・・・・・・ 68
延長保育・・・・・・・・・・・・・・・・ 178

お
及川平治・・・・・・・・・・・・・・・・ 44
オウエン, R. ・・・・・・・・・・・・・・ 38
音楽的表現・・・・・・・・・・・・・・・ 57

か
カーソン, R. L. ・・・・・・・・・・・ 114
学習・・・・・・・・・・・・・・・・・・・ 66
学習症・・・・・・・・・・・・・・・・・ 190
学級崩壊・・・・・・・・・・・・・・・ 154
学校教育法・・・・・・・・・・・・・・・ 11
カッチンくん ・・・・・・・・・・・・ 126
家庭支援・・・・・・・・・・・・・・・・ 89
家庭・社会状況の変化 ・・・・・・・ 19
家庭整備・・・・・・・・・・・・・・・・ 49
家庭との連携 ・・・・・・・・・・・・ 150
唐草文・・・・・・・・・・・・・・・・・ 204
カリキュラム・マネジメント ・・・ 89
環境・・・・・・・・・・・ 6, 116, 144
監護・・・・・・・・・・・・・・・・・・・ 42

き
擬音語・・・・・・・・・・・・・・・・・ 102
擬態語・・・・・・・・・・・・・・・・・ 102

気になる子ども ・・・・・・・・・・・ 191
機能遊び・・・・・・・・・・・・・・・・ 54
基本的生活習慣・・・・・・・・・・・・ 59
教育・・・・・・・・・・・・・・・・・・・ 2
共感的理解・・・・・・・・・・・・・・・ 77
記録・・・・・・・・・・・・・・・・・・・ 83

く
鯨岡峻・・・・・・・・・・・・・・・・・ 80
倉橋惣三・・・・・・・・・・・・・・・・・ 3

け
継続性・・・・・・・・・・・・・・・・・ 67

こ
構成遊びの要素 ・・・・・・・・・・・ 57
子育て支援 ・・・・・・・・・・ 89, 172
個と集団 ・・・・・・・・・・・・・・・・ 9
子ども・子育て支援新制度
・・・・・・・・・・・・・ 50, 162, 177
子どもの最善の利益 ・・・・・・・・・ 4
子ども理解 ・・・・・・・・・・・・・・ 77
子守教育法 ・・・・・・・・・・・・・・ 42
5領域 ・・・・・・・・・・・・・ 20, 149
近藤濱・・・・・・・・・・・・・・・・・ 40

さ
差異性・・・・・・・・・・・・・・・・・ 67
佐伯胖・・・・・・・・・・・・・・・・・ 80
さながらの生活 ・・・・・・・・ 44, 143
さんきゅうパパプロジェクト ・・・ 173
3歳児神話・・・・・・・・・・・・・・・ 6

し
視覚支援・・・・・・・・・・・・・・・ 194
時間見本法 ・・・・・・・・・・・・・・ 82
子宮外の胎児 ・・・・・・・・・・・・・ 4
自己活動の原理 ・・・・・・・・・・・ 39
自己評価・・・・・・・・・・・・・・・・ 87
事象見本法 ・・・・・・・・・・・・・・ 82
次世代育成支援対策交付金
事業・・・・・・・・・・・・・・・ 180
自然観察法 ・・・・・・・・・・・・・・ 82
自然との関わり ・・・・・・・・・・・ 145
自然農法・・・・・・・・・・・・・・・ 147
実験的観察法・・・・・・・・・・・・・ 82
児童の権利に関する条約
（子どもの権利条約）・・・・ 4, 142
自閉スペクトラム症・・・・・・・・・ 190
就園率・・・・・・・・・・・・・・・・・ 46
自由保育・・・・・・・・・・・・・・・・ 75

す
主体性・・・・・・・・・・・・・・・・・・ 7
十進法・・・・・・・・・・・・・・・・・ 42
受容遊び・・・・・・・・・・・・・・・・ 55
順序性・・・・・・・・・・・・・・・・・ 67
小1プロブレム ・・・・・・ 12, 48, 154
障害受容・・・・・・・・・・・・・・・ 197
障害のある子ども ・・・・・・・・・ 189
障害のある子どもの個別の指導
計画・・・・・・・・・・・・・・・ 196
省察・・・・・・・・・・・・・・・・・・・ 86
情緒の安定・・・・・・・・・・・・・・・ 28
心情・意欲・態度 ・・・・・・・・・・ 52

す
健やかに伸び伸びと育つ ・・・・・ 29
スタートカリキュラム ・・ 103, 157, 158
スモールステップ ・・・・・・・ 102, 196

せ
性格形成学院・・・・・・・・・・・・・ 38
生活を、生活で、生活へ ・・・ 7, 144
成熟・・・・・・・・・・・・・・・・・・・ 66
生命の保持・・・・・・・・・・・・・・・ 28
生理的早産・・・・・・・・・・・・・・・ 4
接続期・・・・・・・・・・・・・・・・・ 155
設定保育・・・・・・・・・・・・・・・・ 75
センス・オブ・ワンダー ・・・・・・ 114

そ
想像遊び・・・・・・・・・・・・・・・・ 56
育ち・・・・・・・・・・・・・・・・・・・ 65

た
待機児童問題・・・・・・・・・ 162, 180
第三者評価・・・・・・・・・・・・・・・ 88
大正自由教育運動 ・・・・・・・・・・ 43
縦の関係・・・・・・・・・・・・・・・ 151
多文化共生保育・・・・・・・・・・・ 201
男女共同参画社会基本法・・・・ 175

ち
注意欠如・多動症 ・・・・・・・・・ 190
長時間保育 ・・・・・・・・・・・・・ 182
調整力・・・・・・・・・・・・・・・・・ 99

て
テ・ファリキ ・・・・・・・・・・・・・ 90

と
統合・・・・・・・・・・・・・・・・・・・ 66
ドキュメンテーション ・・・・・・・・ 91
特別保育事業・・・・・・・・・・・・ 179

さくいん

富岡製糸場・・・・・・・・・・・・・ 42
豊田芙雄・・・・・・・・・・・・・・ 40

な
ナナメの関係・・・・・・・・・・・・ 151

に
二上りおどり・・・・・・・・・・・・ 126
ニコル, C. W.・・・・・・・・・・・ 115
乳児保育・・・・・・・・・・・・・・ 72
乳幼児突然死症候群・・・・・ 30, 169
人間教育・・・・・・・・・・・・・・ 39
認定こども園の種類・・・・・・・・ 32

ね
ネスト・・・・・・・・・・・・・・・ 153
ねぶた祭り・・・・・・・・・・・・・ 147

の
望ましい経験・・・・・・・・・・・・ 46

は
ハヴィガースト, R. J.・・・・・・・・ 68
育みたい資質・能力・・・・・・・・ 20
発達・・・・・・・・・・・・・・・・ 64
発達課題・・・・・・・・・・・・・・ 68
発達健診・・・・・・・・・・・・・・ 66
発達支援・・・・・・・・・・・・・・ 173
発達障害・・・・・・・・・・・・・・ 190
発達の原理・・・・・・・・・・・・・ 66
発達理解・・・・・・・・・・・・・・ 79
場面見本法・・・・・・・・・・・・・ 82

ひ
ピアジェ, J.・・・・・・・・・・・・・ 68
東基吉・・・・・・・・・・・・・・・ 44
非認知能力・・・・・・・・・・・ 39, 52
ビューラー, K.・・・・・・・・・・・ 53
評価・・・・・・・・・・・・・・・・ 87

ふ
複数担任制・・・・・・・・・・・・・ 171
部分的全体・・・・・・・・・・・・・ 40
フレーベル, F. W. A.・・・・・・ 39, 53
分化・・・・・・・・・・・・・・・・ 66

へ
ペスタロッチ, J. H.・・・・・・・・・ 39

ほ
保育・・・・・・・・・・・・・・・・ 2
保育時間・・・・・・・・・・・・・・ 180

保育士資格の法定化・・・・・・・・ 50
保育指針・・・・・・・・・・・・・・ 49
保育者の専門性・・・・・・・・・・ 15
保育者の配置基準・・・・・・・・・ 171
保育所運営要領・・・・・・・・・・ 48
保育所保育指針・・・・・ 12, 26, 49
保育対策等促進事業・・・・・・・・ 179
保育内容・・・・・・・・・・・・・・ 3
保育内容総論・・・・・・・・・・・・ 14
保育内容と養護・教育との関係 34
「保育に欠ける」乳幼児・・・・・・ 45
保育（1号）認定子ども・・・・・・ 33
保育（2号）認定子ども・・・・・・ 33
保育（3号）認定子ども・・・・・・ 33
保育の必要性・・・・・・・ 170, 180
保育要領・・・・・・・・・・・・・・ 45
保育を必要とする子ども・・・・・・ 50
方向性・・・・・・・・・・・・・・・ 67
ボウルビィ, J.・・・・・・・・・・・ 5
ホウ・レン・ソウ・・・・・・・・・ 186
ポートフォリオ・・・・・・・・ 84, 152
保幼小連絡会・・・・・・・・・・・・ 156
ポルトマン, A.・・・・・・・・・・・ 4

ま
松野クララ・・・・・・・・・・・・・ 40
学びの芽生え・・・・・・・・・・・・ 103
間引き・・・・・・・・・・・・・・・ 42

み
「見える化」・・・・・・・・・・・・ 84
身近な人と気持ちが通じ合う・・・ 30
身近なものと関わり感性が育つ
　・・・・・・・・・・・・・・・・ 30
3つの視点・・・・・・・・・・・・・ 73
ミルン, A. A.・・・・・・・・・・・ 65

も
木育・・・・・・・・・・・・・・・・ 146

ゆ
ゆとり教育・・・・・・・・・・・・・ 47
ユニバーサルデザイン・・・・・・・ 194
ユネスコスクール・・・・・・・・・ 141
ユネスコ世界会議・・・・・・・・・ 141

よ
養護・・・・・・・・・・・・・・・・ 2
幼児期運動指針・・・・・・・・・・ 22
幼児期に育みたい資質・能力
　・・・・・・・・・・・・・・・・ 51

幼児期の終わりまでに育って
　ほしい姿（10の姿）・・・・・ 12, 51
幼小連携の推進・・・・・・・・・・ 48
幼稚園教育要領・・・・・・・・ 18, 46
幼稚園における学校評価ガイド
　ライン・・・・・・・・・・・・・ 88
幼稚園保育及設備規程・・・・・・・ 41
幼保一元化・・・・・・・・・・・・・ 180
幼保連携型認定こども園・・・・・ 162
幼保連携型認定こども園教育・
　保育要領・・・・・・・・・・・・・ 50
横の関係・・・・・・・・・・・・・・ 151
依田明・・・・・・・・・・・・・・・ 151

ら
ラーニング・ストーリー・・・・・・ 90
ランゲフェルド, M. J.・・・・・・・・ 4

り
リズム性・・・・・・・・・・・・・・ 67
領域・・・・・・・・・・・・・・ 10, 70
領域横断・・・・・・・・・・・・・・ 135
領域「環境」・・・・・・・・・・・・ 23
領域「健康」・・・・・・・・・・・・ 20
領域「言葉」・・・・・・・・・・・・ 24
領域「人間関係」・・・・・・・・・・ 22
領域「表現」・・・・・・・・・・・・ 25
臨界期・・・・・・・・・・・・・・・ 67

れ
レッジョ・エミリア・アプローチ・・ 154
連続性・・・・・・・・・・・・・・・ 67

わ
ワークライフバランス・・・・・ 150, 177
渡辺嘉重・・・・・・・・・・・・・・ 42
和田実・・・・・・・・・・・・・・・ 44

●欧文
CAI・・・・・・・・・・・・・・・・ 61
ECERS-R・・・・・・・・・・・・・ 91
ESD・・・・・・・・・・・・・・・・ 140
ESDの概念・・・・・・・・・・・・ 141
ESDの3本柱・・・・・・・・・・・ 140
ICT化・・・・・・・・・・・・・・・ 60
ITERS・・・・・・・・・・・・・・・ 91
PDCAサイクル・・・・・・・ 81, 122
RPG・・・・・・・・・・・・・・・・ 61
SICS・・・・・・・・・・・・・・・ 91

監修者

名須川知子（なすかわ ともこ）　兵庫教育大学 理事・副学長

大方美香（おおがた みか）　大阪総合保育大学 学長

執筆者紹介（執筆順、＊は編著者）

鈴木 裕子＊（すずき ゆうこ）
担当：はじめに、レッスン 1、レッスン 5、レッスン 6
愛知教育大学 教授
主著：『子どものプレイフルネスを育てるプレイメー
　　　カー』（共著）　サンライフ企画　2017 年
　　　『保育における幼児間の身体による模倣』　風間
　　　書房　2016 年

二見 素雅子（ふたみ すがこ）
担当：レッスン 2、レッスン 3、レッスン 4
元大阪キリスト教短期大学 教授
主著：『明治後期の保育内容における「公正さ」に関す
　　　る研究』　風間書房　2015 年

大庭 三枝（おおば みえ）
担当：レッスン 7、レッスン 8、レッスン 9、レッスン 15
福山市立大学 准教授
主著：『これからの保育と教育——未来を見すえた人
　　　間形成』（共著）　八千代出版　2018 年
　　　『子どもの養育の社会化——パラダイム・チェ
　　　ンジのために』（共著）　御茶ノ水書房　2015 年

冨田 久枝（とみた ひさえ）
担当：レッスン 10、レッスン 11
千葉大学 教授
主著：『持続可能な社会をつくる日本の保育』（共著）
　　　かもがわ出版　2018 年
　　　『ライフステージの発達障害論』（共著）　北樹
　　　出版　2016 年

田村 佳世（たむら かよ）
担当：レッスン 12
愛知文教女子短期大学 講師
主著：『保育を深めるための心理学』（共著）　花伝社
　　　2018 年
　　　『教育・保育課程論』（共著）　一藝社　2017 年

西垣 吉之（にしがき よしゆき）
担当：レッスン 13
中部学院大学 教授
主著：『つながる保育原理』（共著）　みらい　2018 年
　　　『幼児造形の研究』（共著）　萌文書林　2014 年

橋村 晴美（はしむら はるみ）
担当：レッスン 13
愛知東邦大学 准教授
主著：『つながる保育原理』（共著）　みらい　2018 年
　　　『幼児理解』（共著）　一藝社　2017 年

木曽 陽子（きそ ようこ）
担当：レッスン 14
大阪府立大学 准教授
主著：『発達障害の可能性がある子どもの保護者支援
　　　——保育士による気づきからの支援』（共著）
　　　晃洋書房　2016 年

編集協力：株式会社桂樹社グループ
装画：後藤美月
本文イラスト：寺平京子
本文デザイン：中田聡美

MINERVA はじめて学ぶ保育⑤
保育内容総論
──乳幼児の生活文化──

| 2018年9月20日　初版第1刷発行 | | | | 〈検印省略〉 |

定価はカバーに
表示しています

監 修 者	名須川	知 子
	大 方	美 香
編 著 者	鈴 木	裕 子
発 行 者	杉 田	啓 三
印 刷 者	坂 本	喜 杏

発行所　株式会社　ミネルヴァ書房

607-8494　京都市山科区日ノ岡堤谷町1
電話代表　(075) 581－5191
振替口座　01020－0－8076

Ⓒ鈴木ほか，2018　　　冨山房インターナショナル

ISBN978-4-623-07966-7

Printed in Japan

名須川知子/大方美香 監修
MINERVAはじめて学ぶ保育
全12巻／B5判／美装カバー

①保育原理　　　　　　　　　　　　　戸江茂博 編著

②教育原理　　　　　　　　　　　　　三宅茂夫 編著

③保育者論　　　　　　　　　　　　　山下文一 編著

④保育の計画と評価　　　　　　　　　卜田真一郎 編著

⑤保育内容総論──乳幼児の生活文化　鈴木裕子 編著　本体2200円

⑥保育内容の指導法　　　　　　　　　谷村宏子 編著　本体2200円

⑦乳児保育　　　　　　　　　　　　　馬場耕一郎 編著

⑧乳幼児心理学　　　　　　　　　　　石野秀明 編著

⑨インクルーシブ保育論　　　　　　　伊丹昌一 編著　本体2200円

⑩保育所・幼稚園・幼保連携型認定こども園実習
　　　　　　　　　　　　　　　　　　亀山秀郎 編著　本体2200円

⑪施設実習　　　　　　　　　　　　　立花直樹 編著

⑫子育て支援　　　　　　　　　　　　伊藤 篤 編著　本体2200円

────────── ミネルヴァ書房 ──────────
http://www.minervashobo.co.jp/